Combats Pour Le Sens:
Un Itinéraire Africain

Paulin J. HOUNTONDJI

Langaa Research & Publishing CIG
Mankon, Bamenda

Publisher:
Langaa RPCIG
Langaa Research & Publishing Common Initiative Group
P.O. Box 902 Mankon
Bamenda
North West Region
Cameroon
Langaagrp@gmail.com
www.langaa-rpcig.net

Distributed in and outside N. America by African Books Collective
orders@africanbookscollective.com
www.africanbookcollective.com

ISBN: 9956-728-17-9

© Paulin J. Hountondji 2013

DISCLAIMER

All views expressed in this publication are those of the author and do not necessarily reflect the views of Langaa RPCIG.

A ma mère

A tous les poèmes inachevés

A la petite Yabo Selome Joana Mehou-Loko

Table des Matières

Préface de Souleymane Bachir DIAGNE..v
Remerciements..ix
Avant-propos..xi

Première partie: Introduction à Husserl............................. 1

I: Repères... 3
    De Porto-Novo à la rue d'Ulm... 3
    La rationalité comme problème.. 10

II: L'idée de science.. 23
    Une préoccupation d'Africain.. 23
    L'exigence scientifique... 26
    Le vrai et le bien... 32
    La connexion des vérités... 41
    Un langage sans sujet...45
    L'impossible clôture.. 54

Deuxième partie: Critique de l'ethnophilosophie.......................65

III: Colères.. 67
    De Husserl a Tempels... 67
    Un creuset exceptionnel : «Présence africaine»...................... 68
    L'exposé de Copenhague...70
    Un «ensemble de textes»... 78
    Développements... 83

IV: Histoire d'un livre... 93
    Ancrage politique... 93
    Enjeux théoriques... 105
    Quelques lectures... 128

Troisième Partie : Positions.. 137

V: Un débat pollué..**141**
L'élégance des pères.. 141
Le brouillage des repères.. 145
La réaction nationaliste...151
Marxistes et antimarxistes...158
Premières réponses...160

VI : Enracinement et liberté.. **171**
Le temps des relectures... 171
Relativité linguistique et philosophie.......................... 173
Le particulier et l'universel..179
Le champ du pensable.. 191

VII : La réappropriation... **197**
L'extraversion.. 197
Un pragmatisme rampant... 200
Variation sur la «distance»... 204
L'impossible déconnexion... 208
L'appropriation du savoir... 214
La réappropriation...217

Envoi.. **227**

Bibliographies.. **237**

Préface

†On a dit également, plus prudemment que ce livre indiquait un nouveau sens des nuances; celles à apporter aux anciennes thèses, ciselées pour être tranchantes et exprimer à la fois des «colères», et un souci très althussérien de précision devant des productions philosophiques approximatives, se satisfaisant d'à peu près conceptuels. Cette colère et cette volonté de précision qui s'expriment, par exemple, dans le fameux : «j'appelle philosophie africaine un ensemble de textes... » où l'auteur souligne comme on met des points sur les « i ». Cette seconde réaction pourrait se traduire ainsi : «il a (enfin?) mis de l'eau dans son vin.

Voici pourtant que Paulin Hountondji nous dit ici, du ton en effet apaisé de celui qui fait le point après que la polémique a fini de dérouler ses effets, et tout en reconnaissant exagérations et préventions antérieures- contre l'ethnologie, en particulier - qu'il n'y a ni rupture ni changement dans sa démarche, mais toujours l'unité et la continuité d'un même itinéraire, «africain» et «pour le sens».

Et si l'auteur revient, dans le chapitre consacré à un «débat pollué», surtout, sur ce qui s'est écrit et discuté, sur les réponses déjà apportées à des critiques qui n'ont pas manqué- on le redécouvre – c'est avant tout, simplement, pour donner à voir à ceux qui auront mal compris sa trajectoire théorique, parce qu'ils en auront eu une vision parcellaire et tronquée, la totalité de celle-ci. Ainsi, avant la critique de l'ethnophilosophie, à laquelle on la réduit souvent, il y a eu le travail sur Husserl, et voilà pourquoi «après» cette critique, ou plutôt en même temps qu'elle, avec elle et grâce à elle, il y a la réflexion sur la science. Plus précisément sur l'extraversion scientifique que connaît l'Afrique, en vue du combat pour la réappropriation, par notre continent. des conditions scientifiques et techniques de son développement. De ce combat participe la recherche, collective nécessairement et qui doit réunir des spécialistes de plusieurs disciplines, sur les savoirs endogènes en vue de leur reprise critique, de la réactivation dont on attend, éventuellement, qu'elle les rende à leur dynamisme.

C'est une circonstance académique – qu'on ne peut donc dire «extérieure», pour un universitaire - qui a amené Paulin Hountondji à ce livre qui fait le point pour mieux préparer ceux qui le suivront. Sous une forme dont celle-ci est une version remaniée et amplifiée, le présent ouvrage s'est d'abord appelé *Enjeux d'une critique*, avec pour sous-titre: *philosophie, anthropologie des savoirs et politique en Afrique*, pour constituer un texte de synthèse en vue d'une soutenance de doctorat d'Etat sur travaux à l'Université Cheikh Anta Diop de Dakar. Dans cette première mouture et sous ce premier titre, qui a la gravité des travaux universitaires, ou sous celui-ci – *Combats pour le sens* – il n'a jamais cessé d'être un livre.

Si j'évoque sa première destination universitaire, c'est pour souligner à son propos, ce fait souvent constaté, de la part de hasard qui est l'origine de bien des textes importants. Entendons ici: le hasard d'une commande, éditoriale ou académique. Ainsi, quelque conjoncturelle que soit l'origine de ce livre, lié donc à une échéance universitaire, il pose sa nécessité propre comme chemin pour le sens et chemin exemplaire d'un philosophe qui a, pour son compte personnel et pour beaucoup d'autres qui ont lu ses travaux, pensé la relation entre sa situation d'Africain et son choix de la philosophie.

Il était donc bon que ce livre fut d'abord proféré publiquement comme une soutenance, qu'il fût posé comme un acte public au cœur du département de philosophie d'une des plus anciennes Universités francophones du continent. D'ailleurs, pour de nombreuses raisons qu'éclaire la lecture de ce livre, il fait irrésistiblement songer à «la Soutenance d'Amiens» où Louis Althusser, qui fut un maitre de Paulin Hountondji s'est expliqué sur les urgences, politiques en dernière instance, qui ont déporté sa réflexion de la rédaction continue de la thèse qu'il avait annoncée, au travail d'élaboration et de précision des thèses et positions que la pratique théorique lui avait commandé de tenir. Paulin Hountondji s'est très souvent plaint, auprès de ses amis, que «sa préoccupation politique», «au sens le plus rigoureux du terme», précise-t-il ici, et au singulier - car il s'agit de bien le distinguer des activités qui font le quotidien du politique - ne lui ait guère laissé le loisir d'écrire la thèse qui était au bout du cursus honoré universitaire.

Sans qu'il s'en aperçoive, elle était faite. En fait, conduit par sa «préoccupation politique» en philosophie, il avait semé, chemin faisant, un nombre impressionnant d'écrits qui ont eu un impact considérable, sur les disciplines africanistes en général. Sa critique d'une utilisation naïve de données ethnologiques hâtivement promues au statut de témoins d'une pensée collective, baptisée alors «philosophie» n'a pas visé à frapper de nullité théorique ce qui s'écrivait alors tranquillement, dans la foulée, si l'on peut dire, du livre du Père Tempels et dans celle des idéologies qui n'entendaient l'identité africaine que sur le mode de la «défense et illustration: culturaliste. La «prémisse négative», pour reprendre le titre d'un de ses textes sur ce que la démarche philosophique n'est pas, a amené à remettre en question la posture intellectuelle qui constitue le discours ethno philosophique et qui consiste à accepter, naïvement, qu'une philosophie collective puisse se donner au terme d'une opération d'exhumation à partir des pratiques, symboles, langage etc. d'un peuple donné; celui qui aura mené cette opération restant en retrait, comme simple truchement d'une pensée du groupe ramenée à la conscience de soi.

Le lecteur de Husserl que reste Paulin Hountondji a rappelé alors que celui qui signe de son nom le texte qui prétend restituer simplement la philosophie ou la pensée des Africains (ou de tels Africains, plus particulièrement), même s'il ne dit nulle part «je», demeure le sujet à qui, ultimement, renvoient, comme à leur foyer, les significations proposées : pour lui d'abord et par lui, elles se constituèrent.

«Mais Platon ainsi que d'autres après lui, et, aujourd'hui, encore, des philosophes contemporains se sont donné pour objets de pensée philosophique des éléments discursifs ou physiques de leur culture!» ont cru devoir, répondre à Paulin Hountondji des philosophes qui, placés sur la défensive, n'ont pas su entendre que sa critique leur demandait essentiellement d'être au clair avec leur propre posture herméneutique. Cela doit conduire, en effet, à répondre de ce qui est écrit sans invoquer toujours un «nous» ou la tradition, dans une position d'auteur donc et non de rapporteur d'un discours, inutilement irréfutable, ne s'autorisant que d'un sujet collectif et toujours absent.

De cette critique, avec ses enjeux et les polémiques qu'elle a suscitées, à la réflexion qui relevé de la sociologie des savoirs, il y a donc la continuité d'une même problématique qui s'est nouée, dès les premiers travaux sur Husserl, autour de la question de la place et de la signification de la science dans les œuvres humaines. Je crois que l'on peut placer la préoccupation de Paulin Hountondji concernant la signification des ethnosciences, l'extraversion, la nécessaire appropriation de «tout l'héritage scientifique disponible dans le monde», sous le signe, d'abord, de Husserl, lorsqu'il dit, par exemple, dans sa conférence de Mai 1935 au Kulturbund de Vienne portant sur *la philosophie dans la crise de l'humanité européenne,* (Cf. E. Husserl *La crise de l'humanité européenne et la philosophie.* Republications Paulet, Paris J 975. p. 14) :

«La culture étrangère à la science, que la science n'a pas encore touchée, est une tâche et une activité qui bornent l'homme à la finitude. L'horizon, offert comme une carrière sans fin à sa vie, n'est pas déverrouillé ; les fins qu'il vise et les œuvres qu'il fait, ses travaux et ses jours, ses motifs d'ordre personnel, collectif, national, mythique, tout se meut dans une ambiance qu'un regard fini peut survoler. Il n'y a pas la de taches infinies, d'idéaux dont l'infinité même dessine le champ de travail de l'homme et lui présentent les caractères d'un tel champ de travail».

Nous sommes un certain nombre de philosophes dans nos universités africaines, en effet, pour qui la leçon, husserlienne, de Paulin Hountondji telle qu'elle se dégage de l'itinéraire ici retracé est celle-ci: il est nécessaire de sortir de l'enfermement pour faire de la question de l'identité et de la culture, avant tout, celle d'un programme. En particulier de réappropriation des sciences. D'un mot, et pour le dire comme Husserl : ce combat pour le sens aura déverrouillé l'horizon.

Souleymane Bachir DIAGNE

Remerciements

Ce livre est une version revue et augmentée du document de synthèse rédigé pour une soutenance sur travaux en vue du doctorat d'Etat ès lettres. La soutenance a eu lieu à Dakar le 25 juin 1995. Le document comprenait les quatre premiers chapitres du présent volume. Les chapitres 5, 6 et 7 ont été rédigés plus tard.

Ni le travail initial, ni l'élargissement ultérieur n'auraient été entrepris sans les encouragements et le soutien de plusieurs personnes. Je les prie de trouver ici l'expression de ma gratitude. J'aimerais mentionner spécialement Souleymane NIANG, recteur de L'Université Cheikh Anta Diop de Dakar, que j'avais eu plaisir à revoir à Cotonou et à accueillir avec d'autres recteurs d'universités membres du Conseil africain et malgache pour l'enseignement supérieur (CAMES), alors que j'étais ministre de l'éducation nationale en 1991; Marc AUGE dont l'estime a toujours été pour moi une force et qui m'a offert toutes les facilités qu'il pouvait pendant mes séjours de recherche à Paris, alors qu'il était président de l'Ecole des hautes études en sciences sociales (EHESS); Aloyse-Raymond N'DIAYE, directeur du Fonds international de coopération universitaire (FICU) à l'AUPELF, qui a su faire un miracle – pas moins que ça – pour permettre à l'enfant prodige fraîchement libéré des griffes de la politique, de se recycler très vite grâce à un séjour de recherche à Dakar; Mamousse et Marie DIAGNE ainsi que leurs enfants, ma famille d'adoption au Sénégal. Je ne puis oublier l'affectueuse, la chahuteuse, la très vivante Renée SENGHOR-N'DIAYE, dont on a peine à imaginer qu'elle nous ait quittés pour toujours.

Souleymane Bachir DIAGNE qui parrainait le dossier de soutenance, a su rester d'un bout à l'autre, au-delà de la «formalité» académique, fraternel comme d'habitude. Alassane N'DAW a accepté de présider le jury et Abdoulaye Bara DIOP, Abdoulaye KANE, Oumar DIAGNE, d'en être membres. Qu'ils en soient remerciés.

De retour de Dakar, j'ai trouvé un lecteur particulièrement amical en la personne de Dominique MONDOLONI, de la Mission française de coopération à Cotonou, lui-même philosophe, et mon ancien conseiller au ministère de la culture et de la communication. Je lui dois de m'avoir convaincu, avant son départ pour Haïti ou il a été affecté depuis, que ce texte pouvait intéresser des cercles plus larges, et d'avoir proposé à la Mission d'en subventionner la publication. Michèle NARDI, qui lui a succède au Bénin, a vu sa patience mise à rude épreuve par un auteur d'une lenteur peu compatible avec les exigences administratives. Je tenais *à* revoir et *à* compléter le texte initial, mais j'avais sous-estimé les délais nécessaires, Merci *à* la Mission française. Merci *à* Michel-Robert GOMEZ, Directeur des Editions du Flamboyant.

Rock CAPO-CHICHI, mon ancien secrétaire, devenu expert en toutes sortes de travaux informatiques, a été d'un secours inestimable. Qu'il trouve ici l'expression de ma gratitude.

Enfin, voici trente ans que mes longues retraites studieuses, aggravant l'effet de sollicitations diverses, ont fait de moi un mari, puis un père souvent absent. Que mon épouse et les quatre enfants, Hervé, Flore, Sophie (décédée dans son jeune âge), Olivier, sachent combien j'ai toujours apprécié leur compréhension et leur soutien.

Avant-Propos

Pour beaucoup de lecteurs, mon nom reste attaché, avec quelques autres, à la critique de l'ethnophilosophie. Certains ont cru éprouver, en lisant mes brèves «Remarques sur la philosophie africaine contemporaine», et plus tard le recueil d'articles *Sur la philosophie africaine,* une sorte de libération intellectuelle. L'horizon paraissait se dégager, une fois levés les interdits imaginaires qui frappaient, à leurs yeux, de vastes domaines de la recherche philosophique jugés trop éloignes des préoccupations africaines, et l'obligation non moins imaginaire faite à nos jeunes chercheurs de s'en tenir à une interrogation sur l'Afrique, en parcourant à leur manière et avec leur outillage conceptuel propre, le champ, somme toute assez étroit, circonscrit et balisé par une longue tradition africaniste.

Des travaux sur la logique et l'épistémologie redevenaient possibles, là où l'on se serait cru obligé, sous peine de trahison, d'étudier la logique et l'épistémologie *africaines*. Une réflexion sur les valeurs, sur les fondements de l'éthique et de la politique, de l'esthétique et de la conscience du beau, du discours et de l'exigence du vrai en général, redevenait légitime, là où l'enfermement géographique habituel aurait voulu que l'on s'interrogeât exclusivement sur les valeurs *africaines,* les conceptions éthiques, politiques et esthétiques *africaines,* la théorie de la connaissance ou, pour parler comme Tempels, la «critériologie» *africaine*. Le chercheur pouvait à nouveau revendiquer, sans mauvaise conscience ni fausse honte, ce devoir de vérité, ce désir de certitude apodictique propres à toute recherche authentique. Le philosophe, en particulier, pouvait à nouveau se réclamer de cette exigence d'universalité fondatrice de sa discipline, en refusant la tentation du relativisme culturel («à chaque culture sa vérité»), et en se reconnaissant clairement la vocation à énoncer des propositions d'une validité sans frontières, s'imposant à tous, en tout temps et en tous lieux.

Si la critique de l'ethnophilosophie a eu chez certains lecteurs cet effet libérateur, elle semble avoir joué par contre, chez quelques autres, un rôle inhibiteur en les retenant, par excès de scrupule et d'hésitation, d'exercer sur la pensée, la culture et l'expérience africaines leur talent d'analystes et de philosophes. Comme si toute réflexion sur l'Afrique était devenue *a priori* suspecte de contamination ethnophilosophique, et qu'il fallait, pour garder la pureté philosophique, planer au-dessus des situations concrètes!

En mentionnant ces deux sortes de réaction, l'une féconde et l'autre passablement improductive, je ne fais qu'indiquer la place d'un problème qu'il serait intéressant d'aborder en lui-même: celui de l'impact de la critique de l'ethnophilosophie. Il serait intéressant d'évaluer cet impact par les méthodes les plus rigoureuses, de manière à apprécier l'effet de cette critique sur la productivité intellectuelle et à la situer à sa juste place dans l'histoire de la recherche philosophique africaine comme dans celle, plus vaste, de la recherche africaniste[1].

La présente étude a cependant un autre objet. Elle vise d'une part, a apprécier, à travers les travaux successifs que j'y ai consacrés, l'unité et révolution, la constance et les déplacements d'accent de la critique de l'ethnophilosophie, mais aussi d'autre part, à situer cette critique par rapport à l'ensemble des préoccupations qui la portent, et que j'ai aussi très clairement exprimées dans d'autres textes.

Je serai ainsi amené à évoquer d'abord, parmi mes premiers travaux, ceux que j'ai consacrés à Husserl, à savoir un mémoire de diplôme d'études supérieures sur la notion de υλη *(hylè)* et une thèse de troisième cycle sur l'idée de science dans les *Recherches logiques*. Pour être restés inédits, ces travaux d'étudiant n'en expriment pas moins une exigence fondamentale qui, d'une certaine façon, éclaire la suite: la valorisation de la science, l'idéal d'une philosophie conçue comme «science rigoureuse», pour reprendre les propres termes du philosophe allemand.

La critique de L'ethnophilosophie renvoie au moins pour une part à cet idéal. En rappelant les principaux arguments et l'enjeu de cette critique, de même que la grande discussion qu'elle devait susciter dans les milieux intellectuels africains et africanistes, on identifiera au passage quelques-uns des problèmes, quelques-unes des difficultés qui gagneraient encore aujourd'hui à être élucidés.

Mais la critique de l'ethnophilosophie devait s'élargir, de même que cette

---

1 Des méthodes quantitatives ont été mises au point. on le sait, pour évaluer l'impact des travaux scientifiques, Au premier rang de ces méthodes, la bibliométrie mesure l'impact d'un article ou d'une couvre au nombre de citations qui y renvoient dans la presse générale ou spécialisée (voir notamment Price. 1963). On voit cependant les limites d'une telle approche: outre que les périodiques retenus ne représentent jamais qu'une infime partie de l'ensemble des périodiques existant dans le monde, il n'est pas certain que les travaux les plus influents scient toujours les plus souvent cités.

réflexion sur la science engagée très tôt à partir de Husserl. Témoins de cet élargissement, les articles sur l'extraversion scientifique, dont le premier remonte à 1978. On y voit apparaître, en dehors ou à l'extrême limite du champ de l'épistémologie classique, loin des préoccupations de la théorie husserlienne de la science, un intérêt marqué pour les rapports de production scientifique et technologique à l'échelle mondiale, de même que l'esquisse d'une sociologie de la science dans les pays de la périphérie. Parallèlement, la critique de l'ethnophilosophie débouche sur une critique de l'ethnoscience en général, comprise comme une manière savante de figer les systèmes de connaissance traditionnels en les vidant de leur dynamisme, de leur pouvoir d'autodépassement, de leur capacité autonome d'enrichissement et d'amélioration.

Le séminaire sur les savoirs traditionnels organisé à Cotonou en 1987-1988, et qui est à l'origine de l'ouvrage collectif publié plus récemment par le CODESRIA à Dakar, est une étape importante de ce cheminement. Y prend corps de façon résolue, en s'appuyant sur les contributions de collègues venus d'horizons divers (histoire et archéologie, anthropologie, hydrologie, linguistique et ethnolinguistique, mathématiques, botanique, psychiatrie et ethnopsychiatrie, chirurgie, philosophie), le projet d'une réappropriation critique des savoirs endogènes, complément indispensable de cette vaste et méthodique appropriation de la science et de la technologie modernes, nécessaire pour donner à l'Afrique la pleine maîtrise de son destin.

On le voit: d'un bout à l'autre du parcours se profile, à l'arrière-plan des problématiques dominantes, pour devenir finalement tout à fait explicite, une préoccupation constante quant au devenir de l'Afrique: une préoccupation *politique* au sens le plus strict du terme. A défaut de pouvoir, toutefois, examiner spécialement les éditoriaux et articles de circonstance où s'exprime cet engagement, la présente relecture s'attachera à mettre en évidence, le cas échéant, les attendus politiques des analyses théoriques elles-mêmes, et à les situer dans leur environnement général.

Première Partie

Introduction A Husserl

I

Repères

De Porto-Novo A La Rue D'Ulm

Dans ce lycée Victor Ballot de Porto-Novo reconnu, à l'époque, comme la plus grande pépinière de la future élite dahoméenne, une silhouette intriguait et fascinait tout à la fois: celle d'un jeune professeur de philosophie d'origine sénégalaise qui, dans la première moitié des années cinquante, démontrait par sa seule présence que même la philosophie, discipline réputée, à tort ou à raison, difficile, était à la portée des Africains. Son nom: Alassane N'Daw.

Je n'ai pas eu la chance d'être son Clèves: il était déjà parti avant que je n'arrive, en 1959-1960, en Terminale. Je n'ai cependant pas eu à me plaindre: Helene Marmotin, française comme l'étaient alors la plupart de nos professeurs, était un esprit méthodique, qui préférait la sèche rigueur de l'analyse aux grandes envolées lyriques. Dès ses premiers fours, elle nous mettait en garde: «La philosophie, ça s'apprend». Donc, pas de savoir infus, pas de sagesse congénitale. Il fallait se mettre au travail.

Je crois avoir retenu de cette année d'initiation un goût prononcé pour l'analyse conceptuelle et une fascination certaine pour les doctrines de la liberté. J'avais avidement dévoré *L'existentialisme est un humanisme,* parmi la vingtaine ou la trentaine d'ouvrages qui composaient la maigre, mais précieuse bibliothèque du lycée. Que l'existence précédât l'essence, me confortait dans ma résistance spontanée à tous les fatalismes, mon rejet de toute doctrine tendant à figer l'homme individuel ou collectif ou à lui interdire l'espérance, la confiance en soi, la certitude de pouvoir se surpasser, l'appel du lointain (Sartre, 1946).

C'est cependant à mon professeur d'«hypokhâgne»[1], André Bloch, que je dois d'abord mon intérêt pour Husserl. Ce brillant pédagogue, artiste dont la voix mélodieuse emportait d'autant plus sûrement l'adhésion qu'elle semblait

---

[1] «Hypokhâgne» désigne en argot, on le sait, la classe de leurres supérieures, et «khâgne», la première supérieure, Ce sont les années de préparation au concours d'entrée à l'Ecole Normale Supérieure, section lettres.

couler de source sans aucun besoin d'un support écrit, a consacré une partie de son cours, en 1960-1961 au lycée Henri IV, à Paris, à faire découvrir à nos dix-huit ans la phénoménologie husserlienne, en commentant tout spécialement l'article célèbre, *La philosophie comme science rigoureuse* (Husserl, 1911). D"autres volets du cours étaient consacrés à Descartes (avec une insistance particulière sur la signification du *cogito*), Kant, Hegel («L'histoire de la philosophie, c'est la philosophie même»), Kierkegaard, et quelques autres auteurs modernes ou contemporains.

Le cours, dans son ensemble, semblait vouloir démontrer le mouvement en marchant, en répondant à sa manière à une seule question: «qu'est-ce que la philosophie ?» - ou plutôt en offrant à chaque élève, à défaut d'une réponse assurée qui relèverait encore d'un dogmatisme subtil, les moyens de produire en lui-même un commencement de réponse, grâce à la fréquentation de quelques grands classiques et à une familiarisation intérieure avec les auteurs.

Bloch nous enseignait qu'il n'y a pas de problèmes en philosophie, mais seulement des thèmes; qu'on ne peut attendre de la pensée une assurance qui mettrait fin à son mouvement et que la philosophie est inquiétude perpétuelle. Jamais il ne réfutait, il tachait de comprendre. Hégélien à sa manière, il était davantage enclin à dégager la vérité de chaque doctrine qu'à confronter les doctrines entre elles. Et quand il lui arrivait de les confronter, il s'attachait davantage à en montrer la complémentarité et l'unité dialectique qu'à en souligner les oppositions. C'était de sa part une forme d'élégance, de politesse à l'égard des auteurs. Je ne sais plus lequel de mes camarades s'étonnait un jour, en classe, qu'il ne formulât jamais de lui-même la moindre critique contre un auteur. La réponse fut une citation de Nietzsche, dont je n'ai trouvé les références que tout récemment: «La ou on ne peut aimer, il faut passer».[2]

C'est donc qu'en réalité notre professeur avait choisi de ne parler que des auteurs qu'il aimait, des œuvres qui l'interpellaient et qui avaient emporté son adhésion. Là était le secret de son enthousiasme, de sa ferveur

---

2 Je dois à Mamoussé Diagne, un des lecteurs les plus attentifs de Nietzsche en Afrique, d'avoir pu localiser cette citation en juin 1995 à Dakar: «A toi cependant, fou, je donne cet enseignement en guise d'adieu: quand on ne peut plus aimer, il faut PASSER! Ainsi parla Zarathoustra et il passa devant le fou et la grande ville» *(Ainsi parlait Zarathoustra,* trad. Marthe Robert. Coll. 10/18, 1958: 168).

communicative.

De fait, à y regarder de près, ses auteurs présentaient entre eux une évidente parente. Ce à quoi nous introduisait M. Bloch, ce n'était ni plus ni moins que la philosophie du *cogito*. Et il nous y introduisait de brillante façon, quitte à en montrer par ailleurs, en s'appuyant sur des auteurs comme Hegel et Freud, les limites.

Je me passionnais aussi pour les cours de latin, de grec, de français, Je déclamais volontiers les *Catilinaires* de Cicéron, dont j'avais appris la première par cœur, J'étais bon en anglais et réputé nul en histoire. Entre autres maitres, j'ai gardé le plus vif souvenir de Raoul Audibert, mon professeur de français et de version latine en «hypokhâgne», qui se faisait appeler Prosper : l'élégance même, avec son strict «trois pièces» et son éternel nœud papillon; Marcoux, mon professeur de grec et de thème latin en deuxième année de «khâgne»; Laurent Michard, le manuel fait homme, grand, d'un calme olympien et d'un savoir impressionnant, qui nous tenait, en deuxième année de «khâgne» (1962- 1963), en version latine et en français, et avait le bon goût de ne jamais renvoyer au «Lagarde et Michard», que nous trouvions d'ailleurs, unanimement, malgré sa densité et sa clarté didactique, bien inférieur à son cours. Je garde soigneusement dans ma bibliothèque un exemplaire dédicacé du XXe *siècle,* sixième et dernier volume de la collection, paru fin 1962, l'année même où nous devenions ses élèves. «Prosper», je m'en souviens, ne cachait pas sa fierté d'y avoir collaboré (Lagarde et Michard, 1962).

Pour en revenir à la philosophie, j'eus droit, en première année de «khâgne», à l'affable et paternel Dreyfus Le Foyer, déjà d'un certain âge, que notre jeunesse insouciante et impitoyable chahutait à longueur de cours; puis, en deuxième année de «khâgne», à Jacques Muglioni, qui n' entendait pas enseigner l'histoire de la philosophie mais bien la philosophie, même s'il ne pouvait s'empêcher, à l'occasion de son grand cours sur la perception, qui dura un bon semestre, et moins encore, à l'occasion des explications de textes qui l'accompagnaient, de laisser transparaître ses propres convictions. Kantien jusqu'au bout des ongles, lecteur assidu et admirateur d'Auguste Comte, il devait d'ailleurs quelques années plus tard, pendant et après une brillante carrière d'inspecteur général de philosophie, se signaler au grand public par ses travaux sur Kant et Comte, et ses combats pour l'école (Muglioni, 1987, 1988, 1993).

Au total, que ce soit à Porto-Novo ou au lycée Henri IV, j'ai été nourri, pour l'essentiel, pendant ces années d'initiation, à la philosophie du *cogito*.

Althusser devait me le faire remarquer peu après mon entrée à l'Ecole Normale Supérieure, dans son annotation sur une dissertation qu'il rn 'avait fait faire pour m'aider à trancher ma longue hésitation entre la filière «lettres classiques» et la filière «philosophie»: j'avais tendance, disait-il, à m'enfermer «dans l'espace non menacé d'une philosophie de la conscience».

Ma deuxième chance, s'agissant de Husserl, aura été Jaques Derrida. C'était un autre genre. Entre autres auteurs qu'il s'employait à «éplucher» minutieusement, méthodiquement, s'attachant à faire ressortir à chaque fois les grands mouvements du texte, sa respiration secrète, ses problèmes et ses défis, confrontant a l'occasion la version française avec l'original anglais ou allemand et s'exprimant toujours avec une clarté et une précision exemplaires, le brillant «caïman» de la rue d'Ulm nous a fait lire Hume et Husserl. Auteur lui-même d'un solide mémoire de diplôme d'études supérieures sur Husserl, alors inédit mais qu'il eut la bonté de me faire lire et d'une traduction alors récente, unanimement jugée excellente et accompagnée d'un copieux commentaire, de *L'origine de la géométrie,* Derrida nous a familiarisés notamment avec des textes comme les *Recherches logiques* et les *leçons pour une phénoménologie de la conscience intime du temps* '(Derrida, 1962, 1994; Husserl, 1900-1901, 1928).

Dans la même période (et ce fut ma troisième chance) un séminaire de Paul Ricoeur, *à* la Sorbonne, nous donnait, dans un autre. style, une t, vision très claire des grands thèmes et de la problématique d'ensemble de l'œuvre de Husserl, avec une insistance particulière sur les *Idées directrices pour une phénoménologie et une philosophique phénoménologique pures* dont il avait justement traduit lui-même, aux éditions Gallimard, le volumineux premier livre (Husserl, 1950; Ricoeur, 1949, '950,1951).

Je n'en finirais pas de dire tout ce que je dois à mes formateurs. Peut-être faudra-t-il un jour y revenir de façon plus complète et plus méthodique. Je ne puis cependant ici, puisqu'il s'agit d'établir la genèse de quelques-unes des exigences théoriques derrière ma critique de l'ethnophilosophie, oublié d'évoquer l'enseignement de Georges Canguilhem, l'austère directeur de l'institut d'histoire des sciences et des techniques, qui devait sans doute à son passe d'inspecteur général de philosophie sa vieille réputation de sévérité, et qui m'avait accepté à son séminaire après avoir, parait-il, apprécié comme président du jury en 1966, une de mes prestations à l'oral de l'agrégation.

Canguilhem, c'est connu, n'a guère de sympathie pour la métaphysique fumeuse. La rigueur d'analyse, la sobriété du style, la précision conceptuelle qui font la beauté de ses écrits, nous les retrouvions à son séminaire de la rue du Four. Ma participation à ce séminaire de 1966 à 1970 m'aura donné l'occasion de partager les questions et préoccupations d'une équipe de chercheurs d'origines géographiques, institutionnelles et idéologiques diverses, qui avaient cependant en commun la même exigence de clarté, le même souci de rigueur et de précision que valorisaient volontiers et cultivaient tous les élèves de Canguilhem.

C'est à ce séminaire que j'ai présenté pour la première fois en 1969, les résultats des travaux que je venais d'effectuer sur Amo, grâce à une bourse de recherche de l'UNESCO. Claire Salomon-Bayet, également élève de Canguilhem et par ailleurs secrétaire de rédaction des *Etudes philosophiques*, a aussitôt accepté de faire examiner l'article -par le comité de rédaction de sa revue (Hountondji, 1970b).

Last but not least, comment ne pas évoquer la grande et douloureuse figure d'Althusser ? Le «caïman» de la rue d'Ulm,[3] c'était un peu la rigueur et la précision de Canguilhem appliquées à un objet privilégié: Marx. Ce n'est pas qu'Althusser ne s'intéressât à rien d'autre. Bien au contraire, son génie aura été de montrer, dans la conjoncture idéologique difficile de l'époque, qu'il était possible d'entretenir avec l'œuvre de Marx et la tradition théorique et politique qui s'en réclame un rapport non dogmatique et non catéchistique, un rapport intelligent et libre qui n'exclue pas, mais au contraire présuppose un intérêt réel pour les œuvres de l'esprit.

Ainsi Althusser s'intéressait-il particulièrement à Spinoza et Rousseau, qui ont fait l'objet de deux séminaires inoubliables, a Aristote et Kant, qu'il citait souvent, à Freud, à Bachelard et à bien d'autres encore, sans oublier des contemporains comme Lacan, Lévi-Strauss, Canguilhem, Foucault, pour n'en citer que quelques-uns. A cette vaste culture nous devons sans doute son apport fondamental: la tentative, qui devait le rendre célèbre, d'introduire dans l'espace idéologique du marxisme un peu d'air frais, ou plutôt d'ouvrir, de faire éclater cet espace en voie d'enfermement en le restructurant de fond en comble.

Ma promotion (1963) a assisté un peu à l'accouchement de *Pour Marx,* publié en 1965 et dont la préface, «Aujourd'hui», véritable autobiographie intellectuelle, est le récit passionnant d'une longue résistance aux tentatives d'embrigadement doctrinal et de caporalisation de la pensée au sein du

---

[3] «Caïman» désigne, dans l'argot de l'Ecole Normale Supérieure, l'agrégé répétiteur.

mouvement ouvrier, de l'intérieur même de ce mouvement. L'effort d'Althusser pour «penser dans Marx» avait quelque chose de proprement inouï, à une époque où le marxisme était généralement perçu comme une doctrine fermée ayant réponse à tout, qui ne laissait à l'individu d'autre choix que l'adhésion ou le rejet aveugles et excluait, dans tous les cas, la réflexion critique, personnelle et responsable (Althusser, 1965).

Ma promotion a aussi bénéficié du séminaire sur *Le Capital* et du Cours de philosophie pour scientifiques», d'où devaient naître l'ouvrage collectif *Lire le «Capital»* et la série de publications inaugurée par la solide introduction d'Althusser, *Philosophie et philosophie spontanée des savants. Lénine et la philosophie* devait suivre peu après, de même que *Positions, Réponse à John Lewis* et *Eléments d''autocritique*. La chance de ma génération aura donc été s'être mise en contact avec Althusser à l'époque de sa plus grande effervescence intellectuelle, de sa plus intense créativité (Althusser, 1965, 1968, 1973, 1974a, 1974b, 1976; Althusser, Rancière, Macherey, 1966; Althusser, Balibar, Establet, 1966).

De cet enseignement je tirais des leçons essentielles. La première concernait les limites de notre militantisme. *Notre* militantisme: celui des étudiants africains regroupés au sein de leurs associations et unions nationales (Association des étudiants dahoméens en France - AED – et Union générale des étudiants et élèves dahoméens - UGEED – par exemple) et de façon plus large, dans des organisations régionales telles que la Fédération des étudiants d'Afrique noire en France (FEANF), à Paris et l'Union générale des étudiants d'Afrique occidentale (UGEAO) à Dakar.

Je ne militais en effet que dans ce milieu: bien qu'habitant la rue d'Ulm et particulièrement attentif, par la force des choses, aux débats en cours et aux fractions en lutte au sein de l'Union des étudiants communistes de France, je n'ai jamais été tenté d'adhérer à celle-ci ni de prendre position dans ces débats, dont je sentais bien qu'ils ne concernaient directement que les Français eux-mêmes. Mon champ de bataille était ailleurs: en Afrique. J'en ai pris conscience très tôt. Certains de mes camarades français ne l'ont pas compris, qui prenaient pour un apolitisme coupable ce qui n'était que discrétion et réserve d'un observateur attentif de la politique française. Pour les mêmes raisons, en mai 1968, je n'étais sur les barricades, ni à Besançon où j'exerçais comme assistant à la Faculté des Lettres, ni à Paris où j'habitais, bien que je me sois senti profondément interpellé, comme tout le monde, par cette extraordinaire explosion dont je suivais l'évolution jour après jour. Je ne me suis jamais impliqué. Par tempérament autant que par conviction, je gardais mes distances.

Or donc, pour en revenir au combat des étudiants africains, l'objectif c'était l'indépendance, le *leitmotiv,* la dénonciation de l'impérialisme. Nous voulions une indépendance réelle et pas seulement nominale, nous dénoncions par conséquent l'impérialisme non seulement sous sa forme coloniale, en voie de disparition, mais aussi sous sa forme néocoloniale, fustigeant au passage les «valets locaux de l'impérialisme», la bourgeoisie «comprador» ou «politico-bureaucratique» qui servait d'intermédiaire, de chaînon de transmission à la domination étrangère. Le discours de la FEANF n'allait pas plus loin. Il gardait le silence sur plusieurs questions essentielles, notamment les rapports de pouvoir à l'intérieur des pays, le destin des libertés, la question du pluralisme et du monolithisme comme formes d'organisation politique, le rôle de l'armée, et d'autres questions du même genre.

Conséquence: tandis qu'en Guinée, peu après le «non» courageux de 1958 au referendum du General de Gaulle, se développait sous nos yeux une des dictatures les plus féroces de l'Afrique contemporaine, la question des droits de l'homme et des libertés démocratiques, du droit à la libre expression, à la libre association et à la sécurité personnelle, restait dans nos rangs une question taboue, tant nous demeurions fascines par le discours indépendantiste, le verbe nationaliste et populiste de Sékou Toure, qui faisait objectivement écho au nôtre.

J'avais donc le sentiment de retrouver dans cette forme de militantisme la même indigence théorique, les mêmes limitations conceptuelles que celles que combattait Althusser au sein du Parti communiste français. *Mutatis mutandis,* nous avions nous aussi un urgent besoin de théorie, un urgent besoin d'oxygène et d'aération intellectuelle. Nous avions besoin d'inventer. Mais comment faire entendre cette exigence dans le contexte de nos discussions passionnelles? C'était la grande question, et cette question renvoyait au problème fondamental du débat démocratique (du débat qui *devrait* être démocratique) et des rapports entre la direction et la base au sein de nos organisations de masse estudiantines. Je me souviens d'avoir évoqué ces problèmes un dimanche de 1966 au boulevard Poniatowski, dans un exposé sur «Culture et politique» présenté à une assemblée générale de l'AED, exposé qui devait donner lieu à de vives discussions mais ne pouvait suffire, bien évidemment, pour changer radicalement nos vieilles habitudes.

La deuxième leçon que je tirais des enseignements d'Althusser avait une portée plus générale. Elle concernait la nature, objet, la vocation propre de la philosophie. La question est posée dès les premiers essais et sans cesse remise en chantier. J'appréciais autant la clarté des réponses que des raisons invoquées, le cas échéant, pour les rectifier. La répugnance d'Althusser pour «l'idéologie», l'exigence toute bachelardienne d'une rupture comme condition obligée du passage à la science, l'idée de la philosophie comme théorie de la science, n'ayant pas vocation à «fonder» celle-ci connue elle l'a toujours curieusement prétendu, mais seulement à reconnaitre et identifier, après coup, ses démarches réelles pour les porter à une parfaite clarté *conceptuelle, cette longue interrogation, cette* thèse courageuse ne pouvaient laisser indiffèrent un lecteur déjà familier des préoccupations et exigences de Husserl sur la science, la philosophie et leurs rapports, malgré la distance énorme qui sépare l'auteur de *Logique formelle et transcendantale* et l'auteur de *Pour Marx* (Husserl, 1929; Althusser, 5).

Je n'ai jamais été découragé non plus par les mises au point vigoureuses de *Lénine et la philosophie,* puis des *Eléments d'autocritique* - bien au contraire! Elles montraient comment des concepts pouvaient être retravaillés sans être reniés. La philosophie désormais comprise comme lutte des classes dans la théorie, la critique de la déviation tbeoriciste reconnue *a posteriori* dans les premiers travaux et le réaménagement conceptuel qui affecte, du même coup, les thèses antérieures, voilà qui montrait comment la pensée althussérienne vivante, inquiète, était aux antipodes de cette rigidité dogmatique que d'autres, curieusement, avaient cru pouvoir lui reprocher.

La Rationalité Comme Problème

La rationalité ne va pas de soi. Elle doit être perçue comme problème, comme un étrange paradoxe. Nul ne l'a mieux montré que Husserl: le rationalisme le plus exigeant est aussi le plus conscient ses propres limites.

Dans une conjoncture philosophique encore lourdement marquée par l'héritage empiriste et où l'esprit humain, replié sur lui-même, prises avec ses seules «impressions» subjectives, croyait de s'interdire toute prétention à l'objectivité, à l'universalité, à la vérité Husserl apportait au début de ce siècle, un immense soulagement et comme une soudaine libération intellectuelle, en réaffirmant évidence toute simple: «toute conscience est conscience de quelque chose». L'objet est immédiatement donné à l'esprit, nous n'avons pas à l'inventer ou à le construire laborieusement, mais à le percevoir même, en chair et en os. « *Zurück zu den Sachen selbst!*» - retour aux choses mêmes! Par-delà toutes les élucubrations, les analyses sur qui tendent à dissoudre le réel dans le flux de la conscience, par-delà les conjectures savantes sur la genèse de l'objectivité comprise comme croyance irrépressible mais illusoire, Husserl en appelait à l'expert immédiate, préréflexive du monde qui est toujours déjà là, et invitait à décrire simplement, avant toute explication, avant toute interpréta cette expérience première. L'objet est toujours déjà donné, et avec chaque objet, cet horizon de tous les objets possibles que nous appelons le monde. La conscience n'est pas une monade sans portes ni fenêtres, elle renvoie toujours à autre chose qu'elle-même, elle est «intentionnelle

Or, avec cette intentionnalité[4], cette nécessaire ouverture, cet éclatement-vers, se donne d'emblée la possibilité d'une connaissance objective, la possibilité du rationnel: la longue réfutation du psychologisme, qui court d'un bout à l'autre de l'œuvre de Husserl, ne veut dire autre chose. L'intentionnalité nous fait échapper à l'enfermer elle écarte le solipsisme et l'enlisement dans l'irrationnel.

Pourtant Husserl ne s'en tient pas à cette affirmation massive. Sitôt reconnue, l'intentionalité est elle-même perçue comme un problème. Le rapport à l'objet n'épuise pas le contenu réel du vécu, il est porté par toute une strate de «contenus primaires non intentionnels, les *data* de sensation au moyen desquels «s'esquissent» les moments des choses qui apparaissent. Husserl distingue, dans toute perception d'objet, le complexe vécu de sensations» qui en lui-même n'est pas intentionnel, et l'aperception objectivant qui rapporte ce vécu à un vis-à-vis extérieur.

On est à la fois très proche et très loin de Descartes. Proche du Descartes de la 2ᵉ Méditation qui, mettant en garde contre les court-circuit du langage, trouvait bien impropre de prétendre que l'on «voit» des hommes passer dans la rue, là où l'on ne voit, en réalité, que des chapeaux et des manteaux qui pourraient aussi bien recouvrir des marionnettes; ou que l'on «voit» la même cire, tantôt dure, froide, parfumée, sonore, tantôt molle, chaude, inodore, etc.

---

4 Traducteurs et commentateurs ont pris l'habitude, au début, d'écrire en français «intentionnalités» avec deux n. L'on suivra ici une pratique plus récente et plus confer génie de la langue en écrivant «intentionnel» (adjectif) avec deux n, comme «rationnel», «traditionnel», etc., mais «intentionnalité» (substantif) avec un n, comme «rationalité», «traditionalisme», etc.

Proche du Descartes qui ramenait ainsi la sensation à son contenu réel, la séparant en quelque sorte d'elle-même et mettant hors circuit, pour un temps, sa prétention à l'objectivité. Loin, cependant, de l'intellectualisme de ce même Descartes, pour qui toute thèse d'objet se ramenait forcement à un raisonnement, à un jugement au sens fort.

En se donnant d'emblée 'intentionnalité de la conscience, Husserl échappait a l'obligation de superposer aux contenus sensitifs réels un tel raisonnement, une démarche syllogistique dont la conclusion, médiate par hypothèse, ne pourrait être, au mieux, que probable, mais jamais tout à fait certaine - de cette certitude que peut seule générer la présence de la chose même.

L'intellectualisme cartésien avait ainsi pour effet d'éloigner d'un cran l'évidence de l'objet, de briser l'immédiateté du rapport au monde. En cette cassure se fonde la possibilité du sensualisme, du psychologisme, de l'empirisme en général, la possibilité de toutes les formes du relativisme et du scepticisme. A cette cassure se rattachent effectivement, dans l'histoire de la pensée, toutes les figures de l'emprise moderne auxquelles Husserl devait précisément, d'un bout l'autre de son œuvre, se mesurer.

L'intentionnalité penne d'éviter une telle cassure et de s'assurer, au ras de l'expérience immédiate, avant toute réflexion, avant tout raisonnement, de la présence effective de l'objet.

Pourtant Husserl, comme dans un repentir, reviendra constamment sur cette expérience même, pour s'interroger longuement sur la genèse de l'intentionalité. Le rapport à l'objet, même s'il est toujours déjà donné, n'est pas une fulguration instantanée, un éclair que rien n'annoncerait, une pure relation sans consistance ni support. Il renvoie bien plutôt à l'épaisseur d'un vécu extrêmement divers et riche qui, loin de s'épuiser dans ce positionnement d'un vis-à-vis objectif, inclut l'ensemble des vécus que Husserl qualifie négativement comme non intentionnels: les *data* sensoriels, figuratifs et non figuratifs, y compris les sensations de plaisir et de douleur, les états affectifs et les impulsions. C'est cet ensemble de vécus, considérés dans leur unité générique, que Husserl appelle la υλη (hylè) ou matière, par opposition à la μορφ *(morphè)* ou forme, reprenant ainsi, en grec, les termes mêmes d'Aristote, mais les détournant de leur contexte d'origine pour les appliquer, plutôt qu'à une ontologie du sensible, à une phénoménologie de la sensibilité elle-même.

Je me suis penché sur cette notion de hylè, dans mon mémoire de

Diplôme d'études supérieures (DES) en 1964-1965. C'était une suggestion de Jacques Derrida, notre «caïman», avec Althusser, à l'Ecole Normale Supérieure, à qui j'avais fait part de mon souhait de travailler sur Husserl, et qui m'a, en outre, recommandé à Maurice Patronnier de Gandillac, qui accepta de diriger mes recherches.

Relisant aujourd'hui, à trente ans de distance, ce travail encore passablement scolaire, je fais toujours miennes, pour l'essentiel, les questions qu'il pose et les thèses qu'il propose.

Le mémoire se limite volontairement à une lecture méthodique des *Recherches logiques,* en trichant de tirer, d'un examen attentif de la phénoménologie commençante, le maximum de leçons et d'indications susceptibles d'éclairer l'évolution ultérieure. Or ce qui frappe, de ce point de vue, c'est d'abord le double mouvement de ce texte considérable qui, des *Prolégomènes* a la *Quatrième recherche* incluse, s'emploie à défendre, contre le psychologisme, l'originalité irréductible des concepts logiques et débouche, de ce fait, sur une puissante réhabilitation de l'ontologie, ce qui ne l'empêche pas ensuite, de la *Cinquième* à la *Sixième recherche*, d'opérer un brusque retour au sujet et d'entreprendre une thermalisation directe, systématique et méthodique, du vécu.

Ce qui frappe par ailleurs, c'est qu'à la faveur du premier mouvement, en même temps qu'on s'efforce d'établir l'objectivité, l'unité idéale de l'espèce, l'on s'emploie parallèlement à montrer, chaque fois qu'on en vient à parler de la vie psychique, la primauté des actes intentionnels sur les contenus non intentionnels. La réhabilitation de l'ontologie s'appuie de la sorte sur une relativisation de l'immanence, où les empiristes avaient cru voir le tout de la conscience, une relégation au second plan de ces «impressions» et de ces «idées» qui constituaient la découverte propre non seulement de Hume, mais de, tous les empiristes modernes et, dans l'histoire de la pensée, l'essentiel de leur apport (Locke, 1690; Hume, 1739, 1748).

Autant dire que Husserl n'invente pas la notion de contenu sensible, mais la trouve sur son chemin, comme un héritage embarrassant mais incontournable. Lever cet embarras supposait une réinterprétation qui put consacrer l'héritage en le dépassant. A cet exercice s'emploie consciencieusement toute cette première partie des *Recherches, logiques*. A cet exercice se livrera aussi tout le paragraphe 85 du premier livre des *Idées* qui, en rebaptisant les contenus non intentionnels du terme générique de *hylè*, lequel renvoie traditionnellement à son corollaire, la *morphè*, précisera qu'il s'agit d'un concept «fonctionnel», et que nulle part, en vérité, nous ne trouvons dans le vécu une strate non intentionnelle à titre de composante réelle et séparable, mais qu'il est nécessaire, cependant, de se donner l'idée d'une telle strate pour comprendre la possibilité des actes intentionnels eux mêmes.

Ce qui frappe aussi, c'est que pas une seule fois n'est remis en cause, dans la deuxième partie des *Recherches logiques,* à travers la longue élucidation phénoménologique du vécu inaugurée dans la *Cinquième recherche,* ce privilège des actes intentionnels. Le retour au sujet n'entraine pas l'enfermement dans le sujet. Il renforce au contraire la certitude d'un dépassement nécessaire, d'un éclatement du sujet vers l'objet. L'analyse de l'immanence, loin d'en autoriser la clôture, est au contraire une longue interrogation sur le sens de la transcendance et une description des vécus qui la constituent.

On remarquera cependant un détail: tandis que la première partie des *Recherches logiques,* acceptant l'héritage empiriste, en démontre l'insuffisance et pose l'intentionnalité de la conscience, la deuxième partie au contraire, rendant hommage à Franz Brentano pour avoir, dans les temps modernes, redécouvert l'intentionnalité, lui reproche cependant sa méconnaissance des contenus non intentionnels. Ainsi, après avoir, des *Prolégomènes* à la *Quatrième recherche,* joué sans le dire Brentano contre les empiristes, Husserl joue désormais, dans la *Cinquième* et la *Sixième recherche,* les empiristes contre Brentano.

Il convient cependant de préciser. Ni l'intentionnalité, ni les contenus non intentionnels ne sont reçus par Husserl comme des concepts simplement hérités de l'histoire. C'est l'analyse actuelle qui les lui impose. Les références historiques n'interviennent qu'après coup, dans un commentaire rétrospectif d'évidences fondées sur la seule description phénoménologique.

Plus exactement, le concept d'intentionnalité et son corollaire, le concept de contenu non intentionnel sont produits dans la *Première recherche* à partir d'une phénoménologie du langage. Les mots en eux-mêmes ne veulent rien dire. Ils ne deviennent signifiants que par la présence du sujet parlant dont les actes confèrent un sens à une matière vocale qui, sans eux, resterait simple phénomène sonore, bruit inarticulé, *flatus vocis.* C'est cet acte conférant le sens, cette «intention de signification» qui sert de modèle à Husserl pour penser «l'aperception objectivante», cet autre acte par lequel je rapporte spontanément mes sensations à des objets extérieurs. Ainsi, comme l'enseignait Paul Ricoeur, l'intentionnalité est d'abord lue sur la structure de renvoi des termes du langage avant d'être reconnue comme une structure de la conscience pure.

Parallèlement, le phénomène sonore dans le vécu d'expression, cette perception du bruit comme bruit, antérieure à l'interprétation génératrice de sens et toujours présupposée par elle, sert de modelé à l'idée d'un complexe vécu de sensations qui serait en lui-même dépourvu de sens, donc non intentionnel, et que l'aperception viendrait animer après coup en le rapportant à un objet.

Je me suis longuement interrogé, non seulement sur le statut, mais sur la recevabilité de ce concept de vécu non intentionnel. A dire vrai je ne parvenais pas à l'accepter, tant il me paraissait peu compatible avec la découverte husserlienne fondamentale de l'intentionnalité. J'étais donc particulièrement attentif aux équivoques et autres difficultés du texte, ainsi qu'à tout ce qui, dans la démarche de Husserl, pouvait trahir une hésitation, ou indiquer des pistes pour une éventuelle réinterprétation de cette notion, pour moi hautement paradoxale.

La donnée sensorielle est bien en effet, chez Husserl, un concept-limite, un μυθος; *(muthos)*, un peu comme l'était pour Rousseau l'état de nature, dont l'auteur du *Contrat social* nous dit qu'il ne désigne aucune étape historique réelle, mais qu'il reste cependant incontournable, comme concept critique nécessaire pour apprécier à sa juste valeur le cours de l'histoire humaine réelle.

Husserl ne se lasse pas de répéter, quant à lui, que le vécu au sens large, embrassant aussi bien les actes que les non-actes, n'est qu'une extension du concept de vécu *stricto sensu*, c'est-à-dire de vécu intentionnel. Un être qui n'aurait en lui-même que des contenus sensoriels et serait incapable de les interpréter objectivement ne mériterait pas le nom d'être psychique. Ce serait presque un corps sans âme, comparable aux «choses extérieures phénoménales». Seule l'intégration a des actes intentionnels, et partant, à une unité de conscience, confère aux *data* sensoriels leur qualité de vécu. L'intentionnalité reste donc essentielle. L'intentionnalité est le «milieu universel qui finalement porte en soi tous les vécus, même ceux qui ne sont pas caractérisés comme intentionnels».

Concept «fonctionnel», concept-limite, simple façon de parler, *muthos*, au sens littéral, ce n'est pas un hasard si la *hylè* est d'abord caractérisée négativement, par la non-intentionnalité. Il en existe, cependant, au moins deux déterminations positives, et elles sont très fortes.

La première consiste à montrer, à l'œuvre dans la perception sensible, une sorte de dialectique de l'un et du multiple. Je ne peux percevoir au même instant tous les cotes d'un arbre, mais je suis obligé, pour en avoir une vue complète, d'en faire le tour. L'objet sensible, en général, n'apparait jamais que successivement, dans la durée, à travers un divers ininterrompu d'esquisses qui le visent toutes, cependant, connue «le même» objet. Les empiristes, qui reconnaissaient volontiers cette contrainte, n'y voyaient cependant qu'une preuve de notre finitude et de la clôture indépassable de l'entendement humain. Prenant ici le contre-pied de Hume, Husserl voit au contraire dans cet étalement temporel obligé de la perception sensible une contrainte universelle, liée à la nature de l'objet sensible en général. Dieu lui-même, affirme-t-il, percevrait par esquisses les objets sensibles, parce qu'il appartient au sens de tels objets de ne pouvoir jamais être saisis dans une perception adéquate. En somme, et comme le disait fort bien Trân Due Tao, là ou les empiristes voyaient l'impossibilité d'une conscience, Husserl voit au contraire la conscience d'une impossibilité (Trân, 1951).

Or ce divers ininterrompu d'esquisses, c'est précisément ce que Husserl appelle la *hylè,* la matière sensuelle, la couche phénoménologique des «contenus primaires», ou «sensibles», ou «sensoriels et imaginatifs», ou «vécus», ou «figuratifs», ou «representatif», la couche des «contenus de sensation», des *«data* de sensation», des «sensations présentatives», des «sensations impressives et reproductives», des «représentants intuitifs», autant d'expressions utilisées indifféremment, parmi beaucoup d'autres dans les *Recherches logiques* comme dans les *Idées* pour designer cette strate de vécus non intentionnels.

La deuxième détermination positive est celle qui consiste à inclure dans la *hylè* toute la sphère des états affectifs tels que les sensations de plaisir, de douleur, de démangeaison, «ainsi que les moments sensuels de la sphère des impulsions». Husserl découvre une parente générique entre de tels états et les contenus représentatifs, mais les distingue par contre, soigneusement, des actes affectifs et volitifs proprement dits qui, eux, sont intentionnels. Mettant en garde contre une grave équivoque qui nous fait utiliser indifféremment le même mot, «sentiment», pour désigner aussi bien les états que les actes affectifs, Husserl sépare, pour ainsi dire, le sentiment de lui-même en distinguant deux emplois du mot totalement différents, qui renvoient à deux réalités non seulement distinctes, mais opposées: entre les sensations affectives et les actes affectifs, entre les «sensations de désir» *(sic)* et les désirs orientés, conscients de leur objet, il n'y a aucun rapport de communauté générique, mais seulement un rapport d'équivoque.

A vrai dire, l'objectif principal de Husserl, dans cette analyse, est d'étendre la notion d'intentionnalité à la sphère des phénomènes affectifs. Les sentiments au sens fort ne sont pas de simples vibrations du sujet sur lui-même, des vécus circulaires sans aucune relation à un objet, mais ils sont intentionnels. Pas de plaisir sans un objet qui plaise, ni de déplaisir sans un objet qui déplaise, Plaisir et déplaisir sont des actes de conscience dirigés sur des objets spécifiques. Et il en est de même des désirs et des pulsions.

Qu'on ne dise pas non plus que les sentiments sont de simples états, qui ne doivent leur rapport à des objets qu'aux représentations auxquelles ils sont associés: l'intentionnalité, dans ce cas, n'appartiendrait pas en propre aux sentiments eux-mêmes, mais seulement aux représentations qui leur sont liées. Au contraire, conformément à l'enseignement de Brentano repris ici par Husserl, non seulement le sentiment, comme tout vécu complexe, a une représentation pour base, mais il est, en outre, lui-même un acte intentionnel spécifique. On a affaire, de la sorte, à *«deux* intentions superposées : l'intention qui fonde donne l'objet *représenté,* et l'intention fondée donne l'objet *senti;* la première est séparable de la seconde, mais non la seconde de la première» (Husserl, 1962b: 193).

Toutefois, si l'objectif stratégique de Husserl est d'annexer au domaine de l'intentionnalité la sphère des sentiments et des pulsions, et s'il y parvient partiellement grâce à la notion d'intention fondée, c'est encore lui qui s'emploie, dans une deuxième étape de sa démonstration, à délimiter une «sphère très vaste» *(sic)* de phénomènes affectifs non intentionnels.

La démarche est alors très simple. Elle consiste à revenir, le plus naturellement du monde, au sens courant des mots par-delà la thèse somme toute assez laborieuse, de l'intentionnalité des sentiments. Pour le langage ordinaire, les sentiments sont d'abord des états d'âme, comme les émotions. C'est ce que faisaient valoir, précisément, les adversaires de Brentano, Ce dernier préférait, quant à lui, rejeter dans la classe des «phénomènes physiques» ces prétendus états d'âme, comme tous autres *data* sensoriels, et réserver aux actes intentionnels simples ou complexes, représentatifs ou fondés, la qualité de «phénomènes psychiques».

Husserl, par contre, tout en reconnaissant l'intentionnalité des sentiments, émotions et volitions en tant qu'actes fondés donne acte, sur ce point précis, aux adversaires de Brentano de leur fidélité au langage courant et croit devoir, pour cette raison, étendre le champ des «phénomènes psychiques» aux états affectifs sensibles, aux sentiments, émotions, désirs et pulsions saisis à leur stade inchoatif, avant toute relation consciente à un objet.

Par cette double détermination, comme divers ininterrompu d'esquisses et sphère des états affectifs sensibles, la *hylè* cesse d'être un concept résiduel définissable seulement de façon négative, par opposition aux actes intentionnels. Elle devient un concept positif ayant son contenu propre.

Je me suis demandé, dans ces conditions, si ces deux déterminations ne valaient pas mieux que la première. La *hylè* comme divers ininterrompu d'esquisses, voilà un concept clair, incontournable à sa manière, mais c'est bien autre chose qu'une strate non intentionnelle du vécu. Pourquoi ne verrait-on pas en effet, dans ces esquisses, autant d'intentions partielles fusionnant spontanément en une intention totale comme le propose, justement, un texte de la *Sixième recherche?* (Husserl, 1963: 180-186).

Je ne cessais par ailleurs de m'interroger sur cette parenté générique entre les «contenus sensoriels» et les «sensations affectives» et sur la manière dont celles-ci, au dire de Husserl, «fusionnent» avec ceux-là, «se confondent» avec eux. J'étais enclin à admettre, et c'était précisément la thèse du mémoire, qu'on n'avait pas affaire, en réalité, à deux sortes de vécus qui se rapprocheraient ensuite, mais à une seule et même classe de phénomènes. En somme, il y a toujours et partout surimpression de l'affectivité sur les données sensorielles. Les «états affectifs sensibles» ne viennent pas se surajouter après coup à des sensations, mais ils sont eux-mêmes, d'emblée, des «sensations appartenant à tels ou tels champs sensoriels» et investies, en outre, d'une valeur affective. L'affect est donc plus qu'un état d'âme: il a toujours aussi une fonction théorique, une fonction de connaissance. L'affect n'est pas une pure donnée ineffable dans sa singularité vécue, mais le commencement d'un dire, le fondement d'une visée, le point de départ d'un savoir.

Inversement, les «contenus sensoriels» ont plus qu'une fonction figurative, ils sont chargés d'émotion et sont toujours, à leur manière, des phénomènes affectifs. La charge émotionnelle peut varier en intensité, elle est toujours déjà présente, et elle est première par rapport à la fonction figurative. L'objet m'affecte avant que je ne le pense. Mon contact avec les choses n'est jamais serein. Car, comme l'écrit Koffka cité par Merleau-Ponty, «un objet apparait attrayant ou repoussant, avant d'apparaitre noir ou bleu, circulaire ou carré» (Merleau-Ponty, 1945 : 32).

Voila donc inversé la perspective initiale. Le point de départ, ce ne sont plus les «contenus figuratifs», mais bien l'épaisseur charnelle, émotionnelle du vécu, Du coup la qualification comme non intentionnel, qui prenait tout son sens du besoin d'opposer la représentation et sa base intuitive, perd beaucoup de sa pertinence. Plus besoin d'affirmer spécialement la non-intentionnalité de l'affect. Dans une perspective dynamique, au contraire, la vraie question est désormais de savoir comment l'intentionnalité se développe, à divers degrés et sous différentes modalités, à partir de ce choc premier, de cette pulsion silencieuse née du contact muet avec les choses.

Diverses indications de Husserl permettaient justement d'atténuer, de relativiser après coup la distinction de principe entre sensations affectives et sentiments intentionnels: on n'a jamais affaire uniquement aux unes ou aux autres, mais à des «complexions concrètes» où sont présents et intimement liés les uns et les autres. L'équivoque des termes courants n'est donc pas un hasard. L'ambiguïté du mot «sentiment» n'est pas une imperfection accidentelle du langage mais l'expression d'une liaison dynamique de l'intentionnel et du non-intentionnel dans tout vécu affectif réel. Peut-être faut-il admettre que les sensations affectives sont déjà intentionnelles mais d'une manière confuse, indéterminée, comme ces «intentions orientées sans détermination précise», dont Husserl produit le concept dans la *Cinquième recherche,* et que le passage au sentiment *stricto sensu* n'est qu'une explicitation. Peut-être surtout faut-il admettre que contenus sensoriels, d'une part, sensations affectives, sensations de désir et pulsions, d'autre part, ne font qu'un.

Il ne m'en fallait pas plus pour mettre hors circuit l'idée de vécu non intentionnel. Dans ce mémoire, au fond, j'ai un peu joué, sans le dire, Brentano contre Husserl, en refusant d'admettre qu'il pût exister dans le vécu quelque chose d'inerte qui ne fut pas toujours déjà emporté dans le mouvement. Mais je ne pouvais non plus faire bon marché de ces affects, désirs et pulsions, de cette épaisseur charnelle du vécu où résidait, à mes yeux, la force inconsommable de la démonstration de Husserl. Brentano les rejetait simplement du côté des «phénomènes physiques». Mais faute d'avoir prêté attention à l'originalité du corps propre et à ce qui le rendait irréductible à la pure extériorité, il ne pouvait non plus convaincre.

Je concluais donc sur la nécessité d'une pensée du corps propre, d'une pensée qui tache de remonter aux sources les plus charnelles de la pensée en général, d'explorer en profondeur les méandres les plus obscurs de l'irrationnel, non toutefois pour s'y enfermer, mais pour y surprendre à l'œuvre la genèse du rationnel.

La *hylè* sensuelle thématisée par Husserl me paraissait à cet égard une excellente indication, à condition de ne pas s'en tenir à l'opposition abstraite entre contenu non intentionnel et vécu intentionnel, mais de réintégrer l'élément sensuel dans une temporalité vivante, dans le courant de l'intentionnalité qui le porte, le traverse, l'anime – ce que Husserl lui-même, dans bon nombre de textes, nous invite justement à faire.

La *hylè* ainsi réinterprétée m'apparaissait comme un concept incontournable. Elle exprime notre entrelacement primordial avec le monde, la complicité initiale qui conditionne toute prise de distance ultérieure, ce lieu de silence ou se dessinent, avant toute énonciation et toute expression verbale, les configurations de notre rapport au monde et aux autres. La *hylè*, en ce sens, était inséparable de ce que Freud appelait, dans un contexte et à partir de préoccupations théoriques totalement différents, la *libido*. Une confrontation me paraissait possible et souhaitable entre la phénoménologie et la psychanalyse, malgré l'écart considérable entre les présupposés et horizons thématiques.

Des indications très précises de Husserl esquissaient déjà le débat. Significatif à cet égard, le traitement successif de la notion d'inconscient, d'abord écartée d'un revers de main comme une «hypothèse de fortune», inutile pour une théorie de la connaissance, puis progressivement réhabilitée à mesure que s'approfondissaient les analyses de la phénoménologie génétique. Entre ce «tréfonds universel (...)» qu'on appelle l'inconscient» et qui, selon Husserl, «n'est rien moins qu'un néant phénoménologique mais (...) un mode-limité de la conscience», et cette force cachée qui, selon Freud, explique en dernière analyse nos actes manqués, j'étais persuadé qu'une confrontation sereine serait d'une extrême fécondité.

D'une manière générale, j'étais attentif au projet husserlien d'une «science hylétique», comprise comme une théorie de la sensibilité. Cette «esthétique transcendantale en un sens nouveau» serait un élargissement considérable de l'esthétique transcendantale kantienne, ne serait-ce que par le fait qu'elle ne s'appliquerait plus seulement à la subjectivité *humaine,* mais au sujet X de toute connaissance en général. Elle fonctionnerait comme le niveau fondamental d'une *Weltlogik,* d'une logique du monde.

Une question, cependant, demeurait: que devient, dans cette perspective transcendantale, la problématique du corps propre? Que devient cette épaisseur charnelle du vécu si dense, si prégnante? Connurent, à partir des préoccupations logiques et gnoséologiques de départ, rendre compte de toute l'expérience sans restriction ni limitation arbitraire? La phénoménologie n'est-elle que logique transcendantale, c'est-à-dire, exploration des conditions subjectives *a priori* de la constitution des idéalités scientifiques et logiques, et si oui, comment une logique transcendantale peut-elle rendre compte du corps propre, des pulsions, de la *libido,* et plus encore, du combat quotidien des hommes, de leurs blocages, de leurs préjugés, de la guerre et du fanatisme, du scandale de la souffrance et de la mort? Mais sinon, si la logique transcendantale n'est qu'une application parmi d'autres de la phénoménologie, comment assurer que l'intérêt légitime pour le non-rationnel et *a fortiori* pour l'irrationnel n'entraîne pas l'oubli du rationnel, et qu'à travers les dédales d'un parcours sinueux de l'expérience dans son extrême diversité, l'on ne perde pas de vue l'exigence d'universalité, cette valeur fondatrice de toute valeur authentique, ni le fil d'Ariane du logos?

Je n'ai jamais pu, par la suite, consacrer à ces questions le temps qu'il fallait. D'autres urgences intellectuelles m'attendaient. Tout chercheur est forcément confronte à de telles limitations. Seule une bonne division du travail au sein d'une équipe cohérente et solide peut permettre de les surmonter, en permettant de proposer à d'autres chercheurs les travaux qu'on ne peut soi-même réaliser, l'examen des questions qu'on est obligé, provisoirement, de sacrifier.

II

L'idée De Science

Une Préoccupation D'africain

Lorsqu'après l'agrégation en 1966, l'idée m'est venue de m'inscrire pour une thèse d'Etat, j'ai d'emblée choisi, avec l'aide de mon maitre, Georges Canguilhem et après discussion avec lui, un sujet qui, sans relever des études africaines, me semblait cependant pouvoir offrir quelques-unes des amies conceptuelles nécessaires pour intervenir efficacement en ce domaine:

«La théorie du rapport entre structure sociale et genèse de l'esprit scientifique depuis le début du XIXe siècle».

Prenant comme point de départ Auguste Comte ou, plus exactement, l'ensemble des doctrines qui devaient conduire à la formulation, chez l'auteur du *Cours de philosophie positive,* de la loi des trois états, je me proposais d'examiner tout ce que l'histoire des idées pouvait nous enseigner sur le mode d'être des savoirs et les conditions du passage à la science. J'avais l'ambition d'identifier, de délimiter a l'intérieur des corpus existants et d'appliquer de manière critique à l'Afrique, quelque chose comme une archéologie de la science et de la téléologie (Comte, 1822, 1830-1842, 1851-1854).

Cette thèse n'a jamais vu le jour, malgré l'accumulation progressive de matériaux qui devaient se révéler par la suite d'une grande utilité. Chemin faisant, lorsque Canguilhem a décidé, quelque temps après sa retraite, de «se retirer des voitures», comme il le disait plaisamment, c'est à un autre Georges, africaniste cette fois, que je me suis adressé, d'ailleurs sur la recommandation du premier, pour le prier de diriger mes travaux. J'en ai profité pour modifier mon sujet qui devenait désormais, avec l'accord de Georges Balandier:

«Recherche critique sur le statut épistémologique de l'ethnologie».

Il ne s'agissait plus d'examiner les conditions d'un éventuel passage à la science, mais de constater les origines historiques et idéologiques du regard occidental sur les «sociétés autres», dont celles d'Afrique, d'apprécier la prétention de ce regard à la scientificité et d'examiner les conditions d'une réappropriation et d'une nouvelle élaboration par les sociétés concernées elles-mêmes, de ce savoir accumulé sur elles.

Cette thèse non plus n'a jamais vu le jour, mais les matériaux en ont été abondamment utilisés, comme les précédents, dans mes travaux sur l'ethnophilosophie.

Entre-temps, cependant, quand je me suis avisé d'écrire une thèse de troisième cycle, c'est encore Husserl que j'ai choisi d'interroger, mais cette fois sur une question plus proche de mes préoccupations d'Africain: la question de la science. Paul Ricoeur a accepté de diriger ce travail et de me le faire soutenir en juin 1970 à Nanterre, devant un jury qui comprenait en outre Suzanne Bachelard et Emmanuel Levinas.

Pas plus que pour le mémoire, il ne pouvait s'agir, dans cette thèse, d'examiner tout Husserl, C'est encore la phénoménologie commençante que j'ai entrepris d'interroger, et de façon plus restreinte encore, le premier tome des *Recherches logiques* et la *Première recherche* du second tome, quitte à anticiper, à l'occasion, sur les œuvres ultérieures. Cette restriction a été utile; entre autres enseignements, elle a permis de rétablir, par-delà un évident revirement thématique, la continuité entre l'objectivisme résolu du premier tome, cette longue réfutation du psychologisme qui, dans les *Prolégomènes a la logique pure,* débouche sur une authentique réhabilitation du platonisme, et le retour au sujet institué, dès l'ouverture du second tome, par cette subtile phénoménologie du langage développée dans *Expression et signification.*[5]

La critique du psychologisme n'a d'autre but, en effet, que d'assurer l'objectivité de la science, de garantir, contre toute interprétation empiriste et relativiste, la validité universelle, sous certaines conditions déterminées, du discours humain. Ainsi débouche-t-elle sur la notion de vérité en soi» et la thèse d'une articulation objective du «territoire de la vérité», de l'«empire intemporel des idées», La *Première recherche, au* contraire, commence par constater que toute science est un *évènem*ent du langage. Partant de ce constat,

---

5 Si dans l'économie générale des *Recherches logiques,* le retour radical au sujet s'opère, le je l'ai indiqué *supra,* dans les cinquième et sixième Recherches, après L'objectivisme lu de la première moitié de L'ouvrage (des *Prolégomènes* a la Recherche IV), cette ration générale du texte est cependant annoncée, préfigurée sur un mode mineur, dans le (Passage des *Prolégomènes* a la *Première recherche.*

elle entreprend d'identifier les actes du sujet parlant, les vécus psychiques qui soutiennent ou traversent le langage, proposant, du même coup, le premier exemple concret d'analyse phénoménologique dans l'œuvre de Husserl.

Ce retour au sujet n'entraine cependant pas l'enfermement dans la subjectivité, bien au contraire! L'examen du vécu vise à. confirmer l'objectivité des essences, en identifiant dans le vécu lui-même un élément interne de dépassement qui le force à reconnaître son vis-à-vis objectif. Ce n'est donc pas un hasard si cette phénoménologie du langage débouche, à la fin de la *Première recherche,* sur un concept a première vue paradoxal: le concept de «signification en soi», posé de façon abrupte par opposition à la «signification dans l'expression», seule examinée jusque-là. Par un renversement de perspective inattendu, les significations du discours humain, dont on s'était employé laborieusement à établir l'idéalité, apparaissent désormais comme des réalisations contingentes d'idéalités d'un niveau supérieur, véritablement universel, antérieur au langage et au sujet humain donnés.

La leçon peut être étendue à toute l'œuvre de Husserl. Le perpétuel renvoi de l'objet au sujet et vice-versa, ce balancement constant de l'analyse entre deux pôles, ne conduit jamais à une démarche tout à fait circulaire. Chronologiquement, la critique du psychologisme est première, cette critique qu'inaugurent les *Prolégomènes a la logique pure,* mais sur laquelle Husserl devait revenir un nombre incalculable de fois, comme pour exorciser un spectre jamais totalement anéanti, ou écarter une menace, une tentation permanentée l'esprit humain. Le résultat de cette critique, c'est la certitude de l'objectivité des essences. Ce résultat autorise les analyses structurales fondées sur l'intuition des essences à travers la technique de la variation imaginaire. C'est seulement dans un second temps, après avoir pris, pour ainsi dire, une assurance contre le scepticisme, que se développe l'analyse phénoménologique proprement dite, l'exploration en profondeur des vécus subjectifs dans lesquels l'objet «se constitue », Mais jamais, même dans ses démarches les plus résolument « subjectives », la phénoménologie husserlienne ne prend le risque de dissoudre ou de laisser dissoudre ce terrain déjà mis à nu, ce sol concret et dur de l'objectivité. Elle s'emploiera, bien plutôt, à en dégager le sens. La problématique de la *Weltkonstitution* elle-même, cette puissante tentative développée à partir des *Idées,* principalement dans les *Méditations cartésiennes, Expérience et jugement* et tous les derniers travaux, publics ou inédits, pour « constituer le monde » à partir d'une subjectivité transcendantale, ne saurait faire oublier les acquis de la phénoménologie inaugurale, celle de l'intuition des essences.

La thèse de cette thèse, ou du moins l'une de ses thèses latérales, affirmée au passage, a l'occasion de l'examen du thème central (l'idée de science), c'est donc qu'il est assez futile d'opposer un premier Husserl a un second, un Husserl penseur des structures a un Husserl métaphysicien du champ transcendantal, un Husserl matérialiste - celui qui devait tant séduire les marxistes et, dans l'espace francophone, arracher à un Trân Due Thao ou à un Jean Desanti les pages fortes que l'on sait - à un Husserl idéaliste; qu'il est encore plus futile de présenter ce passage à l'idéalisme comme un revirement, une chute ou une rechute; mais qu'il est plus fécond de supposer à l'ensemble de l'œuvre une cohérence interne et une réelle unité. La thèse de cette thèse, c'est aussi qu'il est particulièrement éclairant de privilégier, dans l'effort pour retrouver cette cohérence, les évidences de la phénoménologie commençante (Trân, 1951; Desanti, 1963, 1975).

L'exigence Scientifique

« La science n'est qu'une valeur parmi d'autres valeurs de droit égal». En écrivant ces lignes dans *La philosophie comme science rigoureuse,* Husserl, loin d'exprimer une conviction personnelle, fait au contraire à ses adversaires une immense concession à laquelle lui-même, visiblement, ne croit guère. Il est clair en effet que, dans la hiérarchie des pratiques culturelles, la science occupe pour lui la place la plus élevée. Aucune autre forme de pensée, aucun mode de vie, aucune vocation, aucune tache (Tart, par exemple, ou la religion) ne lui aurait plus noble.

Ce n'est pas du scientisme, tant s'en faut: la science n'est pas valorisée pour elle-même, mais pour sa signification humaine, son sens pour la vie. Elle est donc subordonnée, comme toute autre production culturelle, à l'éthique, et sa valeur exceptionnelle, loin de lui être conférée après coup par les puissantes réalisations technologiques qui s'en réclament, lui vient au contraire d'être intrinsèquement, en elle-même et par elle-même, en tant que pratique, porteuse de normes et génératrice de valeurs.

L'idée sera reprise avec insistance dans les dernière textes, notamment *Logique formelle et transcendantale* et la *Krisis:* la science est le *télos* de la pensée humaine et de la vie en général, la tache infinie qui donne sens à notre existence individuelle aussi bien qu'à l'histoire collective de l'humanité. Mais elle est déjà clairement exprimée dans les *Recherches logiques.* C'est là, dans les textes de la phénoménologie commençante, que j'ai tenté de la cerner au plus près, pour en apprécier le sens premier.

Par sa formation de mathématicien, Husserl était prédispose à privilégier, parmi toutes les voies d'accès à la philosophie, la voie logique ou plus exactement, épistémologique. Ainsi la philosophe lui apparait-elle d'abord comme une *Wissenschaftslehre,* une théorie de la science appelée de toute nécessite par le mouvement même de la science, en tant qu'accomplissement, ou du moins, condition de l'accomplissement de cette exigence d'intelligibilité intégrale qui traverse la science.

Husserl est conscient, certes, que cette approche n'est qu'une approche possible. D'autres chemins existent, qui sont tout aussi légitimes.[6] Il est cependant remarquable que, tout en reconnaissant théoriquement cette pluralité des voies d'accès à la philosophie en général et à la phénoménologie en particulier, lui-même n'en pratique en fait que deux l'une logique, l'autre psychologique.[7] Et pour bien montrer que cette double approche n'est pas un fait du hasard, il la théorise à plusieurs reprises en assignant expressément à la phénoménologie une double fonction. L'analyse du vécu est à la fois théorie de la connaissance et préalable oblige à toute psychologie scientifique. Elle exerce, à ce titre, a regard de toutes les sciences, une fonction universelle de fondation, et à l'égard de la psychologie en particulier, une fonction spécifique de fondation.

Ainsi se trouve comprimée dans les faits, la pluralité, d'abord reconnue en guise de concession, de ces «chemins possibles pour des prises de conscience dirigées vers le radicalisme», Mais il y a plus. La succession chronologique des deux approches retenues dans le développement réel de l'œuvre de Husserl n'est pas non plus un hasard. Si le besoin de philosophie s'est d'abord impose à lui comme un moyen d'élucider le concept

---

6 «Il y a encore d'autres *chemins* possibles pour des prises de conscience dirigées vers le radicalisme et le présent ouvrage, au moins dans ses passages principaux, tente de frayer un de ces chemins, qui est suggère précisément par le fait que, dans le passe, on a réfère L'idée de science authentique a la logique conçue comme sa norme» (Husserl, 1965: l I)

7 On peut considérer *Logiques formelle et transcendantale* comme le modelé le plus achevé de la première approche et les *Méditations cartésiennes,* davantage, peut-être, que les *Idées,* comme L'illustration la plus éclatante de la seconde

mathématique de nombre, c'est bien parce que la philosophie est d'abord, en général, réflexion sur la science. Si elle doit en outre offrir à une discipline particulière, la psychologie, ses fondements ultimes, ce n'est pas en raison d'un privilège intrinsèque de cette discipline, mais plutôt parce que la réflexion sur la science, en cherchant dans le vécu l'origine des concepts scientifiques et le sens de l'objectivité en général, se voit obligée, sur son parcours, de se démarquer d'un autre type de discours avec lequel on pouvait être tente de la confondre. La psychologie n'a donc qu'un privilège relatif Son rapport à la philosophie est à la fois chronologiquement et logiquement second, subordonne au rapport de la philosophie aux sciences.

Significative à cet égard est l'évolution de Husserl sur la question des rapports entre phénoménologie et psychologie. On sait que, dans le texte initial des *Recherches logiques,* l'auteur, après avoir montré la nécessité de la phénoménologie comme moyen de vaincre le psychologisme sur son propre terrain, en mettant en évidence l'essence intentionnelle des vécus de connaissance, admet cependant que l'on puisse, à la rigueur, la définir comme une psychologie descriptive, par opposition à la psychologie ordinaire qui se veut explicative. Le texte de la deuxième Edition, par contre, rejette catégoriquement, à douze ans de distance, cette définition.[8] A cela une raison fondamentale: contrairement à toute psychologie, même descriptive, la phénoménologie pure ne présuppose pas l'existence réelle d'une nature. Elle exclut, du même coup, toute présupposition d'une vie psychique réelle, appartenant à des hommes ou à des animaux réels existant dans un monde également réel. Elle présuppose, au contraire, ce que Husserl appelle à la même époque, dans les *Idées, l'épochè* transcendantale, la mise entre parenthèses du monde, la réduction phénoménologique.

Or, s'il en est ainsi, si la description des vécus logiques doit mettre hors circuit la thèse du monde, c'est uniquement parce que les vérités, dont elle recherche le corrélat subjectif, sont des vérités en soi, indépendantes de l'existence ou de l'inexistence d'un monde. La proposition 2 + 3 = 5 serait vraie même si le monde n'existait pas, et même s'il n'existait aucun homme

---

8 Il s'agit du § 6 de l'Introduction au second tome des *Recherches logiques,* publie pour la première fois en allemand en 190 I et comprenant les Recherches 1 Ii 6, puis réédite en 1913 (recherches I Il 5) et 1921 (recherche 6). La traduction française reprend le texte de la deuxième Edition mais indique en note, en fin de volume, le texte de la première (Husserl, 1961: 21-22 et 267-268).

réel pour la penser. Et il en est de même de toute vérité en général, en tant que vérité. L'univers du sens ne présuppose pas le monde réel. C'est pourquoi la phénoménologie elle aussi doit exclure cette présupposition, sous peine de retomber dans l'empirisme et de faire dépendre les essences éternelles, de l'existence factuelle d'un monde donne, contenant des hommes et des animaux également donnés.

J'admettais donc que *l'épochè* transcendantale, cette mise entre parenthèses du monde si essentielle au développement de la pensée husserlienne, obéissait, avant tout, a des motivations logiques et épistémologiques. Pour que l'objectivité des propositions logiques et des propositions scientifiques en général ne soit pas suspendue, en dernière analyse, aux intentionnalités réelles de sujets psychologiques réels, il fallait que les vécus qui éclatent ainsi vers des objectités intemporelles n'eussent pas besoin eux-mêmes d'exister empiriquement dans une nature réelle, mais qu'ils fussent traites comme des vécus idéaux, des temporalités irréelles soustraites au temps empirique de l'histoire mondaine. Husserl ne pouvait donc prendre pour thème l'homme comme sujet réel de la connaissance, mais les structures universelles du sujet X de la connaissance en général: homme ou ange, dieu ou démon. L'homme réel ne pouvait servir, au mieux, que d'exemple, de cas particulier, d'illustration empirique d'une possibilité essentielle.

Cela dit, si la phénoménologie exerce, outre sa fonction logique universelle en tant que théorie de la connaissance, une autre fonction, qui est de fonder scientifiquement la psychologie, cela veut dire que le vécu phénoménologique «pur» ne doit pas être, non plus, conçu comme une réalité mystérieuse et insaisissable, mais comme l'essence universelle du vécu humain effectivement donné. Le vécu phénoménologique n'est donc pas un autre vécu, l'expérience transcendantale n'est pas une autre expérience, mais le noyau intelligible (et intelligent) de l'expérience humaine réelle. La coupure de *l'épochè* signifie seulement que le réel ne se laisse pas immédiatement comprendre, mais qu'il exige un détour; qu'une claire vision de son essence suppose d'abord qu'on le supprime par la pensée, qu'on le dépouille de sa fascination première, bref, qu'on le déréalise. Mais l'essence ainsi libérée reste celle de ce réel, la « nature fictive» n'est autre que le noyau eidétique de la «nature réelle ».

En ce sens, la «psychologie descriptive» elle-même, dans la mesure où elle ne vise pas à expliquer le psychisme humain mais à en définir l'essence, est déjà, en fait, une phénoménologie transcendantale qui s'ignore; et la phénoménologie transcendantale, à son tour, est encore une psychologie descriptive, devenue consciente de ses méthodes et de son intérêt volontairement exclusif pour les structures. En ce sens aussi, la première définition de la phénoménologie reste pédagogiquement féconde, éclairante par sa maladresse même. Ce qu'elle montre en effet, c'est qu'il était possible de *pratiquer* la phénoménologie aux fins d'une fondation du discours scientifique, sans savoir pour autant en *Interpréter le contenu*. Ce qu'elle met en évidence, c'est le décalage entre *la fonction* de la phénoménologie et sa *nature* en tant que doctrine particulière. L'erreur de Husserl dans la première édition des *Recherches logiques* ne portait que sur ce dernier point.

Au-delà de *l'épochè*, j'admettais, pour ma part, que d'une manière générale, les démarches les plus fécondes, les gestes théoriques les plus décisifs parmi ceux qui ponctuent d'un bout à l'autre le développement de la pensée husserlienne, notamment le refus du psychologisme, la variation imaginaire, le rejet du concept de moi pur, puis la réhabilitation de ce même concept, obéissaient avant tout a des motivations logiques et épistémologiques et visaient, pour l'essentiel, a permettre une meilleure compréhension de ce qui se passe dans les sciences. J'admettais, en d'autres termes, que la science n'a jamais été pour Husserl un problème parmi d'autres, mais la préoccupation centrale au cœur de sa pensée.

Rien d'étonnant, dans ces conditions, à ce que la science, objet par excellence de la réflexion philosophique, en soit aussi en même temps le modelé. Husserl reprend à son compte une exigence vieille comme la philosophie elle-même. Celle-ci a toujours prétendu, depuis Platon, ne pas se réduire à une simple *doxa*, a un tissu d'opinions arbitraires, mais rechercher la certitude apodictique de l'*épistème* ou, en d'autres termes, comme le voulait Kant, s'engager « dans la voie royale d'une science ». Les procédures de la philosophie, il est vrai, ne sauraient simplement reproduire celles des sciences positives. La rigueur à laquelle elle aspire est autre chose que l'exactitude recherchée par les sciences positives. *La philosophie comme science rigoureuse* identifiera justement quelques-unes des méthodes qui rendront possible cette rigueur *sui generis*. Mais même dans ces conditions, même après la mise entre parenthèses des sciences existantes, la philosophie reste guidée, dans ce retour radical au sujet, par l'idéal de certitude apodictique véhicule, mais seulement réalise en partie par ces sciences.

Il y a plus. A la fois objet et modelé de la réflexion philosophique, la science est aussi le *télos* (la fin ultime) de la pensée et de la vie humaine en général, la tache infinie qui donne sens à l'existence collective de l'humanité. Il n'est pas encore question, dans les *Recherches logiques,* de l'humanité européenne ou de l'Europe comme telles. Mais il est déjà question de crise et du rôle de pacification dévolu, dans cette crise, a la philosophie.

Ce qui choque Husserl, ce qui lui parait un scandale dans le paysage intellectuel de l'époque, c'est le désaccord général, dans les milieux spécialises, sur l'essence de la logique. Aucun mot n'est trop fort pour caractériser cette situation: on a affaire à un véritable *bellum omnium contra omnes,* une guerre de tous contre tous. Husserl reprend à son compte, sans le dire, les termes mêmes par lesquels Hobbes décrivait l'état de nature. La logique présente, à ses yeux, tous les symptômes d'une anarchie spirituelle, des lors que l'accord n'est même pas réalise sur son objet et ses méthodes, autrement dit, sur sa définition. Chacun y dit ce qu'il veut et prétend imposer à tous ses préférences, ses choix théoriques personnels. La logique est dans un état tel qu'il est impossible d'y « faire le départ entre une conviction individuelle et une vérité valable pour tous ». Or, la marque la plus sure de la non scientificité d'une discipline, c'est ce désordre interne, cet antagonisme absolu entre ses adeptes. Par contraste, la science aura pour effet d'instaurer un ordre dans le royaume des esprits, de les accorder entre eux en les pliant, les uns et les autres, a une seule et même loi, la loi scientifique reconnue dans son objectivité et son universalité.

J'ai donc été d'emblée frappé par les accents éthiques du diagnostic husserlien sur la logique de son temps et, par voie de conséquence, par les connotations éthiques de sa compréhension de la science. D'autres auteurs, avant Husserl, avaient déploré les querelles interminables entre savants ou philosophes, d'autres avaient, avant lui, file la même métaphore militaire pour rendre compte, avec la même pointe d'humour, de cette situation: ainsi, Hume et Kant. Mais la métaphore, chez Husserl, est plus qu'une métaphore. Le désordre intellectuel est, à ses yeux, absence de normes ou heurt frontal des systèmes de normes censés pourtant régir l'action et le comportement. Le désordre intellectuel génère par conséquent une crise, qui n'est pas seulement intellectuelle, mais éthique, voire virtuellement politique et sociale. Si la science a une signification pour la vie, c'est justement parce qu'elle est, aux yeux de Husserl, un moyen unique de résoudre une telle crise, grâce au consensus qu'elle autorise sur les valeurs et les normes, et qui se fonde lui-même sur l'universalité du vrai.

Le Vrai et Le Bien

Il faut donc examiner de près ce rapport entre le vrai et le bien, comprendre pourquoi, à l'aide de quels arguments et à partir de quelles analyses spécifiques, Husserl réaffirme à sa manière une espérance qui, dans l'histoire de la pensée, remonte au moins à Platon: l'Esperance d'un nouvel ordre ou la vertu découlerait de la connaissance, où l'accord vertical des esprits avec les structures universelles de l'être entrainerait l'accord horizontal des esprits entre eux et du même coup, la transparence, la justice et la paix.

A vrai dire, je me demande encore aujourd'hui si je n'ai pas sur interprète les *Recherches logiques;* si je n'ai pas un peu force le sens de ce texte relativement ancien, en y télescopant des idées et des thèmes qui ne devaient apparaître de façon explicite, que plus tard, notamment dans *Logique formelle et transcendantale* et la *Krisis* (Husserl, 1954, 1976). Pourtant, je ne crois pas m'être trompe. Une relecture attentive des *Prolégomènes* et de la *Première recherche* suffit à convaincre tout esprit non prévenu que, dans ces pages brèves mais fortes, sont déjà en place et parfaitement lisibles, les semences conceptuelles de ce qui deviendra plus tard, chez Husserl, une véritable philosophie de l'histoire.

a) Méthode et vérité

De quelque manière qu'on la définisse, la science est d'abord un bien collectif, un phénomène culturel, une tradition:

> «La science n'a d'existence objective que dans sa littérature, ce n'est que sous la forme d'ouvrages écrits qu'elle a une existence propre (...); c'est sous cette forme qu'elle se perpétue à travers les millénaires et survit aux générations et aux nations».

Jamais Husserl ne reviendra sur cette détermination sociologique minimale de la science. Il la confirmera au contraire jusque dans les textes de la *Krisis,* Ainsi rappellera-t-il, dans *L'origine de la géométrie,* que sans l'écriture, il manque aux formations idéales des sciences «la présence perdurant, (...) l'être-a-perpétuité», c'est-à-dire la possibilité de survivre à l'inventeur et à ses interlocuteurs du moment: et que la fonction décisive de l'expression linguistique écrite, est précisément de rendre possibles les communications sans allocution personnelle.

Ce qui sera ainsi thématise dans la *Krisis* n'est cependant évoqué qu'incidemment dans les *Recherches logiques,* comme une évidence banale tout juste mentionnée pour être aussitôt dépassée. A ce stade de l'analyse, il importe davantage de reconnaitre que toute la tradition, que toute la littérature scientifique du monde n'est rien si elle ne devient point d'appui pour une connaissance actuelle, si elle n'offre à un sujet pensant, ici et maintenant, l'occasion d'articuler à nouveau les actes de connaissance exprimes à travers ce corpus.

La science ne s'accomplit donc véritablement que dans la connaissance actuelle. Les termes allemands autorisent ici un jeu de mots difficilement traduisible: «comme son nom l'indique, la science a en vue le savoir» - la *Wissenschaft* (la science) est un produit du *Wissen* (savoir) résultant des actes de connaissance de nombreux individus, et n'a par ailleurs d'autre but que de permettre la reproduction, chez d'autres individus, de ces mêmes actes.

Nous voilà donc renvoyés au sujet et à sa vie intellectuelle. C'est l'occasion d'une subtile phénoménologie des degrés de connaissance, qu'on ne saurait ici examiner dans le détail, mais qui entraine une question inévitable: qu'est-ce qui déterminent les degrés d'évidence? Est-ce le sujet ou l'objet? Contentons-nous pour l'instant de noter cette question.

Par ailleurs, si la science, comme corpus de textes, n'est rien sans sa réactivation dans une connaissance actuelle, toutefois, une connaissance isolée ne fait pas une science, pas plus qu'un groupe de connaissances simplement juxtaposées. Il faut, pour qu'il y ait véritablement science, un ensemble de connaissances coordonnées dans un enchainement systématique. Du coup, devient inévitable une deuxième question, complémentaire de la précédente: en quoi consiste cet enchaînement, et qu'est-ce qui le détermine?

La réponse à cette double question ne donne pas seulement à Husserl l'occasion de se démarquer de l'empirisme. J'ai cru y reconnaitre en outre, des éléments pour une éthique de la connaissance vraie; plus exactement pour une éthique de l'effacement et de l'oubli de soi, comme conditions d'accès à la vérité.

Tout se passe en effet, dans les *Prolégomènes,* comme si le passage d'un degré d'évidence à l'autre était moins fonction des dispositions du sujet que des caractères intrinsèques des choses ou états-de-choses. Ainsi la probabilité, dans une connaissance simplement probable, n'exprime-t-elle pas seulement un défaut de clarification dans le procès de connaissance, mais un caractère intrinsèque de l'état-de-chose connu lui-même. La probabilité est dans les choses. Entre l'existence et l'inexistence d'une situation ou d'un état-de-chose *(Sachverhalt)*, un moyen terme est possible, une indétermination positive, inhérente aux choses mêmes. En ce sens, la connaissance probable est encore évidente à sa manière: elle est la claire vision de l'incertitude inhérente à l'objet. Elle ne dépend pas seulement du sujet qui juge et de ses limites contingentes, mais résulte de la manière d'être des choses elles-mêmes.

Ce qui est vrai de la connaissance probable l'est, à plus forte raison, de la connaissance évidente: celle-ci n'est jamais invention, mais découverte, perception d'une relation objective entre un sujet et ses prédicats, reflet, dans le discours humain, d'un rapport entre les choses.

C'est encore plus vrai des enchaînements de connaissances. La systématicité d'un système ne saurait se réduire à une simple association d'idées, fondée sur ce que Hume aurait appelé la nature humaine. Elle n'est pas un lien psychologique, mais logique. La cohérence interne d'un discours, l'unité des propositions dans une théorie déductive sont loin d'être gratuites. Elles ne renvoient pas à «une sorte de trait esthétique de notre nature (...). La science ne veut ni ne doit être le champ d'un jeu d'architecte. La systématisation, qui est propre à la science, à la science véritable naturellement, ce n'est pas nous qui l'inventons, elle réside dans les choses ou nous ne faisons que la trouver, la découvrir.» (Husserl, 1959: 13-14).

Il y a donc un ordre dans les choses, une articulation objective de l'être, une légalité universelle qui régit le domaine de la vérité. Le discours scientifique doit rendre compte de cet ordre préexistant.

Une question, cependant: comment reconnaitre cet ordre et comment l'exprimer? Comment le reconstituer en étant sur d'y rester fidèle? C'est ici qu'apparait la nécessite d'une méthode. Car, si les choses sont toujours déjà liées entre elles en un vaste système, le discours scientifique ne saurait refléter d'emblée cette structure, mais ne peut y parvenir que par étapes. S'il en était autrement, il n'y aurait ni histoire ni progrès des sciences. Mais le fait est que l'ordre des choses appelle et fonde l'ordre des vérités, et que les liens systématiques entre les vérités, comprises comme vérités en soi, servent secondairement à l'homme de science comme paliers, tremplins, «échelons secourables», comme dit Husserl, pour progresser dans son effort de reconstitution, dans le discours, du système total des vérités.

Alors, cependant, deviennent inévitables toutes sortes de «dispositifs artificiels» et de «complications». Alors apparaissent le sujet individuel et ses choix arbitraires. A défaut d'être d'emblée et immédiatement reflet de la vérité totale dans une conscience-miroir, la science réelle n'existe, dans l'histoire des hommes, que sous la forme d'une construction, d'un échafaudage complexe produit a. l'aide d'une méthode. Mieux: l'évidence directe, l'évidence proprement dite n'est possible que pour les «états de choses primitifs», c'est-à-dire quelques truismes élémentaires, quelques axiomes ou postulats a partir desquels le chercheur ne progresse que par construction. Autant dire que la science, loin d'être coextensive à l'évidence, commence au contraire ou finit l'évidence. La méthode est précisément ce qui permet une telle construction. Mais comme on sait, en outre, que «pour la même proposition, il peut y avoir plusieurs méthodes de fondation», personne ne niera qu'il y ait, dans les méthodes, une part incontestable d'arbitraire et d'artifice, C'est-à-dire, de subjectivité.

Or, ce qui est remarquable, c'est l'effort de Husserl pour réduire au maximum cette part d'artifice, et la manière dont il y parvient. D'abord, il substitue au concept de méthode celui de fondation *(Begrundung)* et montre que les «fondations» *(Begrondungen)* en général, comprises comme modes de démonstration ou de raisonnement, ne sont pas totalement artificielles et arbitraires, mais obéissent à des normes générales qui s'imposent à tout chercheur. Les fondations sont des structures fixes, universelles et nécessaires, dont la généralité traverse les frontières des différentes sciences et qui permettent, d'une connaissance à l'autre, un «progrès systématiquement régie»:

> «Un arbitraire aveugle n'a pas rassemblé quelque part un amas de vérités P1, P2 ... S, et ensuite façonne l'esprit humain de telle manière qu'il doive inéluctablement rattacher la connaissance de S à celle de P1, P2 (...). Il n'en est ainsi dans aucun cas. Ce n'est pas l'arbitraire ni le hasard qui règnent dans l'enchaînement des fondations, mais la raison et la régie».

Ou nous retrouvons le même souci d'exorciser le mythe d'une nature humaine posée comme raison dernière des associations d'idées. Par contraste, Husserl redécouvre le formel et sa nécessite *a priori,* et pose à l'origine de nos démarches intellectuelles, comme de toute association véritablement fondatrice, l'action des formes elles-mêmes.

C'est seulement après coup, une fois démontré ce qu'il souhaitait, que Husserl justifiera l'assimilation de la «méthode» a une «fondation en montrant comment la seconde notion s'emboîte dans la première. Les méthodes scientifiques sont toujours, en effet, soit des fondations proprement dites, soit des abréviations économisant la pensée et, à ce titre, des succédanés de fondation, soit encore, des précèdes auxiliaires servant à préparer, faciliter ou consolider des fondations.

Dans cet emboîtement de concepts, j'ai cru reconnaître une figure type de la rhétorique husserlienne. On pourrait l'appeler une démonstration à glissières. Elle consiste à faire porter le raisonnement sur un terme plus facile que le terme annonce au départ, quitte à montrer après coup l'équivalence des deux termes. En régie générale ce précède reproduit, au niveau rhétorique, un geste récurrent dans la démarche Intellectuelle de Husserl: la réduction au théorique. Il n'est qu'une tactique dans la stratégique générale d'un discours qui affirme haut et fort le primat du théorique. Nous en verrons d'autres exemples plus loin.

En attendant, il convient de bien voir comment Husserl renverse l'explication traditionnelle des empiristes. Au lieu d'invoquer l'association des idées comme source ultime des enchaînements théoriques, il la considère au contraire comme l'effet, chez le sujet, d'une légalité formelle *a priori*. Ainsi la forme de certaines prémisses fait-elle surgir avec une particulière facilite la conclusion qui s'y rapporte, parce qu'antérieurement nous avons effectué avec succès des syllogismes de la même forme; et inversement, la forme d'une proposition à démontrer peut nous rappeler certaines formes de fondation qui avaient produit antérieurement des conclusions ayant une forme analogue. C'est donc la forme elle-même qui agit et détermine chez le sujet empirique une «association», et d'une manière plus permanente, les habitudes ou dispositions qui le guident dans son effort intellectuel. Les exploits de «l'instinct mathématique» ou du «sens philologique», les réflexes crées chez le spécialiste par une longue pratique de sa discipline, et qui ont pour effet d'accélérer ses progrès dans la recherche, ne s'expliquent pas autrement. Ce sont les effets sur le psychisme individuel, d'une action des formes elles-mêmes, d'une action des structures. Donc d'une légalité personnelle qui n'a pas besoin de l'individu pour valoir, mais par laquelle, au contraire, l'individu se constitue comme sujet pensant.

b) Le théorique et le normatif

L'examen des rapports entre disciplines théoriques et disciplines normatives et pratiques conduira aux mêmes conclusions. Husserl montrera, d'une part, que toute science normative ou pratique comporte un noyau théorique. Mais il mettra en évidence, d'autre part, cette propriété remarquable de toute proposition et de toute discipline théoriques de véhiculer implicitement des normes. Si bien que lit encore, la régie par excellence sera l'effacement du sujet empirique et de ses préférences personnelles, la subordination de tout système de valeurs contingent a la légalité universelle du vrai.

On sait que le problème de Husserl, dans le premier tome des *Recherches logiques,* concerne le statut de la logique, la question de savoir si elle est un art ou une science, une simple technologie de la connaissance, ou au contraire une discipline théorique propre, ayant un objet spécifique distinct de celui des autres sciences, et en particulier de la psychologie. On connait la réponse de Husserl: la logique est une science spécifique, purement formelle, *a priori* et démonstrative; science qui n'a d'ailleurs connu jusqu'ici, dans l'histoire, qu'une réalisation partielle, et qu'il reste encore à développer systématiquement dans des directions nouvelles, que l'auteur des *Recherches logiques* entend, précisément, identifier.

La force de cette démonstration vient de ce qu'elle ne se contente pas d'opposer arbitrairement une réponse à une autre, mais commence d'abord par dégager la vérité de la fausse réponse. La logique est bien, en effet, une technologie de la science, mais elle n'est pas que cela; bien plus, elle ne peut fonctionner comme telle que parce qu'elle possède d'abord une teneur théorique propre. C'est ce renvoi de la technologie logique a un noyau théorique fondateur que va mettre en évidence le chapitre II des *Prolégomènes,* en l'exprimant sous la forme d'une relation universelle et nécessaire qui ne concerne plus seulement la logique, mais toute discipline en général.

Ce faisant, toutefois, Husserl est loin de sous-estimer la fonction pratique de la logique. Au contraire, c'est de cette fonction pratique qu'elle tire toute son importance, toute sa valeur humaine. Et lors même que cette fonction aura été «réduite» (au sens de la mise entre parenthèses) pour laisser apparaitre derrière elle une discipline spécifique conçue comme théorie formelle du discours, cette théorie, à son tour, tiendra toute sa valeur de ce qu'elle découvre, au sein même du discours, une *innerve Gesetzlichkeit,* une légalité intrinsèque irréductible, insuppressible, fondement dernier des règles méthodologiques prescrites au savant par la logique normative et pratique.

La rhétorique de Husserl mérite ici encore qu'on s'y arrête. Voulant montrer que la logique, comme discipline pratique, suppose comme fondement théorique la logique pure, il fait porter sa démonstration sur la logique normative. C'est seulement après coup qu'il indique brièvement, en quelques lignes rapides, que ce qui est vrai de la logique normative reste, à plus forte raison, de la logique pratique ou technologie de la science, qui n'est à ses yeux qu'une extension de la précédente: son application à l'homme et aux conditions empiriques de la connaissance. C'est un nouvel exemple de démonstration à glissières.

Par ailleurs, si l'on considère les tâches assignées par Husserl à la logique normative en tant que méthodologie des sciences, examen comparatif des «fondations» et des «réseaux de fondations», et qu'on les compare à celles de la logique pure, établies au dernier chapitre des *Prolégomènes,* l'on est obligé de convenir qu'en dernière analyse, la logique normative n'a d'autre teneur réelle que celle de la logique pure; qu'elle n'est pas vraiment une autre logique, mais la logique théorique elle-même appliquée a une fonction de régulation de la connaissance, en tant qu'elle prescrit *a priori* à l'effort scientifique ses règles et ses méthodes.

La distinction entre logique pure et épistémologie normative n'est donc claire qu'en tant que distinction phénoménologique. La première est marquée par l'absence, la seconde par la présence du sujet porteur de normes et charge d'une responsabilité scientifique. La «purification» de la logique, cette réduction au théorique à laquelle précèdent les *Prolégomènes,* aura donc le sens d'une exclusion du sujet. Exclusion d'ailleurs profondément ambiguë, puisqu'elle n'aura d'autre effet que de dégager le vrai sens, la portée universelle de normes que nous interprétions naïvement, jusque-là, comme des règles empiriques valables seulement pour nous.

La logique pratique, par contre, est plus complexe. En tant que technologie de la science, elle n'a pas pour unique fondement la logique pure, mais doit en outre prendre en compte les conditions réelles de la connaissance humaine, dont l'étude relevé de diverses sciences empiriques, notamment de la psychologie.

Il s'ensuit que, si le passage d'une logique normative a une logique pratique, et plus généralement, d'une discipline normative à une technologie, résulte, comme le dit Husserl, d'une «extension» des taches de la première, et si la technologie peut être, en ce sens, perçue comme un «cas particulier de la discipline normative, c'est encore Husserl lui-même qui nous donne les moyens de distinguer radicalement l'une et l'autre en opposant aux «prescriptions techniques spécialement adaptées à la nature humaine», les normes *a priori,* universellement valables. J'en concluais pour ma part qu'on pouvait aisément déplacer la coupure établie par Husserl entre discipline théorique d'une part, disciplines normative et pratique de l'autre, pour la situer plutôt entre disciplines théorique et normative d'une part, discipline pratique ou technologique de l'autre. La première distinction est phénoménologique, c'est-à-dire qu'elle prend en compte l'attitude subjective, à savoir l'absence ou la présence d'un intérêt non natif. La deuxième est purement épistémologique et prend en compte l'origine (le caractère *a priori* ou au contraire empirique) des concepts mis en œuvre.

Husserl ne s'en tient pas, cependant, au seul cas de la logique. Par un important détour théorique, il entreprend de construire les concepts de science normative et de science théorique en général.

Le traitement de la science normative est hautement significatif. En formalisant les jugements de valeur, en montrant qu'il est toujours possible de substituer à une proposition normative (par exemple «un guerrier doit être brave»), son énonce d'interprétation (seul un guerrier brave est un bon guerrier», Husserl s'efforce d'arracher ce type de jugements à la seule subjectivité de celui qui les énonce et montre qu'ils renferment, eux aussi, une prétention à l'objectivité. La formalisation, cependant, rencontre une limite: elle laisse apparaître, tel un résidu, un couple de prédicats de valeur («bon» vs. «mauvais») introduits dans la classe d'objets considérée par un acte que Husserl appelle l'évaluation. Les évaluations d'un système renvoient toutes à une évaluation fondamentale, dont l'expression linguistique est la nonne fondamentale: justification ultime de toutes les nonnes du système considère, principe fondateur de ce système lui-même en tant que discipline normative. Significativement, Husserl cite comme exemples de norme fondamentale l'impératif catégorique par rapport au groupe de propositions non natives qui constituent l'éthique de Kant; ou le principe du «plus grand bonheur possible du plus grand nombre possible» dans l'éthique des utilitaristes; ou encore l'impératif du plaisir dans l'éthique des hédonistes. Autant d'exemples qui relèvent de l'éthique et la font apparaitre, du même coup, comme la discipline normative par excellence.

Le rôle inconsommable de l'évaluation fondamentale n'arrête cependant pas Husserl dans son effort de formalisation, Car si l'on fait abstraction de réévaluation entant qu'acte pour s'en tenir exclusivement à son expression dans la nonne, il est facile d'obtenir une proposition purement théorique. De l'énonce d'interprétation: «Seul un A qui est B est un bon A», on passe alors à un énoncé parfaitement neutre: «Seul un A qui est Bales propriétés C», ou C désigne le contenu constitutif du prédicat normatif «bon» (par exemple le plaisir, la connaissance, etc.). La mise hors circuit de l'intérêt normatif libère ainsi le théorique pur.

Ce passage au théorique, cette conversion de l'intérêt normatif en intérêt théorique pur, revêtait amés yeux la plus grande importance. J'y voyais comme un auto-effacement du sujet devant les relations objectives, une manière pour ce dernier de se neutraliser lui-même pour n'être plus qu'un pur regard spectateur. Ce regard est encore cependant un mode subtil de présence: présence biffée, certes, mais non simple absence; présence d'un sujet-presque-rien, qu'il fallait bien, a un moment ou à un autre, élucider.

Fait remarquable, cependant: si l'on peut ainsi passer du normatif au théorique pur, le chemin inverse est toujours possible, et toute proposition théorique peut être convertie au normatif.

Ainsi, si nous avons une proposition de la forme: «Seul un A qui est Bales propriétés C», et qu'il nous arrive de valoriser C comme tel, la proposition prendra la forme normative suivante: «Seul un A qui est B est un bon A», c'est-à-dire: «A doit être B».

C'est ce qui explique qu'une vérité mathématique puisse toujours devenir règle de construction. Par la s'explique aussi l'illusion largement répandue, selon laquelle la logique serait une science normative. Car si les lois logiques sont purement théoriques et de même nature que celles des mathématiques, il se trouve qu'elles peuvent toujours devenir des propositions normatives au sens de prescriptions, à condition que l'on y interpole l'idée normative.

D'une manière générale, toute loi théorique, qu'elle appartienne à la logique, aux mathématiques, ou à toute autre science, peut être convertie au normatif et appliquée à une fonction pratique spécifique: celle d'une régulation de la connaissance humaine.

Dans cette fonction régulatrice réside, pour l'auteur des *Recherches logiques,* la valeur humaine de la science. L'intellectualisme de Husserl, cette extraordinaire valorisation du théorique que ses contemporains, déjà, lui reprochaient parfois au nom du sérieux de l'existence (Chestov, 1926), n'est en réalité qu'une puissante tentative pour fonder une éthique de la pensée vraie, noyau essentiel de l'éthique tout court.

La Connexion des Vérités

On peut maintenant aller vite et, après avoir dégagé le sens de l'exigence scientifique, définir plus précisément la science elle-même. Pour ce faire, deux approches sont possibles. La science peut être considérée *a parte subjecti,* du point de vue du sujet qui l'élabore: elle apparait alors comme une construction, un ensemble de pratiques méthodiques. Mais elle peut être aussi considérée *a parte objecti,* du point de vue de sa teneur objective. Elle est alors un résultat: système idéal de vérités, contenu identique d'un discours théorique que pourraient énoncer les sujets les plus divers, au terme de pratiques méthodiques non moins diverses.

Toutefois, à suivre de près le texte de Husserl, les choses sont un tantinet plus complexe. D'abord, l'approche subjective peut être comprise de deux manières, selon qu'on entend par méthodes ces démarches intellectuelles, ces enchainements d'actes de connaissance en quoi résident les «fondations» proprement dites, ou au contraire les pratiques matérielles qui les accompagnent ou les portent, ainsi que les instruments qui interviennent dans ces pratiques et que Husserl appelle, comme nous l'avons vu, des «sororats de fondation».

On aura ainsi, selon les cas, soit une définition pragmatique de la science, ou celle-ci apparaitrait comme un montage expérimental, un ensemble de pratiques matérielles réglées, soit une définition psychologique, ou elle apparaitrait comme une construction intellectuelle, un enchainement psychique d'actes de connaissance. Husserl ne mentionne la première définition que pour d'annexer aussitôt à la seconde: instruments et appareils ne seront jamais que des «dispositifs extrinsèques» se rapportant à une unité d'actes de pensée. Cette annexion autorise un nouveau cas de démonstration à glissières: on n'aura pas besoin d'une analyse spéciale pour montrer l'insuffisance de la définition pragmatique; il suffira de montrer comment la définition psychologique, dont elle n'est que le prolongement, prépare et appelle son propre renversement dans une définition objective, et que l'enchaînement des actes dans une temporal ire immanente, loin d'être la cause, est au contraire l'effet sur le psychisme individuel, de la chaine des vérités dans un ordre intemporel.

Par ailleurs, l'approche objective elle-même se dédouble. Le contenu d'une science ne se réduira plus seulement à sa teneur théorique, à cette chaine de propositions unies par des liens de prémisse à conséquence. Derrière la connexion des vérités, Husserl projette une «connexion des choses» qui en est, pour ainsi dire, le support ontologique.

Le sens de ce redoublement ne fait aucun doute. Il a pour effet d'effacer plus complètement le rôle du sujet, d'accuser plus nettement ce renversement de perspective par lequel Husserl s'oppose aux empiristes. La connexion psychologique des connaissances renvoie ainsi *d'abord* à la connexion des choses elles-mêmes, au sens le plus général du renvoi intentionnel. C'est seulement dans un second temps que nous pouvons, par une abstraction d'un nouveau genre, réduire cette connexion des choses a un pur système de vérités.

Le détour par les choses a ainsi l'avantage d'écarter plus sûrement la tentation psychologiste, la tentation de dissoudre le système des vérités dans le flux de la conscience individuelle. Il oblige à penser le système des vérités en rapport avec le système des choses et à reconnaitre, du même coup, a ce système des vérités la même indépendance, la même solide objectivité. En somme, le redoublement ontologique de la définition logique de la science a un rôle pédagogique. Il aide à voir que la vérité n'est pas seulement une fonction du sujet, mais aussi, mais d'abord un état-de-chose strictement contemporain de la chose elle-même et antérieur à la connaissance subjective.

Ainsi s'achemine-t-on vers l'idée d'une vérité en soi, corrélat nécessaire de l'être en soi. On en arrive à concevoir, à la limite, une science sans sujet, connexion de toutes les vérités en soi, une science absolue qui, loin de se confondre avec les balbutiements incertains de la recherche actuelle, serait au contraire présupposée par toute recherche effective, bref une science-en-soi, expression pure d'une connexion des choses qui serait elle-même antérieure à l'homme et indépendante de tout sujet pensant.

L'idée m'a paru séduisante. Elle portait à son point extrême cette éthique de l'effacement où résidait, à mes yeux, la signification humaine de la science selon Husserl. Encore fallait-il prendre garde à ne pas interpréter la «connexion des choses» dans un sens naïvement réaliste. Tout porte à croire, en effet, que pour Husserl, le champ des objets d'une science est strictement contemporain de cette science, et l'être en soi lui-même, dans sa plus grande généralité, strictement corrélatif de la science en soi, c'est-à-dire, du système total des vérités. Aussi bien la chose ne désigne-t-elle pas forcement, dans le langage de Husserl, la chose matérielle, mais l'objet en général, qu'il soit une chose réelle ou idéale – un évènement, une espèce ou une relation mathématique, un être ou un devoir-être. La chose peut être déjà elle-même, ' l'occasion, une vérité. C'est ainsi que pour la logique, comprise comme science de la science, c'est la connaissance elle-même qui devient objet de savoir.

Il fallait, dans ces conditions, réinterpréter la thèse husserlienne d'une connexion des choses, et tous ces textes dans lesquels l'auteur des *Recherches logiques,* mettant en garde contre toute μεταβασίς εἰς ἀλλο γενος *(metabasis eis allo genos),* reprend expressément à son compte la doctrine aristotélicienne des genres de l'être. J'admettais, à tout prendre, que l'articulation de l'être n'est autre en fait, que celle des diverses disciplines scientifiques elles-mêmes. Husserl aurait donc seulement voulu rappeler que le découpage des champs épistémologiques ne doit pas être artificiel ni gratuit, que les sciences effectives doivent se laisser guider par une idée de la science qui ne doive rien à l'expérience, mais qui fonctionne comme un idéal, une idée régulatrice au sens kantien. La coupure décisive ne se situe donc pas entre l'articulation des choses et l'articulation du savoir, elle traverse le savoir lui-même, en opposant au balbutiement des recherches humaines un savoir en soi, idéal, intemporel, appelé à leur servir de modèle.

Tous comptes faits, la science ne réside, à proprement parler, ni dans l'enchaînement des actes de connaissance, ni dans la connexion des choses, mais dans la connexion des vérités. La question, dès lors, sera d'identifier le lien qui unit les vérités entre elles dans une science. C'est l'occasion pour Husserl d'affirmer un idéal déductif exigeant, sans concession.

La forme la plus accomplie de la science, c'est la théorie déductive: totalité fermée de lois qui reposent sur une seule «loi fondamentale» ou sur un groupe de «lois fondamentales» homogènes, et en découlent par une déduction systématique. Les véritables sciences sont donc des sciences «abstraites» ou «explicatives», des sciences «nomologiques», selon une terminologie que Husserl emprunte à von Kries. L'unité des propositions y découle d'une axiomatique commune à partir de laquelle elles s'engendrent les unes les autres. Dans les sciences descriptives, par contre, les propositions ne présentent pas une liaison interne de ce genre, mais leur unité résulte du fait qu'elles se rapportent, les unes et les autres, au même domaine d'objets. Géographie, histoire, astronomie, histoire naturelle, anatomie, pour ne citer que quelques exemples, illustrent bien cette sorte d'unité indirecte, extrinsèque, inessentielle *iausserwesentliche*) et montrent en outre comment les sciences dites descriptives, loin de se contenter de décrire leur objet, s'efforcent toujours en fait, elles aussi, d'intégrer dans leurs démarches le modelé nomologique.

On peut en dire autant des sciences normatives. Les propositions, ici, ne s'engendrent pas non plus les unes les autres, mais doivent leur unité à un enracinement commun dans la norme fondamentale. Ici aussi, par contre, joue à fond la fascination du modelé nomologique. Mieux, à la différence des sciences dites descriptives, toute discipline normative repose, comme nous l'avons vu, sur une ou plusieurs disciplines théoriques.

Etant donne cette vision axiomatique, et la prégnance du modelé mathématique de la science chez Husserl, comment donc perçoit-il les sciences expérimentales? Par leur méthode, celles-ci sont bien des sciences explicatives et non descriptives: le physicien théorique considère la terre ou les étoiles sous un autre angle que le géographe ou l'astronome, elles ne comptent pour lui que comme «exemples de masses de gravitation en général» (Husserl, 1959: 256). Par leur objet, cependant, ces sciences ont forcément une teneur en faits réels et, dans cette mesure, ne peuvent énoncer que des lois probables, des lois qui «sont sans doute de vraies lois, mais, du point de vue de la théorie de la connaissance, (...) ne sont que des fictions idéalisâtes - bien que des fictions *cum fundamento in re*» (Husserl, 1959: 78).

Husserl professe ainsi au sujet des sciences expérimentales une sorte de probabilisme. La loi de la gravitation n'est qu'un langage possible parmi d'autres. Mécanique, acoustique, optique et astronomie théoriques ne sont que des modelés théoriques parmi d'autres modelés également plausibles. Une authentique légalité n'est jamais, dans le domaine de la connaissance des faits, qu'un idéal asymptotique. La connaissance «purement conceptuelle», par contre, réalise cet idéal.

Voila pourquoi, si l'on veut savoir ce qu'est la science en général, il faut interroger, non les sciences descriptives, normatives ou expérimentales, mais les sciences théoriques au sens fort, les sciences nomologiques. Voila pourquoi aussi la théorie de la science *(Wissenschaftslehre)* ne sera ni méthodologie, ni histoire des sciences, encore moins psychologie de la connaissance, mais d'abord logique, au sens littéral du mot: théorie du *logos,* science des formations du discours et de leurs conditions de validité.

On le voit bien au dernier chapitre des *Prolégomènes,* où Husserl s'attache à définir le programme ambitieux de ce qu'il appelle la «logique pure»:

détermination des catégories pures de signification (et, corrélativement, des catégories pures d'objet), théorie pure des raisonnements (et corrélativement, de la pluralité), théorie des formes possibles de théorie (et corrélativement, des multiplicités) - trois taches qui sont, de toute évidence, autant d'étapes d'un travail sur le langage.

Il fallait cependant, pour bien comprendre ce rapport entre logique et langage, produire, en suivant le mouvement de la *Première recherche logique,* le concept de «signification en soi». Je m'y suis longuement employé dans cette thèse.

Un Langage Sans Sujet

La phénoménologie du langage intervient, dans les *Recherches logiques,* comme un instrument de clarification conceptuelle. Elle a pour objet de fixer le sens des termes logiques fondamentaux, tels ceux de concept, de représentation, de jugement, de raisonnement, de vérité, été, en dissipant une fois pour toutes l'équivoque attachée à ces termes, qui sont aussi utilisés pour designer des actes mentaux. C'est donc une tentative pour renverser le psychologisme sur son propre terrain, en montrant que les actes de connaissance, qui retiennent l'attention exclusive du logicien psychologiste, renvoient nécessairement à des objets idéaux.

S'il en est ainsi, cependant, on devrait hésiter à parler d'une phénoménologie *du* langage. Car le langage n'est pas ici le thème de l'analyse, mais la difficulté qui la motive, il n'en est pas l'objet, mais le prétexte. Plutôt qu'à une phénoménologie du langage, l'on a affaire à une phénoménologie des vécus logiques, à une analyse des actes psychiques qui soutiennent le langage.

A y regarder de près, toutefois, c'est en de tels actes que réside justement le langage, au sens le plus profond du terme. La parole n'est pas seulement une articulation physique, mais l'expression, et comme le prolongement, d'une pensée. L'articulation verbale n'est que la manifestation accidentelle d'une parole intérieure, d'une parole silencieuse, qui se confond avec l'acte même de penser. La phénoménologie des vécus est ainsi, du même coup, phénoménologie *du* langage.

Pour Husserl, en effet, le signifiant linguistique ne signifie pas par lui-même, mais son rapport au signifie lui est confère par le sujet. Derrière le renvoi du signifiant au signifie, qu'un linguiste superficiel pourrait croire inhérent au signifiant lui-même, le phénoménologue découvre un acte de signifier qui, en investissant la matière phonique ou graphique donnée, la transforme précisément en signe. Aucun objet n'est signe par lui-même. Un objet ne devient signe que par délégation.

Or, lors même que cet objet cesse d'être donne, lorsqu'au bruissement de la communication réelle se substitue le silence du monologue intérieur, la conscience continue à produire du sens. Donc, de la pensée. J'en concluais que la pensée est, au fond, la forme silencieuse du langage, le langage ampute de sa dimension communicative. Par suite, s'il est vrai que la phénoménologie dite du langage est toujours identification des actes de pensée derrière le langage, inversement, si l'on entend par langage non plus la communication empirique, mais ce langage fondamental qui continue de s'entendre, même dans ce que Husserl appelle «la vie psychique solitaire», alors toute phénoménologies, en fin de compte, phénoménologie du langage. La *Première recherche logique* n'aura donc fait qu'indiquer la voie, en mettant en évidence, sur un exemple privilégie, la fonction essentielle de tout vécu en général, qui est de soutenir un langage possible.

Je prêtais la plus grande attention à l'effort de Husserl pour purifier en quelque sorte le signe, d'abord en excluant de sa thématique l'indice, signe matériel, empirique, qui n'est ni discours ni partie de discours, pour s'en tenir uniquement a. l'expression; puis en excluant du discours lui-même les jeux de physionomie et autres gestes dont nous accompagnons spontanément nos paroles, et qui relèvent encore de l'indication empirique, pour s'en tenir à l'expression proprement dite, signe linguistique qui seul porte véritablement la signification; enfin, en amputant le langage de sa dimension communicative, ou les expressions fonctionnent en même temps comme indices, pour examiner uniquement l'expression «dans la vie psychique solitaire», c'est-à-dire dans un contexte ou la production physique du mot, et corrélativement, sa perception réelle, font place à une représentation imaginaire du même mot, par le locuteur et l'interlocuteur confondus dans une seule et même personne.

Cette déréalisation progressive du signe libère l'essence de la signification en général, c'est-à-dire de l'acte donateur de sens *(Sinngebung)* qui se ramené, en substance, à l'acte même de penser.

Je notais au passage la nuance volontariste du concept husserlien de signification et, plus généralement, d'intentionnalité. Jacques Derrida avait fortement attiré notre attention sur ce point, au cours d'un séminaire dont devait finalement sortir un livre (Derrida, 1967): à travers les étapes successives de cette purification du signe, Husserl entend s'en tenir à ce que le locuteur veut réellement dire, et exclure de son champ thématique toutes les significations qui lui auraient échappé, les aveux involontaires, ou ce que l'interlocuteur peut, à tort ou à raison, interpréter comme tel. La réduction à la vie psychique solitaire revient à exclure, précisément, la possibilité du contresens et du malentendu, la possibilité du procès d'intention, en prenant uniquement en compte les significations conscientes et délibérées, «intentionnelles» au sens le plus habituel du terme: les significations portées par une *Bedeutungsintention* une intention de signification.

J'observais cependant en outre comment Husserl se voit oblige, malgré ce volontarisme, de privilégier en fait, dans l'analyse des vécus d'expression, *le point de vue de l'auditeur*. La déréalisation du signe, cette substitution aux mots réels de mots simplement imagines n'équivaut pas, tant s'en faut, a une suppression pure et simple. Même dans le monologue intérieur, les mots demeurent: *la pensée solitaire n'est en dernière analyse, qu'une écoute imaginaire.*

On ne comprendrait pas sans cela la première série des «distinctions essentielles» établies par Husserl: les distinctions phénoménologiques. Parmi les vécus partiels superposes dans le vécu total d'expression, la *Première recherche* distingue le «phénomène physique» ou l'expression se donne dans sa matérialité, les actes conférant la signification, ou se constitue la référence à l'objet exprime, enfin, dans les meilleurs des cas, les actes remplissant la signification, qui donnent au vécu sa plénitude intuitive. Ce qui est remarquable, c'est que ces distinctions, s'exerçant sur le vécu d'expression solitaire, reconnaissent, au fondement de ce vécu, un moment de passivité insuppressible: le «phénomène d'expression» n'est pas seulement nécessaire pour faire entendre à l'interlocuteur réel dans une conversation réelle, ce que le locuteur vécut dire, il reste aussi indispensable dans le soliloque intérieur, pour faire entendre au penseur solitaire ce qu'il veut se dire à lui-même, ce qui se donne à penser.

Les trois strates du vécu d'expression se compliqueront d'ailleurs, finalement, d'un degré. Je savais, depuis mon mémoire de D.E.S., que les notions d'acte intentionnel et de contenu non intentionnel procédaient, chez Husserl, d'une extension à tout le vécu, des concepts équivalents forges dans l'analyse du vécu expressif. Je voyais maintenant comment ces concepts généraux, obtenus par analogie, pouvaient en retour s'appliquer au vécu d'expression lui-même. Ainsi Husserl dédouble-t-il finalement le phénomène physique du mot, distinguant du même coup, dans le vécu expressif total, quatre moments: le «contenu de sensation» qui donne l'expression, puis la saisie intentionnelle (perceptive ou imaginative) de l'expression en tant que signe sensible, ensuite l'acte conférant la signification, ou réside la spécificité du vécu linguistique, et du même coup, la spécificité de la pensée en tant que discours solitaire; enfin l'acte intuitif qui vient illustrer et, dans les meilleurs des cas, remplir la signification.

L'essentiel cependant, à travers ces subtiles distinctions phénoménologiques, restait à mes yeux le rôle inconsommable, l'antériorité, par rapport à toute autre étape, du datum sensible passivement reçu par la conscience. Même dans le soliloque intérieur, le producteur suppose du discours est déjà un auditeur et un interprète, On ne peut donc plus dire simplement que la signifiance du discours renvoie au sujet. On ne peut plus faire résider simplement dans l'acte conférant la signification, l'origine du sens. Car cet acte a lui-même une genèse, il s'édifie à partir d'un non-acte primitif, dont on ne peut plus dire qu'il appartienne à un sujet. Le penseur le plus solitaire ne saurait coïncider avec lui-même. Auditeur de paroles venues d'ailleurs, il n'est, au mieux, qu'un sujet fissuré.

Aux «distinctions phénoménologiques» correspondent cependant des «distinctions idéales»; aux couches superposées du vécu expressif, les objets, matériels ou immatériels - en un mot, comme dit Husserl, les «objectités» - posés ou visés à travers ce vécu lei encore, on distinguera trois paliers qui se compliqueront, pour finir, d'un quatrième.

Au phénomène physique du mot correspond l'expression *in specie*, toujours identique à elle-même quelles que soient la personne qui l'énonce et les circonstances variables de l'énonciation. Le signe, en ce sens, est une espèce idéale c'est-à-dire irréductible à sa production actuelle, unique à travers les instants fugitifs de sa réalisation phonique et la multiplicité de ses reproductions graphiques.

Cette description est capitale. L'idéalité du signe entraine en effet l'idéalité du sens, sa permanence à travers les actes multiples qui le visent. L'idéalité du sens est affirmée par Husserl comme une *conséquence* de l'idéalité de l'expression. Le sens intentionnel n'est ainsi, d'abord, qu'une «réalité fondée», «non autonome» *(unselbstandig;* pour reprendre les termes de la *Troisième recherche logique*. Il n'est rien sans l'expression, il est porté par elle, véhiculé par elle, comme la couleur par une surface.

Le sens ainsi compris renvoie toutefois à un objet. Husserl distingue soigneusement ce qu'un discours veut dire et ce sur quoi il porte: son *Was* et son *Vorüber*. Une même signification peut ainsi se rapporter à des objets différents; et inversement, des significations différentes se rapporter a un même objet. «Le vainqueur d'Iéna» et «de vaincu de Waterloo», voilà, par exemple, deux expressions différentes ayant forcement, comme telles, deux significations différentes, mais désignant l'une et l'autre le même individu, Napoléon.

Cela dit, ce n'est pas l'objet, mais le sens intentionnel, qui est essentiel au discours comme tel. La relation à l'objet n'est réalisée que dans les cas privilégiés où l'intention de signification se voit gratifier de la présence effective de l'objet. Comment s'opère alors la rencontre?

C'est ici que Husserl complique d'un cran ses «distinctions idéales», en se refusant à confondre l'objet lui-même, d'une part, et d'autre part son corrélat idéal dans l'acte intuitif, c'est-à-dire perceptif ou imaginatif, qui le donne. Ce corrélat idéal, c'est le sens remplissant, par opposition à la signification vide du simple discours.

La vérité advient, de ce fait, par recouvrement du sens intentionnel et du sens remplissant. Je ne me suis pas spécialement étendu, pas plus que Husserl dans la *Première recherche,* sur ce concept pourtant important de recouvrement *(Deckung).* Ce qui me fascinait, par contre, c'était le concept de sens remplissant. Ce concept nouveau revêtait à mes yeux la plus grande importance. L'objet n'est plus simplement chose en soi indépendante du sujet et refermée sur elle-même. Tout objet devient signe. Toute chose comporte un noyau intelligible, une «forme», au sens aristotélicien du terme, une essence ou quiddité, quelque chose comme un grain de sens, dans une sorte de discours immanent, inhérent aux choses mêmes. Les choses, désormais, parlent par elles-mêmes, Elles instaurent, par ce langage, un univers du sens antérieur à l'homme, que le discours humain aspire à retrouver.

En redoublant ainsi l'objet signifie d'un sens remplissant conçu comme le corrélat idéal de l'intuition, Husserl répète, en sens inverse, une démarche que j'avais déjà observée dans les *Prolégomènes:* le redoublement ontologique de la définition logique de la science, le geste par lequel il projetait, derrière la teneur théorique d'une discipline, définie comme une connexion de vérités, un support solide et permanent: une connexion des choses. Le résultat est cependant le même, Le détour par les choses n'était, dans les *Prolégomènes,* qu'un précède pédagogique destiné à prévenir la tentation de dissoudre dans l'enchaînement des actes de connaissance, la chaîne des vérités. En toute hypothèse, cette connexion des choses restait inaccessible: simple idée régulatrice, au sens kantien. Le geste inverse accompli, cette fois, dans la *Première recherche,* au terme des «distinctions idéales» qui achèvent la phénoménologie du langage, ce redoublement, pour ainsi dire sémantique, de l'objet vise, a pour effet de rejeter celui-ci hors du domaine de l'accessible et du maitrisable, et d'en faire aussi, plutôt qu'une idée constitutive, une idée régulatrice, au sens kantien. Somme toute, l'univers humain est de bout en bout un univers du sens, ou les choses ne font que s'annoncer, sans jamais devenir tout à fait présentes. Même dans le cas idéal, où le langage humain viendrait à coïncider pleinement avec le langage des choses, l'on serait encore *dans* le langage, à proximité maximale des choses, sans doute, mais toujours hors d'elles.

Le langage ordinaire n'a d'ailleurs pas cette chance. Il est, de part en part, tissé de significations vides, qui ne se remplissent qu'occasionnellement, et de manière toujours partielle. L'essence du discours humain, c'est donc cet univers de «significations intentionnelles» corrélatif du système total des expressions et directement lie à ce système. L'idéalité du sens, nous rayons dit, n'est autre que celle de l'expression en tant que signe sensible. Il s'ensuit qu'à chaque expression correspond, par hypothèse, une signification et une seule. Tel est précisément le postulat de Husserl.

Or, voici que ce postulat est ébranle par un fait très simple: l'existence, dans le langage ordinaire, d'un nombre incalculable d'expressions équivoques. Il ne s'agit pas seulement des équivoques accidentelles, que l'on peut aisément dissiper en forgeant des expressions plus complètes et plus précises. Il s'agit de l'équivocité indépassable de certaines catégories verbales tels les pronoms personnels, les démonstratifs, les adverbes de lieu et de temps, l'article défini dans certains de ses emplois, autant d'expressions «essentiellement subjectives ou occasionnelles», dont la signification est fonction de la personne qui parle ou de sa situation, par opposition aux expressions «objectives», dont la signification dépend ou peut dépendre simplement de leur réalité de phénomène phonétique. Ainsi, si le pronom *je* a toujours pour fonction de renvoyer à la personne qui parle (ce que Husserl appelle sa signification indicative), la représentation de cette fonction en dehors de tout contexte ne saurait remplacer la représentation singulière de la personne qui parle, dans le contexte particulier donne (ce qui est la signification indiquée). «Je suis content» ne veut pas dire: «toute personne qui, en pariant, se désigne elle-même, est contente».

Le langage courant fourmille de telles «expressions fluctuantes». Elles représentent un véritable défi pour l'idéal husserlien d'univocité, inséparable d'une certaine vision de la science.

La manière dont Husserl relevé ce défi mérite qu'on s'y arrête. Elle revient, en effet, à mettre au compte de la pauvreté des langues humaines et plus généralement, des limites de la connaissance humaine, l'obligation de recourir à des expressions fluctuantes, faute de disposer de l'infinité d'expressions stables nécessaires pour décrire les différentes situations, les différents cas particuliers imaginables, qui sont eux-mêmes en nombre infini. Normalement, on devrait pouvoir substituer à chaque emploi de l'expression fluctuante une expression stable. Le lexique limite des langues naturelles, l'impossibilité de prévoir *a priori* toutes les situations possibles du sujet parlant, rendent inapplicable dans les faits une telle substitution. L'essentiel, cependant, est qu'elle reste possible en droit, et que nous puissions toujours, dans notre pratique de la langue, suppléer aux insuffisances du lexique en faisant fluctuer les mots, au gré de notre vouloir-dire. «A y regarder de près», écrit Husserl, «des fluctuations des significations sont proprement des fluctuations de l'acte de signifier»: en somme, le mouvement du regard fait passer insensiblement d'une signification à une autre, et engendre, tel un kaléidoscope, l'illusion d'un mouvement des significations elles-mêmes. S'il importe de dissiper cette illusion, c'est qu'il faut à tout prix éviter de dissoudre dans le flux de la conscience signifiante ces unités fixes, immuables et discrètes que sont, par hypothèse, les significations idéales, C'est aussi, et plus simplement, parce qu'on ne peut renoncer à affirmer, comme le dit Husserl, «l'absence de limites de la raison objective».

Cette manière de résoudre le problème signifie, en clair, que l'idéalité du sens n'est plus simplement perçue comme une conséquence de l'idéalité de l'expression. Dire que l'univers du sens est plus riche que les plus riches de nos lexiques, c'est renoncer à considérer le sens comme une réalité «fondée» et lui reconnaitre le même statut d'indépendance ou d'autonomie *(Selbstandigkeit)* qu'à n'importe quelle espace idéale, Rien d'étonnant, dans ces conditions, à ce que Husserl renverse soudain les perspectives en posant de manière abrupte, au-delà des «significations dans l'expression», un univers de «significations en soi» dont les premières ne seraient qu'une réalisation partielle et contingente dans le langage des hommes. Il faut cependant bien comprendre la portée de ces «significations en soi». Elles ne se confondent pas avec les objets eux-mêmes, qu'ils soient individuels ou généraux, mais constituent des perspectives sur les objets, des représentations multiples s'y rapportant. Ainsi l'objet mathématique «4» est-il vise à travers de nombreuses significations: «le nombre 4», «le deuxième nombre pair dans la série des nombres», etc. Plus riche que les langues humaines, l'univers des significations est aussi plus riche que le monde des objets et le déborde de toutes parts.

Par cette notion de «signification en soi» s'achevé ce qui m'a paru, d'un bout à l'autre de cette *Recherche,* un effort constant d'exclusion du sujet, après sa consécration initiale comme condition et source première du sens. Si le propre d'une phénoménologie du langage, comme de toute phénoménologie en général, est de montrer le sujet a l'œuvre derrière des productions qui, a première vue, le dissimulent, le résultat le plus net de l'analyse husserlienne, dans cette *Première recherche,* est, paradoxalement, de faire éclater, en fin de parcours, le sujet ainsi révèle, de le subordonner a un ordre intemporel et nécessaire, qui l'institut précisément comme sujet en lui donnant mission de porter à l'expression cet ordre préexistant. De la sorte, le vécu n'est pris au sérieux que pour être aussitôt dépassé, relativisé, subordonné à un *a priori* présubjectif qui le fonde.

On comprend aisément, dans ces conditions, le rejet catégorique dont fait l'objet dans la première édition de la *Cinquième recherche logique,* la notion néokantienne de «moi pur». C'était à mes yeux, la conclusion logique de tout le mouvement des *Recherches logiques,* le constat théorique d'un geste d'exclusion pratique depuis le début de l'ouvrage.

J'attachais la plus grande importance à cette critique du sujet absolu, à cette approche qui voit, dans le moi propre, un «objet empirique» au même titre que le moi d'autrui ou tout autre objet du monde. En réduisant ce moi empirique a son noyau purement phénoménologique, on est en présence d'une complexion réelle de vécus se fondant les-uns dans les-autres dans une même temporalité, mais nulle part on ne trouve, planant au-dessus de cette temporalité vécue, «un principe égologique *(Ichprinzip)* propre supportant tous les contenus et les unifiant tous une deuxième fois». Le «je pense», dont Kant disait qu'il «doit pouvoir accompagner toutes nos représentations», est donc une notion théoriquement superflue. L'unité du vécu se fait d'elle-même, par articulation horizontale et progressive, dans une dynamique ouverte, inachevable. La longue controverse de Husserl avec le néokantien Natorp montre bien à quel point il répugne, a l'époque des *Recherches logiques,* a clore prématurément cette dynamique (Husserl, 1962: 159-163).

Ces premières positions de Husserl devaient avoir, on le sait, une longue postérité. Sartre devait s'en autoriser, notamment, pour affirmer la «transcendance de l'Ego». Le moi serait ainsi un objet du monde empirique, constitue par une conscience originaire qui serait elle-même un «champ transcendantal sans sujet» (Sartre, 1936). Sartre devait ainsi porter à son extrême radicalité l'analyse de Husserl, en mettant l'accent sur la spontanéité non-dominable de la conscience préréflexive, Et l'on voit aisément comment pareille approche pouvait conduire aux thèses existentialistes et à tous les préoccupations liées à l'analytique du *Dasein,* de l'être-là.

Ce qui manquait cependant, à mes yeux, à cette lecture, c'était une compréhension claire des motivations logiques de la démarche de Husserl. L'idée de «vérité en soi» produite dans les *Prolégomènes,* l'idée corrélative, établie dans la *Première recherche,* d'un univers *a priori* de «significations en soi», cette longue insistance sur l'objectivité et l'intemporalité du sens, interdisaient forcement, avant même l'ouverture de la *Cinquième recherche,* la position d'un moi pur qui serait, pour ainsi dire, le producteur et l'origine des vécus de pensée. Il fallait au contraire que ces vécus fussent déterminés, en dernière instance, par les formes idéales elles-mêmes, et que les vécus logiques, en particulier, fussent des réalisations contingentes d'un sens universel, impersonnel, présubjectif.

Des lors, on ne pouvait plus, comme le fait Sartre, voir simplement dans la réhabilitation ultérieure du concept de moi pur, à partir des *Idées* et de la deuxième édition des *Recherches logiques*[9] un changement d'opinion arbitraire, quelque chose comme un revirement accidentel et gratuit. Je proposais, pour ma part, une autre hypothèse de travail: le revirement de Husserl sur cette question obéit lui aussi, à. sa manière, à des exigences logiques. L'Ego transcendantal n'est réhabilite qu'en tant qu'il est porteur d'une responsabilité scientifique, sujet d'un discours inachevé qu'il aura pour tâche de poursuivre, lieu d'un souci ou, comme dit fréquemment Husserl, d'un «intérêt théorique»

---

9 On sait que la deuxième édition des *Logis Che Untersuchungen* t. I et Il (1913) est contemporaine des *Idées* ..., I. Husserl y conserve inchangé, au chapitre I de la recherche V, le texte de la première édition ou s'exprime cette opposition à la théorie du moi pur, en l'amputant cependant du paragraphe 7 et en ajoutant, dans une série de notes infra-paginales, puis dans un «Addendum a la 2i:me édition» les mises au point nécessaires. Voir Husserl, 1962a: 144-164.

sans lequel les «vérités en soi» ne pourraient jamais parvenir à l'expression. Nous nous trouvons alors, cependant, sur un autre plan que celui de la pure description: l'Ego transcendantal sera, pour ainsi dire, une idée pratique, non un concept descriptif.

L'impossible Clôture

Restait à examiner, une fois produit le concept de «signification en soi», les taches de la logique. Si la science n'est, comme on l'a vu, qu'une forme particulière de langage, sous-système des significations vraies dans l'univers des «significations en soi», la théorie de la science devra montrer comment on passe du genre à l'espèce, du système général au sous-système, autrement dit, comment la vérité advient à l'intérieur du langage.

Science des conditions de possibilité de la science, la logique ne saurait en effet se réduire à l'étude des conditions noétiques, c'est-à-dire subjectives de la connaissance scientifique, elle est avant tout l'étude des conditions objectives de possibilité du *résultat* de cette connaissance, à savoir la théorie, l'enchaînement des propositions dans lesquelles s'exprime cette connaissance. Mieux: les conditions noétiques du savoir ne sont rien, elles-mêmes, sans ces conditions idéales; elles en dérivent au contraire par une simple inflexion *(Wendling),* par une simple transposition *(Uebertragung)* qui annonce justement ces «conversions au normatif» *(normative Wendungen)* qui font passer, comme nous l'avons vu, de la logique pure à l'épistémologie normative.

J'étais particulièrement attentif à une question de Husserl sur le sens du mot «possibilité» dans l'expression «conditions de possibilité d'une théorie». Le terme s'applique d'ordinaire à des objets. Il ne peut s'appliquer à des concepts ou à des théories, que par une évidente transposition: parce que j'appellerais aujourd'hui une métonymie. Le concept «possible» n'est pas un concept qui pourrait exister, puisqu'il existe par hypothèse, mais un concept dont l'objet pourrait exister, un concept valable. De même une théorie «possible» est une théorie qui exprime des états-de-choses possibles, une théorie valable, c'est-à-dire cohérente, non contradictoire. La logique formelle aura justement pour objet de déterminer *a priori* les fondements d'une telle validité.

En définissant à la fin des *Prolégomènes* les trois taches de la logique pure, Husserl avait une conscience aiguë de la nouveauté de son projet. Je ne pouvais pas ne pas être frappé par la prédominance, dans ce texte, du vocabulaire du programme. Il ne s'agissait pas seulement pour l'auteur de dégager les articulations d'une discipline existante, mais d'en fonder une nouvelle. C'est seulement après coup, et de façon rétrospective, que devaient être annexes à cette discipline nouvelle des pans entiers de ce qui se donnait, jusque-là, pour une logique.

On ne pouvait pas non plus ne pas remarquer la nuance entre cette hiérarchie des taches et la hiérarchie des niveaux établie dans *Logique formelle et transcendantale*. A cette différence de perspective serait due, selon Suzanne Bachelard, l'absence, au premier chapitre de l'ouvrage de 1929, de toute allusion *à* la théorie des théories, et son traitement séparé au chapitre III (Bachelard, S., 1957: 95-97).

On sait en quoi consistent les trois taches. La première consistera *à* établir une morphologie pure des significations et corrélativement, une morphologie pure des objets; la deuxième, a. définir les conditions de la vérité formelle, ou plus simplement, de la validité théorique des structures signifiantes ainsi formées, ce qui conduira *à* établir des théories des raisonnements et, corrélativement des théories de la pluralité, du nombre, etc.; enfin la troisième, à construire les différents types de théories possibles et corrélativement, une doctrine des multiplicités, c'est-à-dire, des domaines possibles de connaissance.

La difficulté de compréhension de ces taches est lice à la difficulté même du concept de forme. Je m'y suis mesure comme j'ai pu. Ainsi fallait-il d'abord comprendre la notion de catégorie pure de signification, en ce qui la distingue des significations primaires et ne pas se laisser induire en erreur par les équivoques mêmes d'un texte où Husserl se cherche encore. Ce qui me paraissait cependant important, c'était d'abord de comprendre la fonction de cette morphologie pure des significations, qui est d'établir les «lois du sens» en général, par opposition au non-sens *(Unsinn)*, d'énoncer les lois de complication des éléments premiers du discours, les règles qui régissent la combinaison des significations en significations plus vastes.

La *Quatrième recherche* réalise, au moins partiellement, sous le nom de «grammaire logique pure», cette première tâche des *Prolégomènes* en établissant au passage quelques concepts de concepts et quelques distinctions stratégiques, comme la distinction entre catégorème et syncaégorème, c'est-à-dire entre signification indépendante et signification dépendante, Je ne pouvais pas ne pas remarquer la relative pauvreté des résultats de cette recherche, la banalité déconcertante de ces lois du sens établies au terme de longues et complexes analyses. Husserl devançait cependant lui-même l'objection en proposant, non sans humour, de définir la philosophie comme «la science des banalités». J'admettais volontiers, comme lui, que la profondeur n'est jamais obscure et que de toutes manières, la *Quatrième recherche* ne pouvait épuiser tout le champ de la grammaire pure, mais seulement en illustrer le projet et en établir les fondements.

Le plus important, cependant, était le renvoi d'une morphologie pure des significations à une morphologie pure des objets, d'une grammaire logique pure à ce que je serais tenté d'appeler la grammaire des choses. Ainsi apparait, pour la première fois dans la littérature philosophique, l'idée d'une «ontologie formelle»: l'expression, absente du texte de la première édition, sera utilisée dès la seconde édition des *Recherches logiques,* et Husserl évoquera dans *Logique formelle et transcendantale* les scrupules qui l'avaient retenu, a l'époque de cette première édition, de l'utiliser (Husserl, 1965, §27: 118).

Je ne pouvais m'empêcher de remarquer que la morphologie pure des objets, premier niveau de l'ontologie formelle, devait être illustrée par une étude concrète sur *La théorie des tous et des parties,* objet de toute la *Troisième recherche,* avec la même ampleur que l'idée corrélative de grammaire pure illustrée dans la *Quatrième recherche*. Remarquant en outre que cette *Quatrième recherche* se présente explicitement comme une «application» des résultats de la recherche précédente, j'en concluais que, dans la dualité horizontale des niveaux superposes de la logique, les deux théories corrélatives ne pouvaient être sur le même plan, mais qu'à chaque fois, l'ontologie formelle fonde l'analytique et la précède théoriquement, même si, dans l'ordre effectif de la recherche, le projet d'une ontologie formelle n'apparait que comme un corollaire de l'analytique.

La deuxième tâche de la logique était plus facile à comprendre parce que plus familière, étant remarquablement illustrée par la syllogistique traditionnelle. Husserl devait d'ailleurs préciser dans la *Quatrième recherche* que les lois de la grammaire pure n'appartiennent pas à la logique formelle proprement dite, mais ont seulement pour effet de délimiter le domaine du sens, qui constitue le domaine propre de la logique, en excluant, parmi les innombrables formations du langage, l'immense domaine du non-sens, La logique formelle *stricto sensu* est donc bien la théorie des raisonnements, l'analytique formelle qui, une fois exclu le non-sens *(Unsinni,* entend exclure aussi le contre-sens *(Wtdersinni,* en donnant les moyens de distinguer le sens concordant du sens non concordant.

Je ne pouvais manquer d'être frappe par le dédoublement, dans *Logique formelle et transcendantale,* de ce deuxième groupe de recherches, ou Husserl devait finalement distinguer une «logique de la conséquence», ou analytique pure, et une «logique de la vérité», ou analytique au sens large. La *Quatrième recherche* invitait déjà à ne pas confondre l'absurdité formelle, ou analytique (par exemple: «Tous les A sont B parmi lesquels quelques-uns qui ne sont pas B») et l'absurdité se référant aux choses, l'absurdité matérielle d'une proposition formellement correcte, mais fausse, du genre «Un car est rond», ou n'importe quelle proposition fausse de géométrie pure. Si donc la logique de la conséquence a pour tâche d'exclure l'absurdité formelle, j'admettais, pour ma part, qu'une logique de la vérité devait forcement avoir pour objet d'exclure l'absurdité matérielle. Ma thèse était donc que la différence entre les deux disciplines n'était pas seulement phénoménologique, c'est-à-dire liée, comme le dit Husserl, a un «changement d'attitude» du logicien qui, dans le premier cas, considèrerait les jugements comme simples jugements et dans le second, y verrait au contraire des moyens de connaissance; mais que ce changement d'attitude entrainait une différence de contenu. La logique de la vérité ne pouvait se contenter de traduire l'analytique pure dans un vocabulaire différent, comme s'il suffisait de remplacer chaque fois, dans un même discours, le mot «non-contradiction» par le mot «vérité» et le mot «contradiction» par le mot «fausseté», pour produire une autre discipline; comme s'il suffisait, en somme, d'une simple différence terminologique pour démarquer objectivement deux théories. La logique de la vérité, comme je la comprenais, ne pouvait se contenter d'énoncer les lois de la concordance formelle des jugements, mais devait, en outre, établir les conditions de leur concordance matérielle, c'est-à-dire de la compatibilité de leurs ultimes noyaux concrets, comme substrats d'un même jugement.

Je croyais devoir, sur ce point, me séparer de l'interprétation de Suzanne Bachelard, qui suivait à la lettre le texte de Husserl. Je voyais un problème dans ce qui lui paraissait aller de soi, à savoir l'inclusion dans la logique formelle, de cette logique de la vérité. Cherchant à résoudre ce paradoxe, il me fallait d'abord observer qu'à proprement parler, la logique de la vérité ne constituait pas le thème de Husserl dans les textes considères, mais qu'elle n'y était mentionnée que pour être aussitôt exclue de la thématique, au profit de la seule logique de la conséquence. Le but de Husserl étant de «purifier» la logique traditionnelle, il n'évoquait la logique de la vérité, au premier chapitre de *Logique formelle et transcendantale,* que pour mettre en évidence *a contrario* l'originalité de l'analytique pure, et ainsi rendre la logique a son vrai sens. Il pouvait encore, néanmoins, considérer la logique de la vérité comme une logique formelle au sens large du mot, ou «formel» serait pratiquement synonyme de *«a priori».*

Je saisissais au vol, par ailleurs, une distinction subtile de Husserl qui pouvait permettre de comprendre comment une logique de la vérité peut encore être formelle: la distinction, mentionnée au passage dans *Logique formelle et transcendantale,* entre la clarté de l'anticipation et la clarté de la possession des choses mêmes, distinction qui intervient dans le cadre de ce qu'on pourrait appeler une phénoménologie différentielle des degrés d'évidence (Husserl, 1965, § 16: 79-87).

La morphologie pure délimite en effet, à en croire Husserl, la sphère de l'évidence confuse, l'analytique pure, la sphère plus restreinte de l'évidence de la distinction, c'est-à-dire des significations concordantes, enfin la logique de la vérité, la sphère de l'évidence de la clarté. Je ne pouvais manquer d'observer d'abord l'inversion par rapport à Descartes: tandis que, pour l'auteur des *Principes de la philosophie,* le progrès de la pensée va de la clarté, définie comme présence de l'idée à l'esprit attentif, à la distinction, comprise comme spécification et précision par rapport aux idées voisines, Husserl part au contraire d'une sorte de degré zéro de l'évidence pour évoluer vers la distinction et aboutir, enfin, à la clarté. (Descartes, 1953: 591)

C'est que l'auteur des *Recherches logiques* ne part pas, comme Descartes, d'une perception sensible qu'il faudrait ensuite «réduire», mais du langage. C'est dans le langage, lieu de production du sens en général, que se donne d'abord à penser un sens confus, c'est-à-dire simplement possible, par opposition au non-sens, simple *flats vois* cacophonique et sans écho. C'est encore dans le langage que s'opère, avant toute perception réelle, ce travail sur le sens qui a pour effet d'exclure le contresens formel, c'est-à-dire les significations contradictoires, au profit des seules significations concordantes, susceptibles d'être pensées ensemble, articulées dans une seule et même démarche intellectuelle. Ainsi se produit l'évidence de la distinction.

L'étape suivante sera celle du remplissaient intuitif de ces significations encore vides. De ce remplissaient, et de la concordance qu'il atteste entre la pensée et le réel, naitra la vérité. Mais c'est là qu'intervient justement la nuance qui nous intéresse. La vérité proprement dite suppose, à la limite, que l'on sorte du langage, et qu'à l'évidence de la distinction succède «da clarté de la possession des choses mêmes». Point n'est besoin, cependant, d'attendre cette parousie; il est toujours possible de la devancer. Von se contente alors de la «clarté de l'anticipation». Ainsi devient possible, du même coup, une logique de la vérité qui reste formelle, c'est-à-dire qui, antérieurement à toute vérification empirique, et sans prétendre sortir du langage, établit *a priori* les conditions du sens non seulement concordant, mais intuitivement possible.

L'idée qui prévaut ici est que, si l'on peut tracer des lignes de démarcation bien nettes entre le non-sens et le sens, puis entre le sens contradictoire et le sens concordant, il n'y a, par contre, entre la concordance formelle et la vérité, aucune solution de continuité, mais une progression continue. Des significations vides aux significations pleines, on assiste à un procès ininterrompu de remplissaient, ou les choses signifiées l'intuition nées ne sont jamais totalement absentes ni totalement présentes, mais continuellement approchées, jusqu'à cette proximité absolue qui n'est jamais qu'un rêve, une limite asymptotique.

La *Sixième recherche logique,* la dernière et la plus longue de toutes, reviendra de manière extensive sur cette question et proposera au passage l'équation suivante:

$$i + s = 1,$$

où s désigne le contenu signitif, simplement symbolique, d'un discours, i son contenu intuitif, et le discours lui-même, Deux cas-limites peuvent être alors imaginés:

a) $i = 0, s = 1$
b) $i = 1, s = 0$.

Ni l'un, ni l'autre de ces cas ne se présente habituellement: jamais un discours n'est purement symbolique et dépourvu de tout contenu intuitif ni entièrement rempli et dépourvu de tout contenu signifie. Le langage humain se situe toujours, a des degrés divers, entre ces deux extrêmes (Husserl, 1963, §23: 102-103). C'est ce qui autorise notre interprétation et montre comment une logique de la conséquence est toujours déjà logique de la vérité, et une logique de la vérité, toujours encore logique de la conséquence.

La troisième tâche de la logique se présente, dès les *Prolégomènes,* comme une «tache complémentaire» et non comme un nouveau stade de la logique *stricto sensu*. On ne sera donc pas vraiment surpris de la voir traiter séparément, dans *Logique formelle et transcendantale*. Tandis que l'analytique formelle, pure ou au sens large, construit l'idée de théorie à partir de ses éléments constitutifs, la théorie des formes possibles de théorie part de l'idée de théorie comme telle pour construire *a priori* les différents types de théories. Corrélativement, la doctrine des multiplicités *(Mannigfaltigkeitslehre)*, couronnement de l'ontologie formelle, aura pour tâche d'établir les différents domaines possibles de connaissance.

Husserl croit trouver dans les mathématiques de son temps, et en particulier dans la théorie des multiplicités, «cette fine fleur de la mathématique moderne», une réalisation partielle de cet idéal. La théorie des théories est donc, à ses yeux, loin d'être un rêve gratuit. Les progrès de la mathématique contemporaine justifiaient amplement cet idéal d'une science englobant qui permettrait de prévoir et de maitriser virtuellement, avant même qu'elles n'apparaissent historiquement, les formes de toute théorie à venir. La théorie des théories serait cette science exhaustive du pur *logos,* de ses spécifications possibles et des lois qui les relient. Toute théorie scientifique aurait sa place assignée d'avance dans une sorte de tableau-de-Mendéléiev logique. En imaginant une telle théorie, Husserl cherche, visiblement, à réduire les surprises de l'histoire, la pluralité indo minable des théories à venir, révolution imprévisible du savoir. Il pose, comme l'écrit Jean Desanti, un principe de «fermeture phénoménologique», dont on peut craindre qu'il ne le fasse retomber, simplement, dans la métaphysique idéaliste (Desanti, 1963).

Or, on connait la suite de l'histoire. Publie en 1931, le théorème de Gödel démontre la non-saturation de toute théorie plus riche que l'arithmétique, c'est-à-dire la possibilité d'énoncer, dans une telle théorie, des propositions indécidables, Presque toutes les théories mathématiques, sont, en fait, dans ce cas. La théorie husserlienne des formes possibles de théories ne pouvant s'appliquer qu'a des théories saturées ou, comme dit Husserl, «définies», «fermées», il s'ensuit, comme l'écrit Cavaillès, que le théorème de Gödel en invalide définitivement le projet (Cavaillès, 1938: 144-151; Id., 1947: 68-78).

J'étais attentif bien entendu, à ce débat. J'étais tenté d'admettre, avec Trân Due Thao et Suzanne Bachelard, que l'impossibilité de fait d'une théorie des formes possibles de théorie ne suffisait pas pour réduire a néant le projet husserlien, mais que ce projet gardait, en soi, tout son sens et toute sa valeur

(Trân, 1951: 35; Bachelard, S., 1965: 112, 114-115). Je restais pourtant inquiet, convaincu qu'il ne pouvait être question d'écarter d'un revers de main les objections des spécialistes. Car même si le mathématicien, comme l'écrit volontiers Husserl, n'est qu'un «technicien de niveau supérieur», même si l'on est fonde, pour cette raison, à séparer les domaines, en se gardant de soumettre aux mêmes critères de validité les produits de la réflexion philosophique et ceux du calcul, il reste encore à penser cette séparation des domaines elle-même, il reste à la justifier et à en montrer les limites.

Sur cette inquiétude s'achevait provisoirement ce travail sur Husserl, que je me promettais, bien entendu, de reprendre et d'approfondir. Je n'ai même pas cru devoir conclure: toute conclusion eut été à mes yeux prématurée, à ce stade précis de la réflexion. Je laissais donc forcément le lecteur sur sa faim, et avais moi-même l'impression de m'être interrompu comme en plein milieu d'une phrase, à charge pour moi de la reprendre immédiatement, sitôt refermée la parenthèse de la soutenance.

Voici pourtant vingt-cinq ans que cette thèse a été soutenue. Pas une seule publication de moi sur cette question. Je n'ai même pas su donner suite à la recommandation de mon maitre, Paul Ricoeur, qui, indulgent et généreux comme d'habitude, toujours soucieux de voir, jusque dans les plus modestes travaux d'étudiant, ce qu'ils apportaient ou pouvaient apporter de neuf m'avait vivement engage à compléter ce travail en vue d'une publication. Que s'est-il donc passé?

Je crois que je me suis très vite pose une question: celle du public auquel j'aurais droit. Je répugnais, autant par tempérament que par principe, à n'écrire que pour un public étranger, par-dessus les épaules de mes compatriotes. Je venais de publier début 1970, quelques mois avant la soutenance, l'article sur Amo qui devait être repris en 1976, dans *Sur la «philosophie africaine»*. J'y posais clairement, *in fine,* une question que je qualifiais moi-même de «redoutable», celle de la destination réelle du discours d'Amo, c'est-à-dire, à la fois de son public-cible et de son destin historique. Je considérais comme un échec le fait que l'œuvre de ce philosophe *africain* n'ait pu s'inscrire, d'un bout à l'autre, que dans une *tradition théorique non africaine,* le fait qu'elle appartienne exclusivement à l'histoire scientifique de l'Occident. Je concluais sur l'urgence qu'il y avait à mettre fin, aujourd'hui, à l'extraversion de toute la littérature africaine d'écriture européenne, l'impossibilité de se satisfaire, désormais, d'une participation individuelle aux grands débats scientifiques et culturels du monde industrialise, et la nécessite de créer progressivement, dans nos propres pays, «ces structures de dialogue et de controverse sans lesquelles aucune science n'est possible» (Hountondji, 1970b: 46).

J'ai donc, pour cette raison, marqué une pause. Publier sur Husserl n'allait pas de soi, pour un universitaire africain. Mais d'un autre cote, s'il en est ainsi, pourquoi travailler sur Husserl, comme je venais de le faire? Pourquoi parler de Husserl à longueur de cours, comme je l'avais fait trois ans durant a Besançon, avant ma soutenance, et comme j'allais probablement continuer à le faire, sauf imprévu, à l'Université Lavinium de Kinshasa, ou j'étais attendu après cette soutenance? Jusqu'où est tolérable un tel hiatus entre recherche et publication, enseignement et publication, un tel divorce entre deux modalités du discours scientifique dont l'une, confidentielle, pourrait aborder n'importe quel sujet et embrasser n'importe quel domaine de recherche tandis que l'autre, publique, se limiterait a des sujets juges convenables ou, à tout le moins, compatibles avec l'identité et l'appartenance culturelle de l'auteur ou, ce qui revient au même, significatifs pour sa société de référence?

Je ne pouvais accepter non plus cette dichotomie - cette sorte de double langage - ni cette limitation arbitraire de l'horizon. Il fallait à la fois s'assumer et garder ses racines, s'exprimer sans réserve ni restriction mentale et rester intelligible, dire tout ce qu' on savait ou cherchait à savoir, et dans le même temps, partager ce savoir et cette quête, Une certitude, dans tous les cas, restait pour moi hors de cause, quelque chose comme une décision politique: le lieu de ce partage ne devait en aucun cas exclure l'Afrique; bien au contraire, l'Afrique devait en être le centre, le point de départ et, le cas échéant, le premier bénéficiaire. Résultat: il me fallait malgré tout, pour des raisons de conjoncture sinon de principe, surseoir provisoirement, non seulement à toute publication, mais même à l'approfondissement de mes travaux sur Husserl. Le temps n'était pas venu. Trop de préalables, encore, restaient à lever pour que l'Afrique put entendre, sans avoir le sentiment de se renier ou de se laisser distraire, un discours sur Husserl ou sur n'importe quel autre auteur, n'importe quelle autre doctrine consacres par la tradition philosophique occidentale; et à plus forte raison, pour qu'elle put activement manifester de l'intérêt pour de tels auteurs et doctrines, leur poser ses questions à elle et en attendre des réponses, reprendre à son compte leurs questions à eux et en apprécier la pertinence, bref développer à leur sujet une recherche authentique.

Pour être plus précis, certains auteurs avaient pour ainsi dire avantageusement passé le test d'adoption. Une publication africaine sur Marx n'aurait choqué personne: le marxisme, croyait-on, nous proposait une politique et l'on pouvait, par ce biais, en «dédouaner» la philosophie. Mais des auteurs comme Platon, Aristote, Descartes, Malebranche, Spinoza, Locke, Leibniz, Kant, Wittgenstein, et tous les autres, quel rapport entre eux et L'Afrique? Enfin, pourquoi précisément Husserl? Quel rapport entre la phénoménologie et les cultures africaines, entre les *Logis Che Untersuchungen* et la «philosophie bantoue»? Pourquoi, surtout, Husserl aujourd'hui, à une époque où plus d'un le considère, en Europe même, comme complètement passé de mode? (Desanti, 1975).

Voilà autant de préalables qu'il fallait examiner, et si possible, lever, avant de prétendre aller plus loin. Il me fallait donc travailler sur les marges et, plutôt que de foncer tête baissée en spécialiste d'un auteur ou d'un courant de pensée, baliser patiemment le terrain, établir la légitimité et les contours d'un projet intellectuel qui fut à la fois authentiquement africain et authentiquement philosophique.

C'est à quoi je me suis employé depuis lors, à travers ma critique de l'ethnophilosophie. Chemin faisant, je me suis avisé que cette critique ne concernait pas seulement l'ethnophilosophie, mais l'extraversion scientifique en général, qu'elle appelait de ce fait une théorie des rapports de production scientifique et technologique à l'échelle mondiale, et des propositions pour une nouvelle politique scientifique. Seuls ont été publics, à ce jour, ces travaux de critique théorique et politique.

Si j'ai cru, toutefois, devoir évoquer dans un texte comme celui-ci, censé présenter la synthèse de mes recherches, mes travaux non publiés, et si je me suis permis de les commenter si longuement, c'est d'abord parce qu'ils donnent la mesure de l'œuvre théorique alors en gestation qui a dû être, au minimum, différée, si ce n'est définitivement sacrifiée, et indiquent de la sorte ce qu'on pourrait appeler le coût théorique (scientifique) de la critique de l'ethnophilosophie. C'est aussi parce que cette critique puise, comme on pouvait s'y attendre, dans une longue fréquentation de Husserl et, par-delà Husserl, de toute la tradition philosophique occidentale, quelques-unes de ses armes, quelques-uns de ses repères et de ses instruments conceptuels.

Deuxième Partie

Critique De L'ethnophilosophie

III

Colères

De Husserl à Tempels

Il ne pouvait en être autrement: la critique de L'ethnophilosophie est encore largement une affaire interne à l'Occident, parce que l' ethnophilosophie qu'elle dénonce est elle-même, précisément, une invention de l'Occident. Un des principaux résultats de cette critique devait être justement de dissiper une illusion commune qui voyait dans L'ethnophilosophie une invention de la négritude et par voie de conséquence, la seule manière de philosopher qui fût digne d'un Africain, la seule qui put permettre de préserver l'originalité de l'homme noir.

Je devais montrer, au contraire, que l'ethnophilosophie avait une histoire plus ancienne, liée à l'histoire de l'anthropologie en général, c'est-à-dire, du regard occidental sur les sociétés dites primitives; que l'invention d'une philosophie africaine, telle qu'elle s'est produite dans les années quarante, n'a été que l'application à un terrain particulier, d'une hypothèse plus ancienne; qu'en outre cette application a été, au départ, le fait de théoriciens européens intervenant dans un débat européen, et que la rencontre avec le mouvement de la négritude n'a eu lieu que plus tard.

L'histoire réelle de l'ethnophilosophie devait ainsi permettre, d'emblée, de faire justice de l'obligation imaginaire faite au philosophe africain de rendre compte d'une philosophie africaine, à l'exclusion de toute autre préoccupation théorique, comme elle devait permettre de lever l'interdiction non moins imaginaire de toute incursion dans les arcanes conceptuels de la philosophie occidentale.

Il fallait au contraire, pour apprécier à sa juste valeur le projet ethno philosophique, pouvoir le confronter à l'idée de philosophie, ou aux idées de philosophie sous-jacentes a la pratique philosophique occidentale, interroger la cohérence des démarches et présuppositions fondatrices de ce projet et les conditions de son apparition dans L'histoire de la pensée occidentale. A cette nécessaire confrontation, j'avais été préparé par ma lecture de Husserl, entre autres grands repères de l'histoire de la philosophie.

Un Creuset Exceptionnel: «Présence Africaine»

Je dois à Alioune Diop d'avoir été associe très jeune aux travaux des intellectuels africains et africanistes regroupes autour de *Présence africaine*. J'avais a peine vingt-deux ans quand il m'arriva de bégayer laborieusement à Paris, au cours d'une cérémonie de lancement du *Consciencisme* de Nkrumah, une intervention qui, faisant paraitre le projet du leader ghanéen plus progressiste que la négritude, défraya aisément la chronique. La même année, Alioune Diop me cooptait au sein d'une délégation qui devait participer à un colloque organise pour l'été, à L'Université de Pérouse, par l'association des «Amis italiens de Présence africaine», sur «La présence de l'Afrique dans le monde de demain».

Dans une communication présentée à cette occasion et dont la presse locale a rendu compte, j'insistais alors déjà sur le caractère pluriel de la culture africaine. Citant volontiers *l'Afrique ambiguë* de Georges Balandier, dont je venais de suivre un séminaire à l'Ecole Normale Supérieure et qui participait lui aussi a ce colloque, je mettais en garde contre la tentation d'une lecture réductrice, unilatérale et exagérément simplificatrice des cultures, et plus particulièrement, des visions du monde du continent noir (Balandier, 1957).

Trois ans après Pérouse, Alioune Diop me fit de nouveau inviter, en aout 1967, à un important colloque. C'était, cette fois, à Copenhague. Organise par une universitaire danoise, Erica Simon, sous le parrainage et grâce à un financement de l'Agence danoise pour le développement international (DANIDA), ce forum réunissait un groupe d'intellectuels africains et scandinaves sur le thème «Humanisme africain - culture scandinave: un dialogue». Les travaux devaient être publics sous le même titre trois ans plus tard, par les soins de la DANIDA (Lundbaek, 1970).

Ce fut un colloque inoubliable. Outre les intellectuels scandinaves qui étaient nos hôtes, j'eus le privilège de croiser régulièrement pendant près d'une semaine et dans la plus grande convivialité, sur un bateau hôtel aux abords de la capitale danoise, des personnes comme Cheikh Anta Diop, Joseph Ki-Zerbo, John Mbiti, Engelbert Mveng, le volubile Pathe Diagne, pour n'en citer que quelques-uns, le tout sous l'œil protecteur de l'énigmatique Alioune Diop.

J'avais plaisir à discuter, à «Présence africaine», avec le philosophe Jacques Howlett, collaborateur français d'Alioune Diop et, je crois, un de ses amis les plus anciens et les plus fidèles. Lui aussi cultivait, comme son ami, une qualité essentielle: savoir écouter. Ce qui ne l'empêchait pas, bien entendu, d'avoir ses propres idées et d'y tenir, mais avait fièrement L'avantage de faciliter le dialogue et de tempérer, a l'occasion, les ardeurs excessives des contradicteurs les plus agressifs.

J'ai fait d'autres rencontres mémorables à «Présence africaine». Je n'aurais probablement jamais croise Césaire, n'eut été ma fréquentation de ce milieu. La première fois que je l'ai aperçu, c'était en 1962 ou 1963 *a* la librairie du 25 bis, rue des Ecoles, debout près des rayons, bouquinant, l'air absorbe Il n'y avait, à part lui, que la libraire. Je venais acheter, pour la entière fois, le *Discours sur le colonialisme,* dont de nombreux emprunteurs m'avaient réguleraient dépossède, Je dis le titre et L'auteur. Le sourire amusé de la libraire, le geste de l'homme qui se tourna plus complétement face aux rayons, discret et comme intimide, m'intriguèrent. J'avais vu une ou deux photos; je ne pense pas, compte tenu des dates, que j'eusse déjà lu le portrait plein d'humour que James Baldwin devait brosser du personnage dans *Personne ne sait mon nom* (Baldwin, 1963). J'ai cru reconnaître les lunettes, mais n'étais sûr de rien. Je pris mon livre et m'en allai.

Les occasions de rencontre ne devaient cependant pas tarder à se présenter. L'une d'elles fut un colloque restreint organise par la Société Africaine de Culture dans les locaux de l'UNESCO à Paris, au cours duquel je me faisais vertement reprendre par mon ancien camarade d'hypokhâgne, Yambo Ouologuem, dont personne ne pouvait encore soupçonner qu'il gagnerait le prix Renaudot pour le roman qu'il préparait alors, *Le devoir de violence*. Le verbe nationaliste de mon contradicteur devenait franchement agressif et tournait a l'invective, provoque par quelques critiques que j'avais ose bégayer contre l'idée d'une philosophie collective. Césaire, qui présidait la réunion, eut envie, je crois, de prendre le parti du plus faible. Il vint à mon secours en mettant fin à la discussion.

Je n'ai pas rencontre Senghor a «Présence africaine», bien qu'il fut président de la Société africaine de culture. Je me suis cependant permis de lui écrire sur la recommandation d'Alioune Diop en 1967, l' année après l' agrégation de philosophie, alors qu'il était de passage à Paris. Pathé Diagne et Bakary Traore m'ont fait comprendre après coup, en chahutant, combien il était désinvoltés d'écrire à un chef d'Etat par courrier pneumatique (quelque chose qui existait encore à l'époque).

Le Président sénégalais m'a cependant répondu dès son retour à Dakar.

Mon «culot» n'avait pas été mal pris. J'étais impressionné par l'extrême courtoisie de l'homme d'Etat. Senghor n'en restait pas moins Senghor c'est-à-dire, amés yeux, l'idéologue d'une négritude que je n'acceptais pas, et l'une des têtes de pont du néo-colonialisme français en Afrique. Je lui ai fait porter, bien entendu, un exemplaire dédicacé de *Sur la «philosophie africaine»* dès sa parution, début 1977, et j'ai eu le «feedback». Mais il a fallu que je le voie et l'entende de près, fin mai 1980 en Allemagne, pour solliciter un entretien. Le poète-président était l'hôte d'honneur d'un symposium international organisé par le ministère fédéral des affaires étrangères sur les «relations culturelles internationales: ponts au-dessus des frontières». Enfantin peut-être, de ma part? L'homme m'a séduit, et j'en étais secrètement fier. J'avais choisi ma place, au deuxième ou au troisième rang, juste derrière les officiels, dans une immense salle de fêtes ou les rares têtes noires pouvaient se compter. Apres le discours de Senghor, je me suis rapproché de sa suite. Je lui ai écrit. Quelques semaines plus tard, j'étais reçu dans son appartement parisien. J'en suis ressorti avec un exemplaire dédicace de *La poésie de L'action,* qui venait de paraitre. Je crois aujourd'hui que les fonctions officielles de Senghor et ses options politiques, dans le temps, ont pesé d'un grand poids dans l'appréciation négative que portait sur son œuvre la jeunesse africaine progressiste. Depuis qu'il a montré, en démissionnant combien il relativisait ces fonctions elles-mêmes, on le lit avec d'autres yeux, et on le redécouvre.

L'exposé de Copenhague

Toute pensée, si originale soit-elle, se forme un peu au gré des questions qu'on lui pose. En me demandant une communication sur le thème «Sagesse africaine et philosophie mode me», les organisateurs du colloque de Copenhague venaient au-devant d'une de mes préoccupations du moment ct me lançaient, bien involontairement, sur une piste que je devais encore longtemps pratiquer, celle de la critique de l'ethnophilosophie.

D'autres sollicitations devaient avoir le même effet. Ainsi, celle du Pr. Raymond Klibansky, de l'Université Me Gill de Montréal, qui me demanda en 1969, sur la recommandation de Georges Canguilhem, une contribution au volume IV de son vaste bilan de la philosophie contemporaine (Klibansky, 1971); ou celle de Jacques Havet, alors sous-directeur général de l'UNESCO charge du secteur des sciences sociales, qui dirigeait une étude sur «Les tendances principales de la recherche dans les sciences sociales et humaines» et me demanda d'y contribuer par un travail sur «L'homme dans la philosophie africaine» (Unesco, 1970, Havet, 1978).

Ma démarche, dans les trois cas, était la même. Elle consistait à prendre d' abord acte de la question posée en en reconnaissant la spontanéité et l' apparente légitimité, puis a la suspecter en en faisant ressortir les paradoxes, enfin à formuler, derrière cette question mal posée, le véritable problème (Hountondji, 1970c, 1970d, 1971).

La première question différait d'ailleurs sensiblement des deux dernières. En un sens, elle était meilleure parce que mieux informée. Les auteurs avaient bien perçu une difficulté méconnue dans les deux autres formulations: la difficulté d'identifier, dans l'héritage culturel africain, une philosophie *stricto sensu*. Ils ont préfère prudemment parler de sagesse. Leur problème, des lors, était de comparer une sagesse et une philosophie, d'en déterminer la valeur respective, d'examiner la possibilité d'un passage.

Dans ce colloque ou la règle était de faire traiter concurremment chaque thème par deux participants au moins, la question devait être traitée indépendamment par M. A. Kissi, de l'Université du Ghana à Legon, et moi.[10]

Prenant pour exergue la fameuse onzième «Thèse sur Feuerbach», je m'interrogeai d'abord sur le rôle de la philosophie en Afrique. J'étais d'avis qu'elle devait être autre chose que la chouette hégélienne, l'oiseau de Minerve qui ne prend son vol qu'a la tombée de la nuit: justification idéologique du réel conduisant, dans la pratique, au conformisme le plus absurde. La philosophie devait permettre au contraire de transformer le monde (Marx, 1976).

Comment le pouvait-elle? Ma réponse a cette question était

---

10 En faisant, cinq ou six ans plus tard, la cnul3issauce de J. E. Wiredu, *alias* Kwasi Wiredu, je devais découvrir que Martin Apeagyei Kissi n'était autre que le jeune frère du brillant philosophe analytique de Legon (depuis quelque dix ans, maintenant, aux Etats Unis). La Communication de Copenhague était-elle donc le fruit d'une discussion familiale? En soulignant à la fois l'existence dans les cultures africaines comme dans toutes les cultures du monde, de philosophies traditionnelles, et les incohérences auxquelles on s'expose en essayant d'extraire de cette «culture (…) publique et collectives», une philosophie académique, ce texte tout en nuances annonçait déjà, en tout cas, les analyses sublimes de *Philosophy and African culture* (Kissi, 1970, Wiredu, 1980).

althussérienne, ou plus exactement, inspirée *d'un certain* Althusser, lecteur attentif de Bachelard et de Marx, fascine par la rupture ou *L'idéologie allemande* entendait fonder, enraciner la science (Althusser, 1965, 1966a, 1966b, 1974b).

J'admettais pour ma part qu'en Afrique comme partout ailleurs, la théorie n'a de sens qu'ordonnée et subordonnée a la pratique, et qu'elle tient sa légitimité, en tant qu'elle est elle-même une forme de pratique, de son rôle fondateur par rapport aux autres pratiques. Parmi ces autres pratiques, je privilégiais spontanément «la pratique politique», et plus précisément, l' «action libératrice». Ma question devenait donc: comment la philosophie peut-elle servir de fondement à la politique, et singulièrement a la lutte anti-impérialiste? Elle le pouvait peut-être, pensais-je, par la médiation d' «un autre type de pratique théorique, plus rationnelle et plus surement génératrice de l'indispensable efficacité»: la science, ou je voyais a la fois, scion une mode de l'époque, l'accomplissement et la mort de la philosophie - quitte a laisser en suspens les questions immenses relatives à la science elle-même.

L'appel à la science n'était cependant qu'une hypothèse. Il déplaçait, sans le résoudre, le problème des rapports entre philosophie et politique, en obligeant à interroger le rapport entre science et politique, connaissance positive du réel en général et de la société en particulier, et transformation pratique de cette société. La question ne fut pas posée mais tout au plus sous-entendue: il ne pouvait en être autrement dans les limites de ce texte.

Liée cependant à cette idée du rôle de la philosophie, une conviction s'exprimait avec force, et non sans une certaine candeur: l'idée que l'infériorisation des cultures nègres ne devait pas être considérée comme un fait premier, mais comme une conséquence de la colonisation en tant que phénomène économique, politique et militaire. Sans doute élargirais-je aujourd'hui la perspective en référant la colonisation a un phénomène plus ancien, la traite négrière, et en considérant d'une manière générale, le procès d'ensemble de l'intégration de l'Afrique au marché capitaliste mondial et son contexte de violence. Cela ne changerait rien, cependant, à ma conclusion de l'époque: on ne peut combattre efficacement le mythe de la supériorité blanche en y opposant un mythe inverse; une bonne critique de l'ethnologie impériale et de sa mythologie doit au contraire commencer par la référer à son fondement, à savoir les rapports de force réels et matériels entre les sociétés dites primitives et les sociétés européennes.

Inversement, l'éveil politique des peuples dits primitifs crée aujourd'hui les conditions d'une critique de l'ethnocentrisme. «Le culturel suit le politique», pouvais-je écrire, en prenant à mon compte une affirmation de Frantz Fanon: «La responsabilité de L'homme de culture colonise n'est pas une responsabilité en face de la culture nationale, mais une responsabilité globale a l' égard de la nation globale dont la culture n'est, somme toute, qu'un aspect» (Fanon, 1961: 17[4]).

Ce sens aigu de l'omniprésence du politique ne m'a jamais quitté, J'étais, a cette époque, nourri de Césaire et de Frantz Fanon, et je crois qu'ils n'ont jamais cessé de m'habiter depuis lors... La lecture de *Peau noire, masques blancs* m'avait déjà inspire, quelques mois plus tôt, le premier article que j'eusse jamais publie, «Charabia et mauvaise conscience: psychologie du langage chez les intellectuels colonises » (Fanon, 1952, Hountondji, 1967). J'avais écrit cet article pour exorciser ma peur devant le langage et, un peu liée à cette peur, la tendance que je partageais avec l'immense majorité des habitants des colonies et ex-colonies, à surestimer la langue du colonisateur:

«le français de France
le français du Français
le français français »,

comme l'écrivait plaisamment Léon-Gontran Damas (Damas, 1966).

La lecture de Fanon m'avait aidé à traquer le politique jusque dans notre rapport au langage. Et par-delà Fanon, je retrouvais Césaire, cet éveilleur hors pair, que nous citait déjà, alors que j'étais en terminale à Porto-Novo, un professeur d'histoire enthousiaste, Albert Tevoedjre, et dont le *Discours sur le colonialisme,* devenu mon livre de chevet, autant que la brève mais puissante *Lettre à Maurice Thorez,* me paraissait d'une clarté et d'une rigueur exemplaires (Césaire, 1950, 1956).

Pour en revenir à notre problème, l'approche de Tempels dans *La philosophie bantoue* me paraissait une tentative pour renverser Lévy-Bruhl, mais de la pire manière.[11] J'y voyais illustré l'art de combattre un mythe par un autre», en jouant à loisir sur «une équivoque dangereuse: le sens du mot

---

11 En fait, comme je devais l'observer plus tard, Lévy-Bruhl est pas cite une seule fois dans *La philosophie bantoue*. Les travaux de Raoul Allier, cible privilégiée de Tempels, reposent entièrement, toutefois, sur sa théorie du prélogisme, et ont en outre l'avantage de l'appliquer à un terrain qui est le même que celui de Tempels: le terrain bantu (Hountondji 1987).

philosophie», Car l'Afrique ne détient pas le monopole de la sagesse; tous les peuples en ont une, venue du fond des âges, anonyme, implicite a des degrés divers, n'appartenant à personne en particulier, mais vécue et pratiquée par tous. Et s'il faut comparer la sagesse africaine à quelque chose, ce n'était pas à la philosophie, mais à la sagesse européenne. Du coup, le problème initial s'évanouissait au profit de cet autre: pourquoi une telle méprise? D'où vient qu'on ait voulu à tout prix comparer une sagesse et une philosophie?

Une fois installe sur ce nouveau terrain - le terrain critique - il ne me restait plus qu'a présenter le contenu de *La philosophie bantoue* et a L'apprécier. Je reconnaissais volontiers à Tempels le mérite d'avoir su opposer aux théoriciens de la mentalité primitive, qui croyaient à une différence irréductible entre le sauvage et L'homme civilise, «un pari en faveur de l'identité de L'esprit humain à travers la diversité des cultures». Je rappelais cependant les sarcasmes de Césaire: par rapport à L'agitation qui prévalait, a la même époque, dans un Congo belge en effervescence, par rapport aux revendications sociales et politiques des masses colonisées, L'approche de Tempels était bigrement surréaliste. Le respect des valeurs spirituelles bantu, qui lui paraissait L'exigence fondamentale des Noirs, ne pouvait suffire, en aucun cas, à calmer véritablement les esprits.

Sur cette critique politique qui, de L'aveu même de Césaire, ne s'en prenait qu' 'a une certaine utilisation de la philosophie bantu,[12] j'articulais une critique théorique, qui mettait en cause le projet même d'une synthèse des représentations collectives qui put se donner *a priori* pour une philosophie, voire pour *la* philosophie bantu, au singulier. Je trouvais irrecevable, par principe, la prétention d'un tel projet à ériger en norme pour tout Africain passe, présent ou à venir, une forme de pensée, un système de croyances qui ne pouvait correspondre, au mieux, qu'à une étape déterminée du parcours intellectuel des peuples noirs, au risque de refuser aux Africains d'aujourd'hui, en particulier à ceux d'entre eux qui sont allés a l'école et sont considères, à tort ou à raison, comme européanisés, donc dénaturés, le statut d'Africains.

Je relevais d'autre part que, de l'aveu même de Tempels, on ne pouvait

---

12 J'écris de préférence *bantu* (invariable), selon l'orthographe phonétique en usage chez les linguistes et, entre autres, chez des auteurs comme Kagame. Je garde cependant l'orthographe francisée bantou, le cas échéant, dans les citations. C'est le cas des citations tirées de *La philosophie bantoue* de Tempels.

attendre du premier Noir venu qu'il expose de façon cohérente sa prétendue philosophie, et que cette tâche revenait en propre à l'intellectuel européen, sorte d'écrivain public, de secrétaire ou d'interprète conforte *a posteriori* dans ses analyses par le témoignage de gratitude des Noirs qui s'exclament naïvement: «Tu nous as compris, tu "sais" a la manière dont nous savons».[13]

Je voyais dans cette bruyante gratitude, si tant est qu'elle fut sincère, un «signe, parmi d'autres, de la fausseté des rapports humains dans une société colonisée». J'ajoutais que le fait de retrouver dans la construction de Tempels des *éléments* de leur culture ne signifiait nullement que les Bantu se reconnaissent dans cette construction elle-même, et qu'il était possible de proposer, à partir des mêmes éléments, d'autres formes de systématisation. Ce qu'on présentait comme une «philosophie bantoue» n'était donc pas vraiment la philosophie des Bantu, mais de Tempels et n'engageait que la responsabilité du missionnaire belge, devenu occasionnellement analyste des us et coutumes bantu.

La confrontation avec *La philosophie bantu-rwandaise de L'être* d'Alexis Kagamé devait me conforter dans cette position de principe. Mon attitude envers l'abbé rwandais était ambivalente. D'une part, en effet, la réflexion sur les universaux identifiables derrière la structure syntaxique des langues bantu, me paraissait un projet théorique plus pointu et plus consistant que celui de Tempels. Prenant modelé sur Aristote dont l'ontologie n'aurait consisté, selon lui, qu'à construire, à partir d'une réflexion sur la syntaxe grecque, la table des catégories en usage dans sa langue maternelle, Kagamé se proposait d'établir à son tour la table des catégories de la *koinè* en usage au Rwanda, le *kinyarwanda,* et de construire, ce faisant, une ontologie originale qui représenterait une alternative à la philosophie aristotélicienne de l'être. Je trouvais le projet audacieux, séduisant (Kagamé, 1956).

Mais d'un autre cote, je ne pouvais admettre, pas plus chez Kagamé que chez Tempels, la prétention à être le porte-parole d'une culture et à livrer une fois pour toutes le système des concepts fondateurs de cette culture, en enserrant d'avance dans cet étau toute pensée à venir. J'observais en outre, à travers l'ouvrage, le glissement subreptice qui faisait passer insensiblement d'une détermination formelle des structures grammaticales de la langue, à la détermination matérielle d'un contenu de croyance. Ce contenu renvoyait

---

13 Souleymane B. Diagne devait développer ce point dans un mémoire inédit à ce jour, « Le faux dialogue de l'ethnophilosophie ».

forcément, pensais-je, aux options propres de l'auteur, à ses choix philosophiques et idéologiques.

Ce n'est pas tout. Même en faisant abstraction de ce contenu et en interrogeant uniquement la démarche formelle, on pouvait surprendre Kagamé «pour ainsi dire en flagrant délit de partialité, dans le choix même de ses concepts opératoires». En bref, pourquoi Aristote plutôt qu'un autre? Pourquoi écarter d'un revers de main toute la tradition critique, et en particulier la notion de catégorie telle qu'elle apparait chez Stuart Mill pour être ensuite reprise et retravaillée par Kant? Sans vouloir contester forcement le choix de Kagamé, je souhaitais cependant que l'on reconnut que c'était bien son choix à lui et non celui des peuples bantu. Je jouais cartes sur table: je disais ma préférence pour l'approche critique, mais m'empressais d'ajouter que ce n'était pas lit le vrai problème:

> «L'immense révolution opérée par Kant, la naïveté enfin dépassée d'une métaphysique réaliste, qui prétend connaitre les choses-en-soi et croit pouvoir ignorer l'acte même de cette connaissance, toute cette critique du dogmatisme par quoi Kant se voulait le Copernic de la philosophie, n'a pas suffi à retenir l'attention du philosophe rwandais ni à lui inspirer quelque prudence dans son maniement de la notion de «catégorie». En soi c'était son droit, car nous sommes ici à la limite du choix philosophique. Mais qu'on n'aille pas alors nous parler d'une philosophie bantoue qui existerait en soi et pour soi de toute eternité, immuable, toujours identique à elle-même, alors qu'en réalité elle reçoit sa problématique et son statut de l'extérieur, à savoir d'une doctrine particulière, d'un moment particulier de la ratio occidentale, érigé par le philosophe-ethnologue en point de comparaison privilégié, voire en norme universelle» (Hountondji, 1970c: 195-196).

C'était clair: j'étais kantien. Je n'exigeais cependant pas que tout le monde le fut. Ma conclusion était autre: avec Kagamé commence l'ère de la philosophie africaine *stricto sensu,* c'est-a-dire de la prise en charge du discours philosophique par les Africains eux-mêmes; plutôt que d'aller, toutefois, jusqu'au bout de son mouvement en posant d'emblée la responsabilité intellectuelle du penseur dans la production de son discours, cette prise en charge s'arrête à mi-chemin. Le philosophe africain «s'effraie de sa propre liberté et de sa responsabilité de penseur». Voila pourquoi «il projette (...)

massivement son propre pensé dans une philosophie mythique qu'il attribue à son peuple, se retranchant ainsi derrière son autorité».

Je n'admettais guère, à cette époque, l'idée d'une pensée collective:

> «Une collectivité ne pense pas, du moins pas au sens propre. Ce qu'on appelle 'opinion publique' n'est jamais que la résultante, statistiquement déterminée, des contradictions entre d'innombrables opinions «privées», La conscience collective n'est jamais qu'un 'mythe'. A plus forte raison une philosophie collective, pourvu qu'on admette que la philosophie n'est pas récit, mais création; qu'elle ne consiste pas à raconter des histoires ou à répéter des choses entendues, mais à contester, expliquer, interpréter en vue de transformer».

Est-ce à dire que l'Afrique précoloniale fut intellectuellement une table rase? Point du tout. Je plaidais au contraire pour une approche moins réductrice, qui s'attachât à restituer la richesse, la complexité, la diversité interne de notre héritage intellectuel, aux lieux et place de ce plus petit commun dénominateur philosophique, propose par les ethnologues. Par-delà les généralisations hâtives sur *la* pensée africaine au singulier, il fallait retrouver, dans notre passe comme dans le temps présent, ceux que l'on considérait ou que l'on considère comme des guides spirituels, reconstituer les grandes discussions, les débats d'idées entre ces maîtres à penser, entre eux et leurs disciples, entre eux et leurs contradicteurs, la confrontation féconde où s'articule une histoire.

Du coup, devenait incontournable la question de l'écriture: dans quelle mesure pouvait-on concevoir une histoire de la pensée africaine en l'absence d'une écriture qui eut permis aux différentes doctrines de se situer les unes par rapport aux autres? Je ne faisais que poser le problème et exprimer mes doutes a cet égard, sans prétendre apporter une solution. Je concluais cependant à la nécessite de tirer aujourd'hui le meilleur parti possible de notre accès à l'écriture, aux fins d'une confrontation intellectuelle élargie et en vue de promouvoir, d'une génération à l'autre, ce qui pourrait devenir, au sens actif du mot, une véritable *tradition*.

Un « Ensemble De Textes»

Dans cet expose de Copenhague sont déjà en place, présentes sans détours ni précautions oratoires, les éléments essentiels d'une critique de ce que je devais appeler, peu après, l'ethnophilosophie.

De retour à Paris, je me suis vu confier par Alioune Diop le soin de créer une rubrique philosophique dans la revue *Présence africaine*. Je souhaitais, dans le choix des articles, faire preuve d'une grande ouverture, mais aussi d'une parfaite clarté au niveau des principes. J'ai tout de suite prévenu: je refuserais tout article qui se contenterait de philosopher en troisième personne en proposant, au lieu et place de prises de position théoriques, argumentées et responsables, une hypothétique reconstruction de quelque pensée collective. De ce point de vue, l'article d'Eboussi-Boulaga, «Le Bantou problématique», venait au-devant de mes vœux. J'eus le bonheur d'ouvrir, avec ce texte intelligemment iconoclaste, et au prix de quelques discussions, parfois peu amenés mais toujours, finalement, ami cales, avec la direction, le «Dossier philosophique» de *Présence africaine* (Eboussi-Boulaga, 1968).

Alioune Diop m'a aussi demandé d'animer la «Commission interafricaine de philosophie» de la Société Africaine de Culture (S.A.C.). Je l'ai fait avec amour. La Commission était composée en majorité d'étudiants avances, préparant une thèse ou un mémoire en philosophie, en histoire, en anthropologie ou dans quelque autre science sociale ou humaine. Chacun parlait de ses travaux et s'efforçait d'y intéresser les autres. Certaines de mes amitiés les plus solides et les plus durables remontent à cette époque. Nous étions par ailleurs à l'affut des intellectuels noirs de passage à Paris, et les invitions volontiers. Marcien Towa a conduit, dans ce cadre, une discussion particulièrement animée sur Senghor, en prélude a la critique passablement féroce qu'il devait faire paraitre peu après (Towa, 1971a). Nous publiions un *Bulletin de liaison* qui, n'ayant d'autre ambition que pédagogique, était diffusé, avant tout, dans les lycées d'Afrique noire francophone à l'intention des élèves de Terminale.

Tandis que se développait cette pratique de la discussion plurielle, le besoin s'est fait sentir, progressivement, d'adopter de façon consensuelle un texte très bref qui énonçât l'essentiel de notre méthode et de nos présuppositions communes, quelque chose comme une charte ou un manifeste. Ce texte, finalement publie en 1969 sous le titre «Base théorique de travail de la Commission interafricaine de philosophie», devait malheureusement conduire a un conflit ouvert entre la commission et l'administration de la Société africaine de culture et, d'incompréhension en incompréhension, a la démission collective de la commission (S.A.C., 1969).

En me demandant une contribution pour ses *Chroniques de philosophie,* Raymond Klibansky m'a amené, sans le savoir, a réfléchir de façon plus pointue au sens qu'il fallait donner, dans la ·perspective d'une histoire mondiale de la philosophie, à l'expression «philosophie africaine». Depuis Copenhague, mon choix était fait: il ne fallait comparer que ce qui était comparable - non une sagesse à une philosophie, mais une sagesse à une sagesse et, le cas échéant, des philosophies entre elles. Je refusais par principe, en ce domaine, toute confusion des genres, tout glissement conceptuel. La philosophie africaine, si l'expression pouvait avoir un sens, devait exister historiquement sur le même mode que toutes les philosophies du monde: sous la forme d'une littérature.

Or il se trouve qu'une telle littérature existe: l'ouvrage de Kagamé l'atteste, et il n'est pas le seul. Il fallait donc la prendre en compte, en reconnaitre la force et les faiblesses, les grandes orientations, les courants dominants et, le cas échéant, les courants marginaux et les contre-courants, bref, appliquer à cette littérature le même traitement qu'à toute littérature philosophique dans le monde.

C'est un tel traitement qui est esquisse dans «Le problème actuel de la philosophie africaine» (Hountondji, 197Ia). Le problème de cette philosophie, sa difficulté de lecture résidait, amés yeux, par-delà a ses thèmes explicites, dans sa méconnaissance d'elle-même, son auto dénégation, son effort pour se rendre imperceptible et s'effacer le plus complètement possible au profit d'un objet qui n'aurait pourtant jamais existe sans elle: la vision du monde des Africains. Le problème, c'était «l'absence, à travers les longues analyses consacrées a cette "philosophie africaine", de toute interrogation relative au statut de ces analyses elles-mêmes; l'absence, dans un discours qui se voulait purement descriptif, de toute question portant sur sa fonction».

Je faisais, pour ma part, l'hypothèse inverse: la philosophie africaine proprement dite, c'était moins la vision du monde des Africains, que le discours qui tentait de la restituer; moins une pensée collective implicite, muette et à la limite, inconsciente, que le travail intellectuel qui prétendait en rendre compte.

A mes yeux, ce n'était pas un hasard si *La philosophie bantoue* avait été écrite par un Européen et destinée, de l'aveu même de l'auteur, à un public européen: J'ouvrage n'avait son sens, en effet, qu'à l'intérieur d'un débat interne à l'Occident, ou le missionnaire belge, en désaccord avec la thèse du prélogisme, a cru devoir opposer à un certain discours ethnologique un autre type de discours. J'observais, du même coup, qu'en reprenant à leur compte cette préoccupation, les intellectuels africains, à leur tour, prenaient position dans un débat européen auquel leurs peuples n'avaient aucune part, et développaient forcement, dans ces conditions, un discours extraverti.

Ce n'était pas un hasard non plus si *La philosophie bantoue* avait été écrite par un prêtre, et si les successeurs africains de Tempels se recrutent aussi, en majorité, dans les milieux ecclésiastiques: la reconstitution de la vision du monde bantu n'était qu'une étape vers la conversion du païen, un moyen de reconnaitre ses convictions les plus profondes pour mieux les transformer.

J'attribuais à l'attrait du jeu, à la fascination de l'inconnu, le succès étonnant de ce livre auprès d'authentiques philosophes européens et les éloges dont ces derniers ont cru devoir le couvrir, sur la sollicitation, il est vrai, de l'éditeur africain. Que Bachelard, Lavelle, Gabriel Marcel, Jean Wahl, Camus et d'autres encore aient pu admettre, sans sourciller, la thèse d'une philosophie collective, au mépris de leur propre pratique philosophique, qui n'eut jamais été possible sans une pensée personnelle, méthodique, responsable et un souci constant de justification théorique, voilà qui pouvait, à première vue, inquiéter, mais devenait parfaitement compréhensible eu égard au contexte idéologique et politique de l'époque.

Je prenais acte de la persistance de ce mythe chez les auteurs africains les plus divers: A. Kagame, A. Adesanya, A. Makarakiza, F. M. Lufuluabo, V. Mulago du Congo-Kinshasa (que je prenais à tort pour un Camerounais), B. Fouda, J.-C. Bahoken, entre autres. La philosophie africaine, c'était d'abord cela: l'ensemble des travaux consacrés à la définition d'une vision du monde africaine, marques au coin d'une regrettable inconsistance théorique, mais dont il fallait d'abord prendre acte. Comme il fallait prendre acte des textes africains qui allaient à contre-courant de ce mythe: ceux de Césaire, Africain de la diaspora que je n'avais aucun mal à réintégrer, de Nkrumah, d'Eboussi-Boulaga et de la Commission interafricaine de philosophie. Nous nous tenions alors dans ce que j'appelais, d'un terme althussérien, une «coupure théorique», née d'une exigence nouvelle dont il fallait bien reconnaître la nature politique et qui, aux lieu et place de cette tentative laborieuse pour réhabiliter la culture africaine en présentant au monde une philosophie constituée, prescrivait à notre discipline une tâche nouvelle: «celle de contribuer, directement ou indirectement (...) à la prise de conscience des réalités africaines et à leur mise en question révolutionnaire» (S.A.C., 1969).

On le voit: nous étions, mes collègues et moi, militants jusqu' au bout des ongles, mais sans aucun dogmatisme. J' exprimais assez fidèlement, je pense, un sentiment général au sein de la commission lorsque, dénonçant l'extraversion du discours philosophique traditionnel, je reconnaissais a ce phénomène une origine politique et souhaitais voir «instaurer en Afrique un débat théorique autonome, qui soit maître de ses problèmes et de ses thèmes au lieu d'être simplement (...) un appendice lointain des débats théoriques occidentaux», Il fallait «substituer au discours habituel *sur* l'Afrique, le discours *de* l'Afrique elle-même, avec ses incertitudes, ses hésitations et ses désaccords internes». Or, dans la mesure où cette autonomie culturelle suppose une réelle indépendance économique et politique, l'exigence philosophique rencontrait, en s'approfondissant, toute une série de préoccupations extra-philosophiques. La encore, Fanon et Césaire montraient la voie.

Je ne sais plus dans quelles circonstances j'ai été amené à soumettre à Jean d'Ormesson, alors secrétaire général du Conseil international de la philosophie et des sciences humaines (CIPSH) et à la rédaction de *Diogène,* revue publiée sous les auspices du Conseil, une version remaniée du texte que je venais d'écrire à l'invitation de Jacques Havel. L'article plut, et fut publié dans le numéro 71 du troisième trimestre 1970, peu avant L'expose de Copenhague, paru la même année, et la contribution à l'ouvrage de Klibansky, parue L'année suivante.[14]

Je savais d'ailleurs que ces deux derniers textes, même après parution, ne seraient jamais connus du grand public. Je pouvais donc, sans scrupules excessifs, en reprendre les grands thèmes à l' intention du lectorat de *Diogène*.

Par rapport au contenu, les «Remarques sur la philosophie africaine contemporaine» n'apportaient rien de plus que l'expose de Copenhague (Hountondji, 1970d). Elles avaient même en moins toute la réflexion préliminaire sur le rôle de la philosophie et la responsabilité du philosophe en Afrique. Mais, outre que le propos était illustré par une «bibliographie minimale» qui attestait, sans discussion possible, l'existence d'une littérature philosophique africaine, les formules étaient peut-être plus tranchées, les

---

14 Paul Ricoeur, rapporteur de la section IV sur «La philosophie», des *Tendances principales de la recherche dans les sciences sociales et humaines,* 2e partie (Havet, 1978, t. 2: 1 125- 1 622), a eu la bonté de mentionner cette contribution, pp. 1135 et 1581.

concepts mieux affinés et l'exposé plus clair. Les lecteurs furent d'abord frappés par la décision abrupte sur laquelle s'ouvrait l'article:

> «J'appelle *philosophie africaine* un ensemble de *textes:* l'ensemble, précisément, des textes écrits par des Africains et qualifiés par leurs auteurs eux-mêmes de «philosophiques» (Hountondji, 1970d: 120).

Pétition de principe? Je m'en défendais, bien sûr. Je voulais seulement m'en tenir, provisoirement, à la déclaration d'intention d'auteurs qui entendaient intervenir, par leurs écrits, dans un champ reconnu, par convention, comme celui de la philosophie. Je voulais prendre acte du *fait* de leurs écrits, en dehors de toute appréciation et de tout jugement de valeur.

Je ne prétendais pas non plus spécialement réduire cette littérature aux seuls textes écrits, bien que la référence à l'écriture m'ait spontanément, pour ainsi dire, échappé. Les textes écrits avaient sans doute le mérite d'exister, d'une existence matérielle incontestable, d'une existence qui crevé l'œil. C'était cependant leur seul privilège. La définition proposée devait s'entendre comme une délimitation minimale. Elle n'excluait pas des élargissements ultérieurs qui prendraient en compte les textes oraux, élargissements d'ailleurs clairement suggères dans cet article même, en note 19, à propos d'Ogotemmeli, le vieil interlocuteur de Griaule. Les textes oraux sont encore, cependant, des textes, des discours explicites - ce que Kagame appelait des «documents institutionnalisés». La définition minimale excluait par conséquent l'idée d'une philosophie implicite, inarticulée. Elle indiquait le seul lieu possible d'émergence de la philosophie, son genre le plus général: la parole humaine consciente. Le lecteur se voyait ramené sur terre sans préavis et sans ménagement, après la débauche d'hypothèses et de conjectures auxquelles il était habitué sur la «philosophie africaine». Littéralement, il tombait des nues.

J'utilisais en outre pour la première fois dans cet article le mot «ethnophilosophie» pour désigner un genre plus particulier, auquel appartient *La philosophie bantoue*. Soucieux de dissiper les équivoques et de distinguer, pour des raisons de clarté, des termes habituellement confondus, je proposai d'écrire *«philosophie,* entre guillemets, pour designer la vision du monde collective, *philosophie* tout court, sans guillemets, pour designer la discipline et *ethnophilosophie* pour designer cette forme de philosophie (cette branche de la discipline) qui s'affaire à reconstituer une «philosophie» (une vision du monde).

Pour le reste, l'article de *Diogène* reprenait en substance les deux textes précédents, restes jusque-là inédits: analyse de *La philosophie bantoue,* rappel de la critique de Césaire, confrontation entre Tempels et Kagame, enfin conclusion sur la nécessite de rompre avec l'extraversion et sur les préalables politiques d'une libération du discours théorique.

La rédaction de la revue avait cependant remarque mon silence total sur un auteur français qu'on ne pouvait ignorer, Marcel Griaule. L'oubli était volontaire: Griaule m'embarrassait davantage que Tempels. J'ai néanmoins accepte de réparer l'omission en indiquant en note quel était à mes yeux, par rapport à *La philosophie bantoue,* le mérite de *Dieu d'eau: entretiens avec Ogotemmêli,* S'assignant volontairement l'humble tâche de secrétaire, de dépositaire, de transcripteur de la vision du monde *d'un* sage nègre, *d'un* maitre spirituel parmi d'autres, l'ethnologue français donnait l'exemple de la patience scientifique et à mes yeux, faisait œuvre plus utile que les ethnophilosophies proprement dits, pressés d'atteindre des conclusions définitives sur *la* philosophie africaine en général (Griaule, 1948).

Je devais plus tard nuancer considérablement cette appréciation et, sans mettre en cause le projet d'une solide recherche sur les littératures orales, reconnaitre cependant le rôle incontournable de l'écriture non seulement dans la transmission, mais dans la formation même de la pensée philosophique et, plus généralement, scientifique - confirmant ainsi, au terme d'un long et sinueux détour, cette valorisation de l'écrit spontanément opérée dans ma première définition.

Pour l'instant, je n'en étais pas là. Il me suffisait d'avoir fait justice du mythe pesant, encombrant, d'une philosophie à la fois collective et implicite.

Développements

L'article de *Diogène* eut un écho considérable. Je devais en faire six ans plus tard, en 1976, le premier chapitre de *Sur la «philosophie africaine»* sous le titre: «Une littérature aliénée».

De l'article au livre, il y eut cependant d'autres textes, dont quelques-uns seulement pouvaient être repris dans le recueil. Une partie substantielle de ces textes n'avait qu'un but: préciser les contours du nouveau concept de philosophie africaine, en dégager la signification polémique, le sens et les implications, montrer sur quels refus et inversement, sur quelles hypothèses, sur quelles certitudes, sur quelles espérances est construit ce concept, rendre explicite ce qui, dans sa première formulation, n'était encore qu'implicite.

L'article rédige en 1970, sur la lancée du précèdent, et public seulement quatre ans plus tard sous le titre: «Histoire d'un mythe», avant d'être repris avec quelques modifications au chapitre 2 du livre, est resté longtemps dans mes tiroirs justement parce qu'à mes yeux, il n'apportait rien de vraiment nouveau (Hountondji, 1974b; 1976: 39-50). J'ai pourtant fini par le publier comme «le témoin passionné d'un refus, l'expression directe et sans nuances d'une rupture dont la fécondité ne devait pas tarder à apparaître, à travers les nouvelles tâches (pratiques) et les nouvelles directions de recherche (théoriques) qui se sont, depuis lors, imposées» (Hountondji, 1974b: 3).

De fait, si cet article n'a été, en effet, qu'une sorte d'épilogue au texte de *Diogène,* cet épilogue éclaire d'une manière nouvelle l'analyse précédente et en commente les résultats dans un langage clair et sans concessions. Ce n'est pas un hasard si Jacques Howlett, attentif à ce discours de la rupture, a cette volonté de «libérer la créativité théorique» des peuples africains, et comparant cette orientation au projet d'herméneutique culturelle défendu par le Nigérian Theophilus Okere, a pu écrire, dans le même numéro de *Présence africaine,* cette phrase sibylline qui devait faire le bonheur d'autres commentateurs au Zaïre - ce que lui-même, évidemment, ne pouvait prévoir:

«La distance entre P. Hountondji et Th. Okere est celle entre un *philosophe* africain et un *Africain* philosophe» (Howlett, 1974: 24).

Un autre épilogue du même genre, c'est «Le mythe de la philosophie spontanée», texte qui devait initialement former le premier chapitre d'un *Manuel de philosophie* jamais réalise, et dont j'ai fait en définitive un article du numéro de lancement des *Cahiers philosophiques africains* (Hountondji, 1972).

Différents par leur style et leur destination, ces deux articles avaient en commun, d' abord de distinguer soigneusement un sens large et un sens étroit, un usage populaire et un usage rigoureux du mot «philosophie». Ils avaient aussi en commun la thèse d'une parenté générique entre la philosophie en tant que discipline théorique et les sciences en général, l'insistance sur la rigueur méthodique des démarches conceptuelles, par quoi la philosophie se distingue de la pensée spontanée et s'apparente à ce qu'il est convenu d'appeler la science. Enfin ils avaient en commun un althussérisme déclare, manifeste, d'une part, à travers l'opposition entre l'idéologique et le scientifique, le premier terme étant affecte d'une connotation péjorative et le second d'une connotation positive, et d'autre part, dans la conception de la philosophie elle-même comme théorie de la science.

Je trouvais éclairante, à plus d'un titre, la thèse alors soutenue par Althusser, d'un «rapport privilégié» de la philosophie aux sciences, en quoi résiderait «da détermination spécifique de la philosophie». Althusser l'avait formulée en 1967 dans son «Cours de philosophie pour scientifiques», qui ne devait paraître que sept ans plus tard, mais dont une première mouture circulait déjà sous forme polycopiée (Althusser, 1974b: 65). Je faisais bon marché des nuances du maître qui prévenait, dans le même cours, que la philosophie n'avait pas d'objet comme les sciences, mais des enjeux. Pour moi, comme pour tout disciple presse, les choses étaient plus simples: la philosophie différait de la pensée mythique à la fois par sa méthode et par son objet.

Enfin et surtout, ces textes avaient en commun de réexprimer avec force quelques-uns des refus, quelques-unes des colères[15] qui fondent la critique de l'ethnophilosophie. lis développent, a la suite de l'article de *Diogène,* une sorte de «psychanalyse de la conscience ethno philosophique[16] en reconnaissant, derrière ce discours identitaire du philosophe africain, un «désir de paraître» qui se prend aisément à son propre piège et «se creuse toujours davantage, jusqu'à s'aliéner» dans une dépendance complète vis-à-vis de l'Autre» (Hountondji, 1976: 34); un désir dont l'effet est de «mettre provisoirement en

---

15 Le mot est de Canguilhem. Se souvenant sans doute d'ure critique de l'eurocentrisme esquissée en conclusion de de ma « leçon d'agrégation. », il m'encourageait l'année d'après en ces termes: « Vous ferez une bonne thèse parce que vous avez des colères », J'avais tire comme sujet pour cette « leçon » (l'épreuve d'oral la plus importante) : « Le développement comme concept sociologique ». Je me souviens, en outre, d'avoir un jour informé le maitre de la Rue du Four de mon projet d'écrire pour. « Présence africaine», en collaboration avec deux collègues (Jacques Howlett et Amadou Seydou), un manuel de philosophie pour l'Afrique. Apres quelques secondes de silence, il réagit en ces tenues: « une manuel de philosophie doit être *dogmatique*». Venant de Canguilhem, il est clair qu'une telle sentence ne pouvait être une invitation ni à l'intolérance, ni à quelque ronronnement catéchistique, mais à cette rigoureuse cohérence qui conditionne l'unité de pensée ct qui est le contraire de l'éclectisme. Le manuel en question, malheureusement, ne devait jamais voir le jour.

16 L'expression est de Mamousse Diagne (Diagne, Mamoussé, 1976)

veilleuse (le) savoir conceptuel, recouvrant pour un temps (de son) bruit (...) le langage de la science»; désir de réhabilitation, drame de la reconnaissance qui peut conduire à «faire feu de tout bois» en recourant aux arguments les plus équivoques, les plus faciles à retourner en leur propre contraire.

Inconséquence ruineuse qui, «depuis vingt ans au moins» (nous dirions aujourd'hui: depuis plus de quarante ans), nous fait perdre un temps précieux «a essayer de codifier une pensée supposée donnée, constituée, au lieu de nous jeter simplement à l'eau (...) pour penser des pensées nouvelles». Mouvement de repli absolument stérile qui nous fait encore, en fait, «prisonniers de l'Europe», dont nous cherchons toujours, aujourd'hui comme hier, à forcer le respect et nous amène à «figer», a «momifier» nos cultures «en en faisant des objets de consommation externe, des objets de discours, des mythes»:

> «Et nous ne trouvons au bout du chemin que cette même platitude, cette misère étalée, ce renoncement tragique à penser par nous-mêmes et pour nous-mêmes: l'esclavage» *(Ibid.: 44)*.

Freud était à la mode. Le séminaire de Lacan, accueilli par Althusser a L'Ecole Normale Supérieure où il se déroulait, salle Dussane, tous les mercredis (si j'ai bonne mémoire) à l'heure du café, avait rendu incontournable, pour quantité de Normaliens de l'époque, la théorie de l'inconscient et, bien que je l'aie seulement suivi en amateur et de façon intermittente, m'avait amené à lire ou relire Freud, d'ailleurs avec délectation. Je crois cependant que j'ai été influence, davantage que par cette fréquentation épisodique des cercles lacaniens, par l'usage que Frantz Fanon faisait des concepts freudiens en les appliquant, d'un bout à l'autre de son œuvre, à une sorte de «socio pathologie»: à un diagnostic des comportements collectifs anormaux, des formes, visibles et invisibles, de l'aliénation culturelle.[17]

Par-delà cette psychanalyse, qui devait d'ailleurs se poursuivre dans des textes ultérieurs, les deux articles tirent une fois de plus la conclusion d'un «fait massif»: le fait que *La philosophie bantoue* ne s'adressait, de son propre aveu, qu'à un lectorat européen ou, plus généralement, occidental. Ils

---

17 Cette dette envers Franz Fanon avait été clairement reconnue dans «Charabia et mauvaise conscience » (Hountondji, 1967: 16).

articulent sur ce constat une critique de l'exclusion, sous sa forme scientifique qui consiste à exclure les peuples africains des débats théoriques qui les concernent Ils montrent comment l'exclusion scientifique renvoie à une exclusion politique, et dans le cas d'espèce, comment la double problématique de la «mission civilisatrice» de l'Europe, et inversement, du «supplément d'âme» attendu des cultures bantu n'a de sens que comme «problématique idéologique de l'impérialisme triomphant» (Hountondji, 1976: 42).

L'exclusion pratiquée par l'homme de science européen devient, lorsqu'elle est prise en charge par l'intellectuel africain, extraversion. Là encore, les· deux articles développent une critique amorcée dans l'article de *Diogène* et montrent comment la destination non africaine du discours philosophique africain explique, au moins en partie, la tendance de ce discours à accréditer les mythes les plus fantaisistes ou, à tout le moins, à durcir les angles, à accuser les différences entre pensée africaine et pensée occidentale.

La lutte contre l'extraversion intellectuelle suppose la création, en Afrique, d'un espace autonome de réflexion et de discussion théorique, indissolument philosophique et scientifique. Seul un tel espace pourra permettre une participation effective des peuples africains - et pas seulement de quelques individualités d'origine africaine - aux débats qui les concernent. La libération intellectuelle sera à ce prix.

La critique de l'exclusion et de son corollaire, l'extraversion, amorce ainsi un plaidoyer passionne pour un monde pluriel, où les périphéries actuelles commenceraient enfin à se suffire et deviendraient progressivement, à leur tour, des centres de décision a cote d'autres centres de décision, dans un système égalitaire d'interdépendance généralisée.

En même temps que l'exclusion, est mise en cause l'illusion d'intemporalité liée à toute lecture réductrice des civilisations africaines, la tendance à les momifier, à les vider de leur histoire, de leur évolution, de leur diversité, de leurs tensions créatrices. Est ainsi exigée la prise en compte du dynamisme interne des cultures africaines, et en particulier, du pluralisme des croyances et systèmes de croyances véhicules par ces cultures.

Cette critique passionnée débouche cependant sur une question éminemment pratique: que faire? Au-delà des formules enflammées qu'on pourrait trouver, ou trop générales, ou trop tranchées, une tache précise est indiquée: organiser en Afrique «un débat autonome, qui ne soit plus un appendice lointain des débats européens, mais qui confronte directement les philosophes africains entre eux». En fait, cette tâche est double. Il faut à la fois libérer la parole individuelle et confronter, mettre en relation, les paroles multiples ainsi lâchées; sortir la pensée de son ghetto africaniste en lui reconnaissant le droit de s'intéresser, à l'occasion, à autre chose que l'Afrique - par exemple à Platon, à Marx, «à l'héritage théorique de la philosophie occidentale pour l'assimiler et le dépasser», et dans le même temps, faire en sorte que chaque penseur trouve dans sa propre société ses premiers interlocuteurs et partenaires, et donne priorité au débat horizontal, interafricain, sur l'échange vertical avec les philosophes et intellectuels des métropoles occidentales: forme scientifique de ce qu'on appelle aujourd'hui, dans le langage de la bureaucratie internationale, la coopération sud-sud.

L'exposé de Nairobi, «African philosophy, myth and reality», reprend et précise la distinction entre un «concept vulgaire» et un «nouveau concept» de philosophie africaine (Hountondji, 1974a). En outre, dans sa version remaniée, réécrite en français pour devenir, sous le titre: «L'idée de philosophie», le troisième chapitre de *Sur la «philosophie africaine»*, il renchérit sur les refus et les «colères» déjà exprimés dans les textes précédents.

En illustrant par une abondante liste de publications chacune des deux visions de la philosophie africaine, l'exposé propose, du même coup, une grille de lecture et un principe de classification d'un corpus assez particulier, auquel on n'avait guère, jusque-là, prêté attention en tant que corpus.

Pour être plus précis, on a affaire a *deux* corpus: l'un, dont l'unité est celle d'un courant (le courant ethnophilosophique) et repose sur une inspiration, une thématique, une approche théorique et méthodologique communes; l'autre dont l'unité est extrinsèque et ne réside ni dans des présuppositions, ni dans une méthodologie communes, mais dans l'appartenance à un même lieu de production, donc dans une sorte de voisinage accidentel par rapport au contenu même du corpus, en d'autres termes, dans la commune relation des différentes composantes du corpus a un même support géographique.

L'unité de L'ethnophilosophie, comme projet de reconstitution des visions du monde des peuples dits primitifs, est évidente par elle-même. A vrai dire, je ne m'intéressais pour l'instant qu'a l'application de ce projet a l'Afrique, illustrée non seulement par Tempels, mais par de nombreux auteurs européens ct un nombre sans cesse croissant d'auteurs africains. Les exemples que je citais étaient forcement discutables: il y a toujours quelque injustice à catégoriser un auteur ou une œuvre en en privilégiant une facette au détriment des autres. Tous n'étaient pas aussi simples que Tempels ni aussi faciles à classer. Mais par-delà leur apport, parfois considérable, par-delà leur richesse et leur complexité, les nuances importantes et la distance, parfois énorme, qui les séparent,[18] les auteurs cites avaient en partage, a des degrés divers, l'hypothèse d'un «système de croyances permanent, stable, réfractaire a toute évolution, toujours identique à lui-même, imperméable au temps et à l'histoire». Ils avaient en commun un effort passionné pour «retrouver, sous les diverses manifestations de la civilisation africaine, sous le flux de l'histoire qui emporte bon gré, mal gré, cette civilisation, un sol dur et stable qui put fonder des certitudes (...), un substrat métaphysique particulier, permanent, inaltérable» (Hountondji, 1976: 58, 60-61).

Dans L'unité de ce courant, cependant, par-delà la solidarité théorique d'auteurs d'origines diverses explorant le même champ thématique, j'ai cru devoir distinguer spécialement les auteurs africains. Pourquoi? Leurs travaux n'étaient pas forcement meilleurs ni mieux informes. Ils portaient sur le même objet et reposaient sur les mêmes présuppositions méthodologiques que ceux des africanistes d'autres origines. Pourtant, une «ligne de démarcation» restait possible et nécessaire «parce que, s'agissant de philosophie africaine, nous faisons jouer, par hypothèse, la variable géographique, comprise ici comme variable empirique contingente, extrinsèque au contenu ou a la signification du discours, et ceci, indépendamment de la question des *solidarités théoriques*» (Hountondji, 1976: 67).

Selon une telle lecture, J'ouvrage de Tempels appartient à la littérature scientifique européenne, comme J'anthropologie en général, qui traite pourtant des sociétés non occidentales, reste un avatar de la science occidentale. Par contre, les travaux des auteurs africains cites appartiennent à la littérature scientifique africaine. Décision arbitraire que ce partage dans un corpus théoriquement homogène? Une telle division de la littérature ethnophilosophique n'avait ni à être justifiée, ni à être réfutée. Il suffisait,

---

18 Je citais, pour illustrer mon propos, d'abord des auteurs européens: Tempels, Griaule, Germaine Dieterlen, Dominique Zahan, Louis- Vincent. Thomas; puis des ecclésiastiques africains: Kagame, Makarakiza, Mahona, Rahajarizafy, Lufuluabo, Mulago, Jean-Calvin Bahoken, John Mbiti; enfin, des laïcs africains: Senghor, Adesanya, William Abraham, Nkrumah, Alassane N'Daw, Basile-Juleat Fouda, Prosper Laleye, J. O. Awolalu, Germain de Souza

pour l'effectuer, d'un mouvement du regard. Personne n'y est oblige. Personne, non plus, ne peut se le voir reprocher.

Une fois opère cependant ce partage, une fois dégage le terrain africain comme lieu de production scientifique, il reste à le circonscrire et à en caractériser plus tintement la production. Alors, et alors seulement on s'aperçoit que sur ce terrain coexistent, dans le secteur de la philosophie, à cote du courant ethnophilosophique, quantité de travaux orientes autrement. Les uns s'en prennent ouvertement a la méthode et aux présuppositions de l'ethnophilosophie; d'autres, se tenant à l'écart de cette polémique, développer une réflexion sur (ou à partir) des auteurs et des œuvres de la philosophie occidentale, ou plus généralement non africaine; d'autres, enfin, s'attachent à élucider des concepts, des questions philosophiques de portée universelle et sans rapport privilégie ni avec L'Afrique, ni avec quelque autre civilisation.[19]

Le retour au réel fait ainsi voler en éclats un des mythes fondateurs de l'ethnophilosophie: le mythe de l'unanimité primitive, l'idée que, dans les sociétés «primitives», tout le monde serait d'accord avec tout le monde, d' où il suit qu'il ne saurait y avoir, dans de telles sociétés, des philosophies individuelles, mais seulement des systèmes de croyances collectifs. En fait, une lecture non prévenue de la production intellectuelle existante révèle autre chose. Le terrain africain est pluriel, comme tous les terrains, d'une virginité accueillante, ouverte à tous les possibles, à toutes les virtualités, annonciatrice de toutes les contradictions et de toutes les aventures intellectuelles, comme tous les lieux de production scientifique. Il peut y naitre le meilleur et le pire. Rien n'enchaîne à l'avance la liberté du continent, pas plus dans le domaine de la pensée que dans le domaine de l'action. D'ou l'espérance. D'où, aussi, la responsabilité

Ainsi, le préjuge unanimiste ne résiste pas à l'examen. Il suffit d'ouvrir les yeux et de tendre l'oreille: pas plus en Afrique qu'ailleurs, tout le monde ne

---

19 Je citais comme exemples toute une kyrielle d'articles et de travaux dus à des auteurs de ma génération, ou proches de ma génération, tels que F. Eboussi-Boulaga, Marcien Towa, Henry Oruka Odera *(alias* Odera Oruka), Slanislas Adotevi, J. E. Wiredu *(alias* Kwasi Wiredu), Idoniboye, Elungu, Aloyse-Raymond N'Diaye, Tharcisse Tshiballgu, Njoh Mouelle. Je revendiquais en outre comme partie intégrante de cette littérature, les travaux d'Amo au XVIIIe siècle. Ces exemples, bien entendu, n'avaient qu'un rôle d'illustration et ne se prétendaient nullement exhaustifs.

saurait être d'accord avec tout le monde. Le pluralisme est d'abord un fait. Il ne s'invente pas, mais se constate. La diversité existe. Mieux: cette diversité n'est pas forcément un mal, elle est au contraire, dans la vie de l'esprit, condition de la plus grande fécondité intellectuelle et de la plus intense créativité, pourvu qu'elle soit acceptée de bon cœur par les uns et les autres - ce qui s'appelle la tolérance - et mise à profit dans un véritable esprit de recherche.

De la sorte, la pluralité culturelle, d'abord simplement constatée, peut être valorisée, voire érigée en exigence. Cet éloge du pluralisme, à bien l'entendre, avait quelque chose de subversif.[20] Ce qui m'intéressait cependant d'abord, c'était d'en tirer les conséquences sur le plan méthodologique: ni dans le passe, ni de nos jours, l'unanimité postulée par les ethnologues n'a jamais existé. Il faut, de ce point de vue, entreprendre une relecture des cultures africaines dites traditionnelles pour en découvrir les dynamismes, les déséquilibres, les tensions internes, par-delà les permanences sur lesquelles l'anthropologie classique avait globalement, jusque-là, insistent de façon unilatérale. Il faut, de même, reconnaitre la dialectique interne, le pluralisme créateur à l'œuvre dans la culture africaine contemporaine et dans chacune de ses composantes (par exemple, la philosophie). Il faut enfin, une fois dissipée l'illusion unanimiste, tacher d'organiser, de construire le pluralisme de manière à en tirer tout l'avantage possible, tant sur le plan théorique que sur le plan pratique. Une communication présentée à Louvain-la-Neuve quelques mois avant celle de Nairobi, et reprise au chapitre VIII de *Sur la «philosophie africaine»*, examine de façon spécifique cette question du pluralisme culturel.

---

20 Virgile Tevoedjre, alors ambassadeur du Dahomey a Kinshasa, ne s'y est pas trompe lorsque, après avoir honoré de sa présence, un soir de 1970, une conférence publique que je donnais sur le campus, il me mit en garde fraternellement, le lendemain ou le surlendemain, contre l'interprétation politique à laquelle pouvait se prêter mon propos, dans un régime de parti unique ou la liberté d'expression était encore, à l'époque, un immense problème. J'avais déclaré sous les applaudissements d'un public enthousiaste: «La philosophie africaine sera pluraliste, ou ne sera pas. Le brillant diplomate avait vu le lièvre: ce pouvait rue, tout simplement, subversif.

IV

Histoire d'un Livre

Sur la «philosophie africaine» s'est écrit tout seul. Je n'avais pas prévu de faire un livre. Et quand Yves Bénot m'a suggère d'en écrire un, ce n'était pas celui-là. Mes amis de la gauche française attendaient plutôt un ouvrage politique qui approfondirait et développerait pour un public plus large, l'opuscule de circonstance que je venais de commettre à la suite du coup d'Etat du 26 octobre 1972 au Dahomey. Ce recueil d'articles avait connu localement un succès considérable que pouvait seule expliqué une soif immense de repères et d'analyses théoriques au sein de la population militante.

On aurait pu en effet reprendre et préciser ces analyses, faire le point de l'histoire du pays depuis l'indépendance, expliquer la cascade des coups d'Etat successifs et comment on en était arrivé à celui du 26 octobre, proposer une synthèse, évaluer les dangers, identifier des taches, bref, baliser un parcours prometteur mais semé d'embuches, avec le même souci critique, le même sens de la nuance et la même sensibilité internationaliste qui avaient fait apprécier *Libertés: contribution à la révolution dahoméenne* (Hountondji, 1973a).

Je ne me sentais pas d'attaque à entreprendre pareil ouvrage. J'étais en outre conscient qu'il n'aurait eu de sens, le cas échéant, que comme travail d'équipe sanctionnant une réflexion commune sur une commune expérience de lutte. On pouvait en prendre l'initiative, mais le résultat ne pouvait être immédiat.

Je me rendais compte, par contre, qu'avec les articles sur l'ethno-philosophie, les analyses inspirées par ces «colères» diagnostiquées par mon maitre Canguilhem et qui se développaient d'ailleurs à un rythme accélère a la faveur de l'effervescence dahoméenne, il y avait déjà matière a un livre. Je résolus d'en faire une sélection. Il fallait supprimer des redites, écrire des transitions, classer les articles dans un ordre qui en fit apparaitre la complémentarité et, le cas échéant, la progression, prévoir une conclusion. Au total, je retins huit articles dont un rédige en 1969 (et pub lie en 1970), deux autres en 1970 (publies respectivement en 1970 et 1974) et cinq en 1973 (publies en 1973 et 1974). Je les classai en deux parties intitulées respectivement «Arguments» et «Analyses». La première posait des questions de méthode et de clarification conceptuelle, développant du même coup les arguments de ma critique, la deuxième étudiait, à titre d'illustration, deux auteurs, Arno et Nkrumah, et dessinait les contours d'une vision nouvelle du pluralisme culturel, seule alternative cohérente à la réduction ethnophilosophique. Enfin j'ajoutai, en guise de conclusion, un «Post-scriptum».

Plus de neuf ans séparent l'expose de Copenhague et la publication de *Sur la «philosophie africaine »*. Le jeune agrège avait fait carrière entre-temps et plus encore, acquis une certaine expérience politique en exerçant successivement à Besançon, Kinshasa, Lubumbashi et Cotonou. Le livre paru chez Maspero fin 1976 ne se comprend pleinement qu'à la lumière de cette expérience.

Ancrage Politique

a) L'apprentissage du silence

Dans Kinshasa-la-belle, il faisait alors bon vivre. C'était la fête tous les soirs dans les dancings des quartiers populaires, avec des orchestres dont certains avaient conquis, dans toute l'Afrique, une juste célébrité. La joie de vivre cachait mal, cependant, la misère. Apres l'histoire mouvementée des premières années d'indépendance, la sécession katangaise, le meurtre de Lumumba, l'aventure nationale de l'ex-sécessionniste Tshombe, le pays vivait sous la botte d'un général «pacificateur», doté par ailleurs d'exceptionnelles qualités de tribun.

On imagine parfois à tort qu'aucune liberté d'expression n'est possible sous un tel régime, Je découvris très tôt, dès mon arrivée en 1970, que la presse pouvait parfaitement s'en prendre aux plus hauts dignitaires du régime *sauf un,* et que la meilleure manière de procéder était justement de s'en prendre a tous les autres au nom de la vraie pensée du généreux Père de la nation.

La propagande était active. D'énormes panneaux publicitaires affichaient, place Lumumba autour de l' échangeur de Limete, comme sur le boulevard du 30 juin et un peu partout dans la ville, quelques-uns des slogans et mots d'ordre officiels. J'étais surpris de lire sur l'un d'eux une citation attribuée à Mobutu: «Au commencement était l'action», Je ne pouvais m'empêcher de penser à Goethe: «Im Anfang war der Tat». Mais le sycophante de service avait dû oublier de consulter son dictionnaire de citations.

Le parti contrôlait l'Etat. Tout partait du président-fondateur et tout y ramenait: «Un seul chef, un seul parti, une seule nation!». La bonne vieille tradition africaine était fort opportunément invoquée, sollicitée, interprétée à l'appui de ce verrouillage politique. Nulle part mieux qu'au Zaïre je n'avais touché du doigt cette collusion du nationalisme culturel et de la dictature. Nulle part je n'avais vu le pouvoir faire un recours aussi massif et aussi explicite à la «philosophie» traditionnelle pour justifier ou camoufler les pires excès, les plus atroces violations des droits de L'homme.

En appelant les Zaïrois a être eux-mêmes et à revendiquer une identité culturelle menacée, la «philosophie de l'authenticité», doctrine officielle de l'Etat, situait en même temps cette identité au niveau le plus superficiel, le plus platement folklorique: chemise-veste aux lieu et place du trois-pièces ou du deux-pièces-cravates,[21] noms de terroir claquant haut et fort et devenus des postnoms, aux lieu et place des vieux prénoms européens, tout cela n'allait pas bien loin.

Si la promotion des grandes langues nationales, la maitrise et l'excellent maniement du lingala en particulier dans les discours-fleuves du «Guide», donnaient au Zaïre de l'époque une longueur d'avance, en matière de politique culturelle, sur plus d'un pays d'Afrique francophone, les messages véhicules n'étaient guère différents, pas plus que les pratiques politiques, sociales et économiques dissimulées derrière cette exaltation du moi collectif. Pire, ce moi n'étais pas que collectif. Il était censé s'incarner dans une Personne. La sacralisation du chef indiquait à tous les conditions du discours licite, qu'aucune critique ne pouvait mettre en cause. Ses humeurs avaient force de loi. La police politique se tenait prête, en permanence, à rafraichir la mémoire a toute personne qui serait tentée de l'oublier.

Sur le campus, cependant, une jeunesse studieuse, avide d'apprendre, intelligente et volontiers contestataire, majoritairement pauvre, mais digne. Création de l'Université catholique de Louvain, l'université Lovanium était la plus grande du pays a cote de l'Université libre du Congo (ULC), sous contrôle protestant, à Kisangani et de l'Université Officielle du Congo (UOC) sous contrôle de l'Etat à Lubumbashi.

Mais voici qu'en juin 1970, à l'occasion du premier anniversaire d'une manifestation de rue qui avait couté la vie à un des leurs, les étudiants de Lovanium organisent, dans Kinshasa, une marche du souvenir. Des tracts

---

21 C'est le fameux *abacost* (littéralement: à bas le costume!).

sont distribués, dont certains juges irrévérencieux pour le «timonier national» et, pire encore, pour la mémoire de sa mère qui venait de décéder. C'en était trop. Le timonier se fâche. Tous les étudiants de Lovanium sont aussitôt incorpores dans l'armée. Les trois universités n'en formeront désormais qu'une: l'Université Nationale du Zaïre avec trois campus, respectivement à Kinshasa, Kisangani et Lubumbashi.[22] Sitôt dit, sitôt fait. Nulle protestation, nulle contre-proposition, pas même de la communauté universitaire. Seuls les collègues nationaux auraient pu prendre l'initiative d'une démarche collective. Tout autre, même africain, eut été aussitôt, dans cette atmosphère marquée par un nationalisme frileux, indexé, vitupère pour ingérence dans les affaires intérieures du pays et bien entendu, expulsé avant même d'avoir pu se faire entendre.

J'appris à me taire. Nouveau venu dans le milieu et l'un des plus jeunes, j'observais. Ainsi fonctionnait, donc, la dictature. Une fois la peur intériorisée et crée l'environnement idéologique adéquat, le tyran peut dormir tranquille. Or, dans le cas d'espèce, l'idéologie c'était la doctrine de l'authenticité, dont les rapports avec l'ethnophilosophie me paraissaient limpides. Raison de plus pour poursuivre l'effort de déconstruction. A Lubumbashi où furent désormais regroupées les trois Facultés des Lettres, le travail intellectuel restait malgré tout possible. Il fallait s'y accrocher, sans perte de temps.

b) Le désir de révolution

Des que s'offrit, cependant, la possibilité de retourner dans le seul pays ou je pusse exercer sans restriction mes droits de citoyen, je ne me fis pas prier. Le Dahomey du «Conseil présidentiel», dirige par un triumvirat de trois leaders politiques contrôlant respectivement le sud, le centre et le nord du pays, entait en équilibre instable. Peu après mon retour éclatait, le 26 octobre 1972, un coup d'Etat militaire. En conclusion d'une proclamation lue, d'une voix encore mal assurée, sur les ondes de la radiodiffusion nationale par le représentant des putschistes, le Commandant Kerekou, ce dernier lançait:

---

22 Cette structure était ingérable, ne serait-ce qu'en raison des distances énormes entre les trois villes: une heure de vol entre Kinshasa et Kisangani, 1 h 50 minutes entre Kinshasa et Lubumbashi. L'Université Nationale du Zaïre devait éclater à la fin des années 70 en trois universités distinctes, les vice-recteurs des trois campus devenant recteurs, et le recteur, chancelier des universités.

«Vive la révolution!» La population jubilait, heureuse d'être débarrassée d'un régime que beaucoup disaient corrompu. Je pris congé de mes amis des universités d'Ife et d'Ibadan, et de feu Lamine Diakhate, le poète, mon aine de plusieurs années, mais vieil ami de «Présence africaine», alors ambassadeur du Sénégal à Lagos, chez qui j'étais en visite au Nigeria. Je regagnai mes «bases».

L'article du quotidien *Daho-Express* qui fit grand bruit à l'époque et auquel je dois d'avoir été, du jour au lendemain, connu dans tout le pays, ne m'avait été demande par personne. Rédige du 10 au 13 novembre 1972, «Qu'est-ce qu'une révolution?» fut une contribution personnelle et spontanée au grand débat national en cours, alors que les militaires, bien inspires pour une fois, avaient eu le reflexe, après leur putsch, d'inviter les «forces vives» du pays à se mettre ensemble pour leur proposer une orientation et un programme. Les mouvements de jeunes et autres organisations militantes réunis à cet effet à la Présidence de la République n'en finissaient pas de régler entre eux de vieux comptes et devaient d'ailleurs finir par se scinder en deux groupes travaillant séparément. Solitaire par habitude autant que par méthode, mais toujours à l'écoute, je pris d'abord ma plume en franc-tireur.

Ce qui a plu au public dans «Qu'est-ce qu'une révolution?», c'est d' abord, je crois, la démarche elle-même. Réflexion indépendante et peu suspecte de dogmatisme, l'article prenait acte du désir de révolution exprimé par les militaires. Observant qu'un sursaut national identique avait déjà, neuf ans plus tôt, suscite les mêmes espoirs pour finalement échouer, il mettait en garde contre la fascination des contremodèles (la Guinée de Sekou Toure, notamment, entait clairement visée sans être jamais nommée) et s'interrogeait sur ce que pouvait être, dans les circonstances d'alors, un changement radical.

L'analyse partait d'un diagnostic tout simple: le Dahomey de 1972 se caractérisait, politiquement, par la perte de toute souveraineté réelle, la mendicité internationale, la servilité devant les grandes et moyennes puissances, l'incapacité à tenir ses engagements financiers intérieurs et extérieurs, la reptation, le larbinisme. Economiquement, il restait une chasse gardée de l' ancienne métropole et ne paraissait avoir aucune stratégie de développement et de mise en valeur des ressources propres. Culturellement, il avait perdu toute confiance en soi, en ses cadres nationaux et en l'avenir collectif.

«L 'Etat dahoméen à rampe, rampe encore (...). Aux yeux du monde (...)

nous paraissons un peuple de reptiles, de larbins, de palabreurs impuissants» (Hountondji, 1972c).

C' est par rapport a cette situation que se dégageait, de lui-même, «le minimum» qu'une révolution put apporter: mettre fin a la honte, inscrire dans les faits l'indépendance formellement acquise douze ans plus tôt, s'assumer comme Etat souverain, prendre au sérieux la patrie; sur le plan économique, diversifier les partenaires internationaux, «prendre l'argent où il se trouve, c'est-a-dire dans notre sol et notre sous-sol» en veillant à «la mise en valeur effective et rapide de nos ressources insoupçonnées», promouvoir l'intégration sous-régionale et régionale, mais avant tout cela, reprendre confiance en nous-mêmes et «au génie collectif de nos trois millions d'intelligences».

Au total, «l'indépendance est possible»: il fallait recommencer à y croire. J'ajoutais cependant aussitôt: au même titre que l'indépendance, «la démocratie est possible». Le minimum que put apporter une révolution, c'était non seulement la restitution mais, mieux encore, la promotion effective des libertés à travers la mise en place, a tous les niveaux, de structures de dialogue et de concertation et, dans ces structures, une lutte sans merci contre les conformismes et les orthodoxies figées. Je défendais le droit à la parole du «citoyen ordinaire, (du) simple citoyen (...) éloigné de tous les arcanes du pouvoir, étranger à tous les cercles où se préparent souterrainement les coups de théâtre qui éclatent ensuite au grand jour». Je trouvais inadmissible ce qui m'apparaissait comme «la plaie de presque routes les organisations politiques ou syndicales que nous ayons connues (...) jusqu'ici», à savoir l'escamotage des discussions à la base, la monopolisation de l'information par les appareils de direction dont l'effet est d'accréditer le mythe de l'expertise des dirigeants, d'inhiber toute velléité de contradiction chez le militant de base et d'assurer le triomphe du dogmatisme.

La critique du centralisme était et reste une des grandes leçons du mouvement de mai 1968 en France et en Europe. J'avais été lecteur attentif de la littérature abondante, d'intérêt d'ailleurs très inégal, produite par le mouvement, et en particulier du *Gauchisme, remède à la maladie sénile du communisme* (Cohn-Bendit, 1968). Je ne crois pas que je fusse anarchiste, mais j'étais profondément d'accord avec cette forme d'iconoclasme, indispensable pour faire justice, en Afrique comme ailleurs, de la tentation permanente de sacraliser l'Etat, et plus encore, de certaines prétendons, à l'expertise et à l'orthodoxie révolutionnaires:

> «La structure interne d'une organisation est toujours, en petit, l'image de la société qu'elle préconise; les rapports entre la base et le sommet au sein d'un parti ou d'un syndicat, sont un avant-goût des rapports souhaites par ce parti ou ce syndicat, au sein de la nation future (...). Il est temps enfin d'apprendre à libérer les talents individuels, au lieu de les comprimer. Il est temps accepter aventure de la vérité».

Au-delà de ce minimum, dont on voit qu'il était à lui seul tout un programme, l'objectif «maximum» de la révolution annoncée ne pouvait que rejoindre, directement ou indirectement, celui de *«la* révolution au singulier, de l'unique processus qui se développe de par le monde, sous des modalités diverses, et dont le but est d'extirper l'exploitation de l'homme par l'homme et d'instaurer, à sa place, une société sans classes». Je défendais le droit à l'utopie, «le courage de rêver (...), d'imaginer le possible par-delà les platitudes du présent, de faire crever l'horizon». Davantage: je trouvais difficile de ne pas admettre, comme l'avaient enseigne tour à tour les classiques du marxisme et, plus près de nous, Kwame Nkrumah, que l'impérialisme était le stade suprême du capitalisme et le néocolonialisme, l'étape ultime de l'impérialisme organise en un vaste complot mondial. La lutte contre la domination étrangère, plate-forme minimum de la révolution annoncée, devait donc forcement déboucher sur une lutte des classes à l'échelle internationale. C'était le seul moyen de résister à la tentation du chauvinisme, d'éviter les «actes de type raciste ou national-fasciste» et de ne pas substituer à l'impérialisme, des ennemis imaginaires.

Dans le même temps, cependant, je mettais en garde contre le danger d'un «verbiage marxiste-léniniste» qui tournerait à vide et pourrait même servir de paravent à toutes sortes de récupération. J'attirais l'attention sur l'échec du printemps de Prague, quatre ans plus tôt, et la réalité du social-impérialisme.

Je concluais sur un paradoxe: la cascade des coups d'Etat au Dahomey depuis l'indépendance ne devait pas être seulement perçue comme un triste record, mais vécue comme un motif de fierté. Car par-delà ses inconvénients évidents, l'instabilité chronique était aussi un signe de santé politique. Nous étions sur le bon chemin. Sans doute restait-il beaucoup à faire. Sans doute devait-on rester vigilant et apprécier à leur juste valeur les risques de dérapage, au premier rang desquels «la menace interne du fascisme» qui pesé sur toute tentative de révolution au sommet. Mais rien n'était joué. L'espoir était permis. Ce qui a du plaire au public c'était, je crois, cette invitation à se faire confiance, cet appel à la responsabilité, à l'invention:

> «La plus grande ressource du peuple dahoméen est son imagination. Trois millions d'intelligences peuvent ensemble réinventer le monde. C'est à elles qu'il faut redonner la parole. Nous sommes aujourd'hui à un de ces tournants ou l'histoire hésite. Il peut en naitre le meilleur ou le pire. L'issue dépend de nous-mêmes, et de personne d'autre».

Radio-Cotonou rebaptisée «La voix de la révolution», prit sur elle, sans m'avoir consulté, de lire intégralement cet article à des heures de grande écoute. L'impact en fut amplifie, Une discussion passionnante avec des étudiants me donna l' occasion de dissiper certains malentendus et de préciser certaines notions. Je pus ainsi mettre en garde contre la fascination des modèles zaïrois d'une part et guinéen, d'autre part, les illusions du volontarisme élitiste, les risques énormes de «fascisation» et autres formes de pourrissement propres a- une révolution qui ne s'appuierait que sur l'armée. J'en appelais, peut-être avec une candeur excessive, a la mise en place d'une «grande organisation révolutionnaire» qui donnerait aux travailleurs des villes et des campagnes les moyens d'établir, après libre discussion, les orientations politiques essentielles et de contrôler la gestion du pays, les faits et gestes du pouvoir. L'échec de Nkrumah et de son «Convention People's Party» (CPP) me paraissait devoir être médité: il fallait à cet effet lire et relire la belle analyse de Samuel Ikoku traduite par Yves Bénot (Ikoku, 1971).

J'invitais à apprendre et à assimiler <des vertus élémentaires du capitalisme» pour les mettre au service du développement dans le cadre d'un nouveau projet de société, au lieu de jeter demagogiquement le bébé avec l'eau du bain. Tout en maintenant qu'un chemin nécessaire mené de l'anti-impérialisme au socialisme, je mettais en garde contre la tentation de prendre pour du socialisme un vulgaire capitalisme d'Etat. Enfin, une question sur l'internationalisme prolétarien donnait l'occasion de préciser, en s'appuyant, entre autres, sur Nkrumah, l'idée d'une lutte des classes à l'échelle internationale et, en évoquant les pogroms anti-dahoméens et anti-togolais de 1958 à Abidjan, les tribulations plus récentes des Ouest-africains au Zaïre et des Asiatiques de nationalité britannique en Ouganda, de mettre en garde

contre les dangers d'une racialisation ou d'une ethnicisation des problèmes, fondée sur une méconnaissance du véritable adversaire.

Je résolus d'intégrer au recueil une transcription de cette discussion, sous le titre: «Réponse à neuf questions». En ajoutant en outre une «Mise au point sur le philosophe "ghanéen" Amo», précédemment publiée dans *Daho-Express* en réaction à une émission radiophonique d'Ibrahima Baba Kake, ainsi qu'un article sur «Science et révolution» également publié dans *Daho-Express,* où j'essayais de comprendre, en prenant exemple sur moi-même, pourquoi probablement personne, dans un amphithéâtre archi-comble, n'avait rien compris aux explications savantes du biochimiste Jacques Sctondji au cours de sa brillante soutenance de thèse, je soulignais «l'unité du culturel et du politique, dans un combat dont l'enjeu (devait) être de libérer l'initiative populaire *sur tous les fronts,* y compris le front scientifique».

Guy-Landry Hazoume fit une préface. L'ouvrage eut un franc succès.[23]

c) Histoire réelle et philosophie

Le temps ne s'est pas arrêté. Déjà, d'un article a l'autre à l'intérieur de *Libertés,* entre le 21 novembre, date de parution de «Qu'est-ce qu'une révolution?» et le 25 décembre, date de «bouclage» de l'épilogue, la situation avait sensiblement change et avec elle, forcément, le ton de l'analyse. L'insistance grandissante sur «la menace interne du fascisme» n'était pas un hasard: elle exprimait une inquiétude largement partagée face aux manifestations d'autoritarisme de plus en plus évidentes du nouveau régime militaire.

On connait la suite de l'histoire. Le marxisme-léninisme fut proclame idéologie officielle de l'Etat le 30 novembre 1974, dans un «discours d'orientation nationale» prononce par le Président de la République à

---

23 Parmi les réactions suscitées par cet opuscule, il convient de citer celle d'Emile-Derlin Zinsou, ancien Président du Dahomey (le Benin actuel) contraint a l'exil par le régime militaire dit marxiste-léniniste, et auteur de *Pour un socialisme humaniste suivi de « Lettre à un jeune dahoméen marxiste-léniniste ».* Le dernier chapitre précise : « Lettre a Paulin Hountondji, jeune dahoméen marxiste-léniniste ». Je suis sûr que l'auteur qui est un des chefs d'Etat les plus cultives, les plus ouverts, les plus courageux et les plus patriotes, de l'histoire du Benin indépendant, a dû se rendre compte depuis, qu'il faut manier de telles étiquettes avec prudence et circonspection (Zinsou, 1975).

l'occasion de la nouvelle fête nationale, jour anniversaire du «discours-programme» du 30 novembre 1972. Un an plus tard, le 30 novembre 1975, naissait formellement, par un autre discours - le même qui rebaptisait le Dahomey «République populaire du Benin» _ quelque chose qui ressemblait, à s'y méprendre, à la «grande organisation révolutionnaire» que nous avions appelée de nos vœux. Mais au lieu que ce fut une initiative a la base, c'était une création du pouvoir lui-même qui en avait entièrement conçu le fonctionnement et nomme les instances dirigeantes. Au lieu que ce fût une coalition pour l'action d'hommes et de femmes d'horizons idéologiques divers, adhérant à un même projet de société et à une même vision de la gestion collective, c'était un cercle de prosélytes, qui croyaient avoir résolu tous les problèmes par leur profession de foi marxiste-léniniste et leur zèle a répandre la bonne parole. Au lieu que ce fut une structure démocratique de concertation et de décision, c' était un parti unique de type stalinien, ou le «centralisme démocratique», centralisateur à outrance et parfaitement antidémocratique, ne laissait au militant de base d'autre choix que d'acquiescer bruyamment en communiant, à travers slogans et chants révolutionnaires, avec les foules en liesse, quitte à tenter de se faire suffisamment remarquer pour être coopte à son tour dans le saint des saints - le Comite Central et son Bureau Politique - ou la critique ne pouvait non plus s'exercer, cependant, que dans les limites d'un code de bonne conduite et d'un rituel verbal tacitement admis par tous. On sait quelles violations des droits de l'homme, quels crimes économiques, quels crimes tout court ont été perpétrés pendant quinze longues années sous ce régime de terreur, orne des oripeaux d'un verbiage pseudo-révolutionnaire.

Fin 1976, quand paraissait *Sur La «philosophie africaine »*, quatre ans s'étaient déjà écoulés depuis la mise en place du régime. Les nouvelles évolutions étaient clairement perceptibles. La critique de l'ethnophilosophie ne pouvait pas ne pas en tenir compte. L'enjeu politique était devenu plus large et plus complexe qu'à l'époque de l'expose de Copenhague et de l'article de *Diogène,* Il ne s'agissait plus seulement de liquider les complexes subtils qui nous retenaient prisonniers de l'Europe dans un interminable drame de la reconnaissance, ni de revendiquer une liberté d'expression étouffée par des régimes dictatoriaux drapes d'un discours nationaliste et anti-impérialiste. Il fallait comprendre le passage de ce «particularisme forcené: clamant haut et fort sa défiance à l'égard des idéologies étrangères, à «l'universalisme abstrait» qui prétend au contraire, de façon non moins forcenée, imposer à des populations entières l'idéologie marxiste-léniniste sous prétexte qu'elle serait «scientifique». Il fallait penser l'unité de ces deux attitudes apparemment contradictoires, montrer comment elles s'appellent l'une l'autre comme deux faces complémentaires «d'un seul et même conformisme, d'un seul et même refus de penser, d'une seule et même incapacité à effectuer (...) "l'analyse concrète des situations concrètes"» (Hountondji, 1976: 44).

La nouvelle rédaction des articles sélectionne fait largement écho à ces préoccupations. Elle interroge le fonctionnement des idéologies d'Etat en général comme alibis et masques de la réalité, les formes et modalités de la mystification politique, la dérision d'un discours qui croit ennoblir la plus vulgaire dictature policière en la baptisant pompeusement «dictature du prolétariat», et «appelle marxisme-léninisme un néo-fascisme a phraséologie pseudo-révolutionnaire», réduisant ainsi «l'énorme subversion théorique et politique de Marx (...) aux dimensions d'une matraque» (Hountondji, 1976: 76). Elle en appelle à une lecture marxiste du fonctionnement réel des régimes qui se réclament de Marx ou de quelque autre idéologie révolutionnaire, à une critique sans complaisance de la pratique dissimulée derrière le discours officiel.

J'avais lu avec intérêt le petit livre de Jacques Rancière sur *La leçon d'Althusser*. Critique passablement féroce d'un althussérien repentant provoquée par les évènements de mai 1968, il expliquait, entre autres rappels utiles, qu'au-delà de l'adhésion au marxisme, le plus important était le mode d'appropriation historique du marxisme et son fonctionnement réel dans le champ des luttes sociales. Par ou Rancière rejoignait à sa manière par l' autre bout, et sans le dire, ce qu' on appelait a la même époque, dans les pays de l'Est, la critique du «socialisme réel» (Rancière, 1974; Bahro, 1979).

La leçon s'appliquait remarquablement à la situation béninoise. La critique de l'ethnophilosophie s'élargissait du même coup en une critique de ce que je devais appeler plus tard l'idéologise: usage de l'idéologie à des fins d'asservissement et de mystification politique. A l'arrière-plan de cette critique se profilait constamment, mais tacitement, la référence à deux types de régimes, deux paradigmes opposes que je renvoyais dos à dos sans les nommer: le paradigme zaïrois qui illustrait à mes yeux le nationalisme sous sa forme la plus pernicieuse et le paradigme guinéen qui représentait un cas extrême d'utilisation du verbe révolutionnaire à des fins autocratiques, et dont le nouveau régime béninois, admirateur déclaré de Sékou Touré, n'était qu'une reproduction tardive, à quatorze ans de distance.

L'enseignement secondaire devint très vite pour les idéologues officiels du nouveau régime, un enjeu capital. D'abord il leur fallait substituer à l'enseignement de la philosophie conçu comme un effort pour promouvoir une réflexion équilibrée et non partisane, un enseignement plus engage. Comme en Guinée, la nouvelle discipline s'appellerait «philosophie-idéologie». Ensuite il leur fallait imposer comme contenu a cet enseignèrent la doctrine marxiste. Enfin il fallait détruire le mythe d'une compétence spécifique des spécialistes de philosophie, briser le monopole des professeurs formes à cet effet dans l'université classique, et faire admettre que la «philosophie-idéologie» pouvait être enseigne par tout intellectuel militant, éventuellement spécialiste d'une autre discipline (histoire, allemand, économie, sociologie, etc.), pourvu qu'il adhérât à la doctrine du Parti de la Révolution Populaire du Benin (Hountondji, 1984a et b, 1995a).

Il faut avoir présent à l'esprit cet arrière-plan politique pour comprendre les remaniements, parfois importants, apportes à certains textes recueillis dans *Sur la «philosophie africaine»*. Outre les brèves additions aux articles devenus les chapitres 2 et 3 de l'ouvrage, l'article sur «La philosophie et ses révolutions», devenu chapitre 4, a été entièrement refondu et récent, considérablement augurent pour tenir compte des nouvelles interrogations (Hountondji, 1973b. Comparer avec 1976: 79-136). Les chapitres 6 et 7 sur Nkrumah rédiges en 1973, l'effort tout particulier pour confronter les deux versions successives du *Conscientise* et les replacer dans le contexte du Ghana de l'époque, enfin les ultimes rectifications apportées à cette lecture dans le «Post-scriptum» et la mise en garde contre la tentation de couper le monde en deux selon le schéma stalinien «science bourgeoise/science prolétarienne», l'appel à la nuance, l'exigence constante d'un retour au réel, ne se comprendraient pas non plus sans cet ancrage politique.

Le lecteur ne tarde cependant pas à se rendre compte que l'histoire particulière du Benin n'est invoquée que pour sa valeur paradigmatique, que l'ancrage politique de l'ouvrage est beaucoup plus large que l'intérêt légitime pour «ce recoin du globe ou l'histoire nous a nous-même largue» voire, pour les autres pays invoques de manière plus ou moins transparente, et que cet ouvrage renvoie, de proche en proche, aux luttes en cours dans toute l'Afrique et dans le Tiers-monde.

Enjeux Théoriques

Au-delà de l'ancrage politique, de l'histoire réelle qui ne pouvait être thématisée dans l'ouvrage - puisqu'elle n'en était pas l'objet mais que je viens de décrire à grands traits, la discussion conduite dans *Sur la «philosophie africaine»* comporte des enjeux intellectuels et scientifiques précis. Le chapitre précèdent les a déjà partiellement identifiés. On peut maintenant, par une lecture transversale de l'ouvrage, les énoncer de façon plus synthétique, en montrer l'articulation interne et la spécificité par rapport aux enjeux politiques explicites ou implicites, précédemment reconnus.

a) Lire l'ethnophilosophie

D' abord il fallait apprendre à lire la littérature abondante consacrée à la définition d'une philosophie bantu, africaine ou, plus généralement, «primitive». Il fallait prendre acte de son existence comme littérature. Par-delà sa prétention à une transparence totale, à un rôle purement transitif en tant que medium sans consistance propre dont la 'vocation serait de laisser voir, il fallait en constater au contraire la réalité massive en tant que genre spécifique, et en établir l'histoire. Il fallait débusquer la stratégie d'auto-dissimulation, d'auto-biffage par laquelle l'ethnophilosophie prétendait n'être rien ou s'abritait habilement derrière le système de pensée, réel ou imaginaire, qu'elle entendait reconstituer.

L'ethnophilosophie existe. Le constat peut paraître banal. Il reste pourtant bien étrange pour un lecteur qui se laisserait prendre au jeu de l'ethnologue et, entrant dans sa logique, s'efforcerait avec lui, en même temps que lui, de retrouver cette philosophie supposée donnée, Pour *voir* l'ethnophilosophie, il faut prendre du recul, rompre la complicité immédiate avec ce discours enveloppant et le mettre à distance.

Une fois constatée l'existence de ce discours, il fallait le rapporter à ses origines historiques. Il faillait en particulier reconnaître l'antériorité de l'ethnophilosophie occidentale, comprendre que la «philosophie africaine», avant d'être revendiquée à cor et à cri par des Africains soucieux d'affirmer leur différence, a d'abord été une invention de l'Europe, le produit d'une histoire intellectuelle ou se croisent les disciplines les plus diverses, notamment l'anthropologie, la psychologie des peuples, la pensée missiologique et bien d'autres préoccupations. Le reconnaitre pouvait permettre d'assainir un débat déjà largement pollue et de retrouver une liberté d'analyse menacée par toutes sortes de préjuges et de malentendus.

Lire l'ethnophilosophie, c'était aussi constater que le travail du pluriel est déjà à l'œuvre dans cette littérature; que, «de Tempels a Kagamé», il y a à la fois «continuité et rupture»; que derrière la monotonie apparente des nombreuses monographies consacrées à la «philosophie africaine», des nuances parfois importantes, des différences notoires d'approche et de perspective se laissent apercevoir; qu'inversement, il est fréquent de surprendre, dans des œuvres situées en apparence a mille lieues de l' ethnographie et peu suspectes, a première vue, de concession à l'unanimisme, des relents d'ethnophilosophie qui les rapprochent des thèses les plus caricaturales en ce domaine et obligent à une grande vigilance critique.

Il fallait à la fois reconnaitre ces nuances et effectuer ces rapprochements, traquer la discordance derrière l'accord de surface et inversement, établir les convergences, les complicités théoriques derrière le désaccord apparent. A sa manière, *Sur la «philosophie africaine»* pratiquait une telle lecture. Des approfondissements restaient nécessaires sur plus d'un point, mais la voie était frayée. Nous verrons plus loin comment les publications et travaux ultérieurs devaient, dans un sens, atténuer et nuancer, dans un autre sens, radicaliser, en tous les cas, compléter et enrichir ces premières analyses.

b) Libérer l'avenir

Le grand enjeu, l'objectif premier de la critique de l'ethnophilosophie est de libérer l'avenir. Il fallait lever l'hypothèque intellectuelle que constituait pour le penseur africain d'aujourd'hui, la détermination *a priori* d'un système de pensée auquel il était censé adhérer sous peine de renier son identité. Il fallait montrer qu'aucune doctrine, qu'aucune forme de pensée ne lui est interdite et que rien n'enchaine d'avance, sur le plan conceptuel, la liberté de l'individu, pas plus en Afrique qu'ailleurs. Il fallait rouvrir l'horizon des possibles. *Sur la «philosophie africaine»* refusait toute clôture prématurée de l'histoire intellectuelle des peuples noirs. C'était une position de principe dont découlait tout le reste.

Le texte est très clair sur ce point. En substituant au «concept vulgaire» hérité de l'ethnologie, un «nouveau concept de philosophie africaine», il s'agissait de faire en sorte que l'africanité d'une philosophie «ne réside plus dans une prétendue spécificité du contenu, mais simplement dans l'origine géographique des auteurs». Il s'agissait d'élargir l'horizon étroit jusque-là imposé à la philosophie africaine et de donner à cette philosophie, comprise désormais comme une réflexion méthodique, <des mêmes visées universelles que celles auxquelles prétend n'importe quelle philosophie dans le monde» (Houtondji, 1976: 71-72).

Cette quête de liberté intellectuelle passe par une «démythologisation» de l'idée d'Afrique. Il fallait ruiner «la conception mythologique dominante de l'africanité» et revenir «a l'évidence toute simple, toute banale, que l'Afrique est avant tout un continent et le concept d'Afrique un concept géographique, empirique, non un concept métaphysique» (Houtondji, 1976: 72).

Je devais revenir plus longuement sur ce thème, dans «Que peut la philosophie?». Un critique m'avait alors reproché de recourir à un simple «critère géographique» pour identifier les œuvres de la philosophie africaine:

> «La fuite du débat sur le contenu de la philosophie africaine est significative de la pauvreté philosophique et politique du. discours de nos philosophes abstraits. Que vaut une philosophie qui évite la teneur des philosophies pour se réfugier commodément dans la géographie? (...) Eh bien non, le critère géographique conduit à une imposture» (Yai, 1978: 71).

Je lui répondis le plus simplement du monde que l'Afrique est un continent, non une philosophie ou un système de valeurs, que ce mot désigne une portion du monde, sans plus, que ce concept est un concept géographique, empirique et contingent, non déterminable *a priori:*

> «Il fallait donc commencer par *démythifier* l'africanité en la réduisant a un *fait* - le fait tout simple et, en soi parfaitement neutre, de l'appartenance à l'Afrique - en dissipant le halo mystique de valeurs arbitrairement greffé sur ce fait par les idéologues de l'identité africaine. Il fallait, pour penser la complexité de notre histoire, rendre à sa simplicité originaire le théâtre de cette histoire et, pour penser la richesse des traditions africaines, *appauvrir* résolument le concept d'Afrique, le *délester* de toutes les connotations éthiques, religieuses, philosophiques, politiques, etc., dont l'avait surchargé une longue tradition anthropologique, et dont l'effet le plus visible était de fermer l'horizon, de clore prématurément l'histoire» (Houtondji, 1981 b: 52).

En somme, la surdétermination du concept d'Afrique est un obstacle à la liberté des Africains. Libérer l'avenir, c'était d'abord réduire cette surcharge sémantique et redonner aux mots leur sens premier, le plus simple et le plus évident. Le lecteur peut voir aisément, en lisant quelques-uns des ouvrages les plus récents de Mudimbe et Appiah, à quel point est encore largement partage, aujourd'hui, ce refus de l'enfermement géographique (Mudimbe, 1988; Appiah, 1992).

Il fallait, pour la même raison, réexaminer l'idée de philosophie, montrer que celle-ci est histoire et non système, c'est-à-dire qu'en cette discipline le résultat importe moins que le parcours, moins que le cheminement conceptuel qui y a conduit et qui a vocation, précisément, de le dépasser vers des résultats mieux assures. La longue discussion du chapitre IV sur cette question, la critique d'une conception dogmatique de la philosophie qui tendrait à réduire celle-ci a une somme de vérités définitives, l'interrogation sur la structure des révolutions philosophiques et leurs rapports avec les révolutions scientifiques, la réflexion sur l'histoire en général ou, d'un point de vue althussérien, sur les histoires différentielles des niveaux ou instances d'un mode de production donne et leur articulation dans un tout complexe dont il reste à penser le fonctionnement, cette analyse laborieuse, hésitante, n'a d'autre but que de contribuer, elle aussi, a libérer l'avenir. La conclusion du chapitre le rappelle clairement:

> «Nous devons être ambitieux pour l'Afrique et pour nous-mêmes, ne pas tuer dans l'œuf les promesses inouïes de notre histoire, ne pas la clore prématurément, mais au contraire l'ouvrir, la libérer (...). Par-delà toutes les solutions de facilite, par-delà tous les mythes, il faut aujourd'hui, courageusement, oser recommencer» (Hountondji, 1976: 136).

c) Un sujet responsable

Libérer l'avenir signifiait aussi redonner à l'individu ses droits et ses responsabilités, faire en sorte qu'il réapprenne à penser par lui-même au lieu de se réfugier paresseusement, comme l'ethnophilosophie l'y invite, derrière la pensée des ancêtres. Il fallait donc en finir avec la valorisation exclusive de la pensée collective et reconnaitre la nécessite, sur toutes les questions essentielles, d'une pensée personnelle, d'une prise de position qui engage la responsabilité de chacun et permette de construire, aux lieu et place de ces simulacres de débat OU l'intimidation tient lieu d'argument et OU 1'0n attend de chacun qu'il confirme son adhésion passionnelle a un catéchisme collectif, des débats authentiques fondes sur une libre confrontation et une commune recherche de la vérité (Hountondji, 1976: 76).

Yves Bénot ne s'y est donc pas trompe quand il donnait pour titre à son commentaire dans la *Revue Tiers-monde:* «La philosophie en Afrique ou l'émergence de l'individu» (Bénot, 1979).[24] Pour libérer l'avenir il faut construire le pluralisme, et une telle construction suppose l'émergence d'hommes et de femmes libres, intellectuellement responsables, désenglues de ce «nous» collectif, de ce «on» impersonnel derrière lequel il est si commode de se retrancher, aussi longtemps qu'on n'ose pas penser par soi-même.

Il y avait, c'est sûr, une part d'exagération dans ma critique de la pensée collective, dont je refusais alors jusqu'à la notion (Hountondji, 1970c: 196-197). La tâche en a été facilitée a certains de mes critiques les plus féroces, qui avaient beau jeu de voir dans cette thèse un reflet de l'idéologie bourgeoise de la propriété privée. Un bien de cette nature n'est jamais, disaient-ils, que le résultat de l'appropriation privative d'un bien collectif, donc le fruit d'une usurpation (Niamkey, 1977, 1980, Niamkey et Toure, 1980, Yai, 1978).

Je devais montrer qu'au fond le problème pose, l'enjeu véritable de la critique de l'ethnophilosophie ne concernait pas tant la *propriété* des idées philosophiques que la *responsabilité* du sujet qui les soutient (Hountondji, 1977, 1981 a, 1982a). Je devais cependant plus tard faire justice a cette critique elle-même en faisant droit à l'idée de représentation collective, sans pour autant admettre que l'on put prendre pour de la philosophie l'étude de ces représentations, qui relevé de la sociologie, de l'anthropologie ou, le cas échéant, de la linguistique. L'analyse de l'impense collectif devait au contraire permettre de mettre au jour ce *contre quoi* une véritable philosophie est appelée à se développer, l'ensemble des contraintes conceptuelles inhérentes à la culture ou à la langue, qu'une pensée responsable est appelée à surmonter ou, a tout le moins, mettre à distance. *Sur la «philosophie africaine»* entendait

---

24 On lira avec intérêt, du même auteur, les *Idéologies des indépendances africaines* et *Indépendances africaines: idéologie et réalités* (Bénot, 1972. 1975).

établir la nécessite d'une telle mise à distance (Hountondji, 1982b, 1990b).

La libération du sujet ainsi comprise, comporte toute une dimension psychologique, ou plus exactement, comme il a été dit au chapitre précèdent, psychanalytique. Il fallait exorciser chez l'Africain l'obsession de l'autre, génératrice d'un effort permanent pour soigner ses apparences - soigner son *look,* comme disent aujourd'hui nos enfants.

J'avais lu avec beaucoup d'inter; *The mind of Africa* de William Abraham, et note une de ses observations finales qui disait a peu près ceci: on nous a souvent répète que le monde entier avait les yeux tournes sur nous; ce n'est pas vrai: l'Afrique doit se laisser guider par ses motivations propres (Abraham, 1962). J'observais pour ma part, avec une sévérité peut-être excessive a cote de l'avertissement mesure du philosophe ghanéen, que «l'Europe n'a jamais attendu de nous autre chose sur le plan culturel que de lui offrir nos civilisations en spectacle et de nous aliéner dans un dialogue fictif avec elle, par-dessus les épaules de nos peuples». Je déplorais qu'en acceptant d'entrer dans ce jeu, nous ayons fini «par nous regarder nous-mêmes avec les yeux des autres», développant du même coup les formes les plus extravagantes du "folklorisme" et de l'exhibitionnisme culturel collectif» (Hountondji, 1976: 47, 74). L'enfermement dans le discours identitaire me paraissait une conséquence de cette extraversion mentale, et une des formes les plus pernicieuses de l'aliénation.

Depuis «Charabia et mauvaise conscience», j'inclinais à suivre Frantz Fanon dans son approche psychiatrique, ou du moins psychopathologique, de l'aliénation culturelle, La situation décrite dans *Peau noire, masques blancs,* ce mimétisme du Noir qui n'avait de cesse qu'il n'ait entièrement assimile le comportement, les réflexes, le mode de pensée de son modèle blanc, était la forme la plus parfaite de l'aliénation culturelle, mais relevait en même temps d'une sorte de névrose dont Fanon devait décrire, au dernier chapitre des *Damnes de la terre,* sous le titre «Guerre coloniale et troubles mentaux», les formes les plus aiguës (Fanon, 1952, 1961; Hountondji, 1967).

J'avais aussi lu avec un intérêt particulier, dans la production déjà abondante de Valentin Mudimbe, *L'autre face du royaume: une introduction a fa critique des langages en folie*. Le brillant écrivain zaïrois, philosophe autant que linguiste et, dans un autre registre, romancier et poète, n'avait pas encore public l'ouvrage qui devait le rendre célèbre quelque quinze ans plus tard en Amérique du Nord, *The invention of Africa*. Mais on lisait déjà clairement dans l'ouvrage de 1973 sa défiance à l'égard du discours africaniste et plus généralement a l'égard d'une certaine anthropologie. L'ethnophilosophie me paraissait, pour ma part, une des formes les plus pernicieuses de ce «langage en folie» qu'il fallait savoir retenir, fixer, stabiliser, maitriser en le soumettant à un examen critique et responsable, qui ne pouvait être que l'œuvre propre d'un sujet. Un peu comme ces opinions droites que Platon comparait, dans le *Menon,* aux statues de Dédale et qui ne pouvaient tenir en place qu'à condition d'être liées par un raisonnement causal (Platon, 1950: 554: Mudimbe: 1973, 1988: Hountondji, 1976: 64,84).

Ce retour au sujet, cette construction d'un cogito rationnel avait forcement, dans le contexte d'alors, une connotation politique. L'appel à la liberté d'expression et a une critique responsable signifiait aussi le refus de l'écrasèrent et la réhabilitation du citoyen libre.

d) Construire le pluralisme

Libérer l'avenir, c'était aussi liquider les préjuges unanimistes fondateurs de l'ethnophilosophie et, plus généralement, d'une certaine ethnologie tendant à faire croire qu'en Afrique noire, comme dans toutes les sociétés dites primitives ou semi-primitives, tout le monde est d'accord avec tout le monde.

Ces préjugés opèrent ici dans deux directions complémentaires.

Premièrement, dans l'interprétation du passe et de l'héritage culturel donne, ils tendent à gommer les différences, à minimiser les évolutions et a accréditer l'idée que la société tout entière adhère à un seul et même système de croyances. C'est une lecture réductrice de l'héritage culturel, qui nie la possibilité de tout pluralisme idéologique dans les sociétés africaines précoloniales comme dans toutes les sociétés dites primitives, archaïques ou traditionnelles. Cette lecture se fonde sur une évacuation de l'histoire. Les sociétés en question sont perçues comme des sociétés sans histoire ou, pour suivre le rectificatif de Lévi-Strauss, des sociétés a histoire froide et non cumulative, par opposition aux sociétés occidentales qui seraient toujours engagées dans une histoire chaude et cumulative (Charbonnier, 1961: 35-48). Du même coup, on voit mal comment de telles sociétés pourraient receler ces divergences d'opinions, ces contradictions, ces débats qui, d'une certaine manière, font précisément l'histoire.

Mais ce n'est pas tout. Non content de pratiquer cette lecture réductrice du passe, l'unanimisme valorise, pour le présent et l'avenir, l'absence de divergences et l'érige en modelé. Ainsi l'unanimité est-elle considérée, souvent dans un but politique, comme une valeur à promouvoir. Et pour y parvenir, l'on s'emploiera activement à étouffer dans l'œuf, parfois par les moyens les plus brutaux, toute contradiction.

J'empruntais le mot «unanimisme» a. Jules Romains en l'utilisant cependant dans un autre contexte et pour designer autre chose: pour stigmatiser à la fois l'illusion d'unanimité dans la lecture de l'histoire intellectuelle d'une culture donnée et l'exploitation idéologique de cette illusion pour le présent et l'avenir. L'écrivain français l'avait employé au contraire dans un sens laudatif (Romains, 1904, 1908, 1910, 1911, 1932-1946).[25]

Il fallait, pour libérer l'avenir, commencer par libérer le passe en y restituant le mouvement, les contradictions, les dynamismes, reconnaitre la richesse et la complexité d'une histoire plusieurs fois millénaire en Afrique comme partout dans le monde, renoncer une bonne fois à l'illusion d'immobilisme, tant dans l'appréciation de l'histoire matérielle que de l'histoire des idées et des croyances. Il fallait aussi, contre la volonté de nivellement idéologique manifestée par les pouvoirs, affirmer les vertus d'une discussion plurielle et libre, ou chaque partenaire interviendrait en toute responsabilité. Il fallait relativiser les catéchismes de tous bords, qui sont

---

25 «Unanimismes fut le nom donne par Jules Romains à l'esprit de solidarité avec le monde des hommes, célèbre au début du siècle par un certain nombre d'artistes dont Georges Duhamel et assez proche, connue le suggéraient Lagarde et Michard, du Lyrisme social du poète américain Walt Whitman (1819-1892). La «vie unanime », l'amé collective et inconsciente est, pour Jules Romains, un dieu cache que l'écrivain se doit de révéler. Elle a pour effet d'éveiller a la même communion les « archipels de solitudes» que sont les groupes humains, et d'en faire des 'unanimes'. Ainsi compris, l'unanimisme sera à une valeur à promouvoir, la solidarité qui rompt les barrières entre les êtres humains et, brisant leur solitude et leur insularité, leur donne une personnalité collective. Une telle solidarité n'est cependant qu'un phénomène affectif. Si elle reste indispensable pour fonder des initiatives communes et donner vie à une collectivité en tant que collectivité, elle ne peut prétendre supprimer, chez chaque membre du groupe, cette solitude intérieure, cet espace minimum d'autonomie et de réflexion personnelles sans lesquelles il perdrait toute existence en tant que sujet responsable et ne pourrait même plus participer efficacement à cette vie collective (Romains, 1908, Whitman. 1968, Lagarde et Michard. 1968: 35).

autant de tentatives d'uniformisation de la pensée et reconnaitre le droit de chacun a. la vérification et au libre examen.

De ce point de vue, le *Consciencisme* de Nkrumah, en reconnaissant la coexistence, dans la société africaine contemporaine, de trois courants de pensée issus respectivement des cultures traditionnelle, euro-chrétienne et arabo-musulmane, me paraissait en net progrès par rapport à l'approche ethno philosophique qui tendait a. réduire l' Afrique d'aujourd'hui a sa seule composante traditionnelle. Toutefois, en passant sous silence la complexité, le pluralisme interne de chacune des trois composantes, en les stylisant au possible et en les réduisant à leur plus petit commun dénominateur, enfin et surtout, en affirmant la possibilité et la nécessite d'une synthèse qui permettrait de concilier définitivement ces trois courants et en proposant lui-même, à cet effet, les éléments d'une doctrine philosophique complète, «profondément enracinée dans le matérialise» mais «pas nécessairement athée», doctrine ou il croyait pouvoir articuler à la fois une métaphysique, une éthique complète et une idéologie politique, le *Consciencisme* reconduisait a un niveau supérieur, les mêmes présuppositions unanimistes que l'ethnophilosophie classique.

En replaçant l'ouvrage dans l'ensemble de l'œuvre de Nkrumah, en l'éclairant par l'évolution de cette œuvre et en confrontant les deux versions successives du *Consciencisme,* l'une antérieure et l'autre postérieure au renversement de *l'Osagyefo* par le coup d'Etat du 24 février 1966, je montrais aisément que le volontarisme idéologique était, dans la version de 1964, solidaire d'une thèse alors chère a Nkrumah: la thèse de l'homogénéité sociale, c'est-à-dire de l'absence de classes antagonistes dans la société africaine d'hier et d'aujourd'hui, la croyance, par conséquent, a la possibilité d'un passage pacifique, sans heurts ni fracture, du «communalisme» traditionnel au socialisme le plus moderne.

L'abandon de cette thèse des 1965, l'analyse de plus en plus fine du néocolonialisme et de sa base sociale dans les pays dominés, la reconnaissance du fait de la lutte des classes auraient dû logiquement entrainer l'abandon de ce volontarisme idéologique. Les remaniements du texte initial dans la version de 1970 ne le remettaient cependant pas en cause. Ils laissaient intacte la croyance a la possibilité d'une philosophie commune à laquelle adhèreraient tous les Africains. C'était visiblement une survivance de la première période, incompatible avec la nouvelle vision de la société développée dans des travaux comme *Néo-colonialisme, the last stage of impérialisme, Class struggle in Africa* et d'autres ouvrages de la dernière période. En toute logique, Nkrumah n'aurait pas dû se contenter de remanier le *Consciencisme*. mais aurait dû le réécrire entièrement ou, mieux encore, proposer à partir d'une autocritique rigoureuse, une nouvelle vision des taches de la philosophie dans l'Afrique d'aujourd'hui (Nkrumah, 1964a, 1964b, 1965, 1968, 1970a, 1970b, 1972).

Sur la «philosophie africaine» devait, sur cet exemple, montrer la force de la tentation unanimiste, la difficulté à reconnaitre le fait du pluralisme, que ce soit sous la forme des clivages sociaux, économiques et politiques ou de la diversité des options théoriques et idéologiques, la difficulté, plus grande encore, à valoriser le pluralisme ainsi constate et à en tirer une méthode (Houtondji, 1976: 171-218).

Le dernier chapitre de l'ouvrage reprend cette leçon en la généralisant. Le véritable pluralisme ne consiste pas seulement à affirmer, contre l'hégémonisme culturel de l'Occident, la pluralité des cultures, ce qui pourrait conduire, si l'on n'y prend garde, à figer les cultures sous prétexte d'en préserver l'authenticité. Le véritable pluralisme consiste à reconnaitre la complexité, la diversité, les tensions, les contradictions, les dynamismes internes de chaque culture et à y voir, plutôt qu'un mal, une source de richesse et de créativité (Houtondji, 1976: 219-238).

e) Le droit à l'universel

Libérer l'avenir en pratiquant le cogito et en construisant, sur cette base, un pluralisme responsable, c'était aussi, forcément, élargir le cercle des questions et des thèmes considères comme licites. Le philosophe africain ne devait plus être oblige de méditer uniquement sur l'Afrique, d'en faire le thème exclusif de sa préoccupation théorique. Il fallait ouvrir l'horizon, liquider cette fausse pudeur, cette mauvaise conscience qui nous interdisaient jusque-là de prendre le large et d'étendre notre curiosité a d'autres cultures, voire plus simplement, a des questions générales intéressant toutes les cultures et sans rapport spécial avec aucune d'entre elles. Je trouvais utile d'observer que l'historien africain, plutôt que de s'enfermer dans l'histoire de l'Afrique, gagnerait as' intéresser aussi, par exemple, a l'histoire de l'industrialisation du Japon a la fin du XIXe et au début du XXe siècle. De même le philosophe africain ne devrait pas se cacher pour lire Platon ou Marx ou faire de la logique mathématique, ni croire qu'en le faisant il renie son africanité.

Sur la «philosophie africaine» entendait ainsi faire éclater tout ghetto théorique. De même il refusait la manipulation conceptuelle, les glissements sémantiques qui consistent à changer subrepticement le sens habituel des mots, à en rétrécir la portée ou en ramollir les contours dès qu'on les applique à l'Afrique. Mon collègue kenyan Odera Oruka (qu'on appelait encore, à cette époque, Henry O. Odera) citait en exemple, a cet égard, non sans humour, les expressions «religion africaine», «philosophie africaine», «démocratie africaine», «développement africain», OU les concepts originaires de religion, philosophie, démocratie, développement sont tout simplement trafiques, élargis, distendus pour pouvoir intégrer des réalités qu'on aurait désignées dans d'autres cultures par des termes franchement péjoratifs et critiques: superstition, mythologie, dictature, contre-développement ou pseudo-développement (Odera, 1972, 1974; Hountondji, 1976: 61).

La critique de l'ethnophilosophie poursuit ici un enjeu majeur: donner le même sens aux mêmes mots, et aux mêmes concepts la même connotation quel qu'en soit le terrain d'application, s'interdire les équivoques, les ambigüités, les confusions dont se nourrissent depuis toujours le sophisme et le mensonge.

De cette régie de l'univocité, Aristote me paraissait avoir donné la formulation la plus claire possible au livre G de la *Métaphysique;* dans son plaidoyer vigoureux pour le principe de contradiction:

> «Ne pas signifier une chose unique, c'est ne rien signifier du tout» (Aristote, 1964: 201-202).

En ce sens, la philosophie ne saurait designer autre chose en Afrique qu'hors d'Afrique. Son contenu sera forcément diffèrent, bien entendu, ses problèmes et ses thèmes spécifiques, forcement originaux par rapport à ceux de la philosophie dans d'autres contextes culturels, sociaux et historiques, mais sa nature comme discipline, ses implications, ses exigences méthodologiques et théoriques seront les mêmes, sous peine de ne plus être de la philosophie.

Je pensais aussi secrètement a une remarque de Husserl dans son corps-à-corps passionne avec le psychologisme, ou il fait reposer, en dernière analyse, les principes de contradiction et du tiers-exclu sur le seul sens des mots «vrai» et «faux», sans exclure cependant la possibilité d'une «querelle de mots» qui résulterait d'une compréhension totalement différente de ces termes et rendrait impossible, du même coup, toute discussion. Au relativiste qui imagine que d'autres espèces d'êtres, différentes de l'espèce humaine, pourraient ne pas être soumises aux mêmes principes logiques, Husserl répond en renvoyant simplement au langage humain ordinaire. De deux choses l'une, en effet:

_ ou bien les êtres en question entendent les mots «vrai» et «faux» dans le même sens que nous, et alors il est impossible que les principes logiques, fondes en dernière analyse sur «le sens de ces mots (...) tels que *nous* les entendons», ne soient pas valables pour eux;

_ ou bien ils emploient ces mots dans un autre sens, et alors

« ... Toute cette controverse n'est qu'une querelle de mots. Si par exemple ils nomment arbres ce que nous appelons propositions, alors les énonces par lesquels nous formulons des principes ne sont naturellement pas valables; mais ils perdent alors aussi, bien entendu, le sens dans lequel nous les affirmons» (Husserl, 1959: 127; Hountondji, 1970a: 80).

Pour Husserl comme pour Aristote, le préalable absolu à tout dialogue, à toute discussion sensée, c'est un langage univoque. Nul mieux que Husserl n'a pourtant montré les limites de ce postulat, et je le savais aussi. L'idéalité du sens est précaire, constamment menacée dans le langage ordinaire par la cohorte d'expressions fluctuantes qui peuplent notre discours. J'admettais cependant que la philosophie ne pouvait être une telle signification fluctuante et en ce qui la concerne au moins, j'affirmais, comme Husserl, «l'absence de limites de la raison objective».[26]

A dire vrai, il fallait lutter sur deux fronts: affirmer la possibilité d'une authentique philosophie africaine à la fois contre les champions de l'ethnophilosophie et contre les idéologues de la supériorité européenne dont certains, philosophes par ailleurs connus et reconnus, voyaient curieusement dans la philosophie un mode de pensée exclusivement occidental. Husserl était malheureusement du nombre et plus clairement encore Heidegger, qui voyait une tautologie dans «la locution rebattue de "philosophie occidentale-

---

26 Voir *supra* notre chapitre II. § 5.

européenne».[27]

Dans un exposé oral présent au cours d'un séminaire de Jacques Derrida, j'avais dénoncé, à partir de textes semblables, l'ethnocentrisme d'un certain nombre de philosophes classiques. Cette critique n'est pas reprise dans *Sur la «philosophie africaine»*. Elle est cependant à l'arrière-plan de la réflexion sur le pluralisme culturel et de l'effort, qui en est inséparable, pour déconstruire les notions courantes d'occidentaliste et d'européaniste, en même temps que celle d'africanité, la défiance envers «toutes les notions qui lient, explicitement ou implicitement, tel ou tel système de valeurs à telle ou telle région du globe, a telle ou telle zone géographique». One critique de l'eurocentrisme conduit ainsi à pratiquer, sur les notions d'Europe et d'Occident, le même travail de «délestage», le même effort de «démythologisation» que sur le concept d'Afrique, de manière a bien voir que l'Europe elle aussi est d'abord un continent sans plus, l'Amérique mode me un sous-continent ct rien d'autre, et que la longue histoire culturelle dont ces con très ont été le théâtre n'avait, en soi, aucun caractère de nécessite.

La critique de l'ethnocentrisme conduit, en somme, comme celle de l'enfermement ethnologique, a déterritorialiser les valeurs culturelles, a les rendre flottantes au maximum, a les détacher de leur socle géographique ou,

---

27 On peut lire par exemple chez Husserl: « La raison est un vaste titre. Scion la bonne vieille définition. L'homme est un animal raisonnable et en ce sens vaste, le Papou lui aussi est un homme, et non un animal (...). Mais de même que l'homme, et le Papou lui-même, représentent un nouveau degré dans l'animalité, précisément celui qui s'oppose a la bête, de même la raison philosophique représente un nouveau degré dans l'humanité et dans sa raison» (Husserl, 1976: 372). Et chez Heidegger: « La locution rebattue de « philosophie occidentale-européenne» est en vérité une tautologie. Pourquoi? Parce que la 'philosophie' est grecque dans son être même - grec veut dire ici: la philosophie est, dans son être original, de telle nature que c'est d'abord le monde grec et seulement lui qu'elle a saisi en le réclamant pour se déployer- elle » (Heidegger, 1957: 15). Sans compter les relents d'évolutionnisme sociologique évidents dans ces textes, de telles déductions sont autant de formes d'un paralogisme connu: le sophisme de l'accident, qui consiste à projeter arbitrairement sur un fait accidentel, un caractère de nécessite parfaitement illusoire. Les meilleurs esprits, malheureusement, n'échappent pas toujours à cette tentation. Une lecture africaine de la philosophie occidentale doit, pour cette raison entre autres, rester vigilante et tacher de débusquer les ruses et subtilités d'un ethnocentrisme toujours menaçant

plus exactement, à en relativiser le rapport à un socle en montrant tout ce qu'il y a d'accidentel, de contingent, de non nécessaire dans ce rapport. Elle conduit aussi à relativiser la valeur de ces valeurs en montrant qu'elles sont souvent solidaires d'un ensemble de contre-valeurs que les apologistes et autres chantres des différentes cultures oublient généralement de revendiquer. La science, dites-vous, est une invention européenne? La syphilis aussi, dont on sait qu'elle a été introduite parmi les Indiens d' Amérique par leurs visiteurs du vieux continent:

> «Je pars de l'hypothèse que les valeurs n'appartiennent à personne, qu'aucune nécessite intrinsèque ne préside à leur répartition de fait à travers les diverses civilisations, ni à l'importance relative qu'elles y révèrent (...). Les valeurs culturelles sont comme les maladies vénériennes: elles éclosent ici ou là, se développent par-ci plutôt que par-là, scion que le milieu leur est plus ou moins favorable, mais ce pur hasard historique ne saurait fonder une revendication de propriété ni, inversement, d'immunité» (Hountondji, 1976: 248-249).

Une telle démarche permettait de liquider définitivement tout complexe d'infériorité ou, inversement, de supériorité, de montrer qu' aucune réussite historique n'est définitive et irréversible ni aucun échec insurmontable, que tout reste possible à tout moment et que chaque culture doit, à chaque époque, prendre ses responsabilités devant l'histoire, Du même coup, cette démarche permettait, contre les tentatives d'exclusion ou d'enfermement, de revendiquer pour l'Afrique le droit à l'universel, la possibilité d'articuler des questions indépendantes qui ne se contenteraient pas de reprendre celles qu'une curiosité occidentale, par ailleurs fort compréhensible, se pose sur l'Afrique, mais renverraient à des préoccupations varices enracinées dans l' expérience africaine elle-même, la possibilité, aussi, de traiter ces questions avec suffisamment de méthode et de rigueur pour proposer des réponses d'une validité universelle.

f) Recentrer l' Afrique

Critique de l'enfermement culturel et de l'unanimisme, retour à un cogito responsable, exigence d'un pluralisme cohérent et revendication du droit à l'universel, *Sur la «philosophie africaine»* est aussi une critique de l'exclusion scientifique et de son corollaire, l'extraversion théorique.

D'emblée est mise en cause, nous l'avons vu, la pratique qui consiste à disserter de la philosophie bantu entre Occidentaux sans la participation des Bantu eux-mêmes, quitte à attendre d'eux, en retour, l'expression bruyante d'une gratitude surfaite. Au-delà, cependant, de ce cas extrême OU les personnes exclues se trouvent être précisément l'objet du débat en cours, ce qui est déploré, c'est l'exclusion qui frappe les Africains et l'Afrique en général dans le domaine de la science, le fait que la recherche se développe sans eux et qu'ils restent massivement en marge du processus mondial de production des connaissances.

De ce fait les rares Africains cooptés au sein de la communauté scientifique internationale, n'ont pas d'autre choix que de théoriser eux aussi dans le dos de la grande masse des Africains et de modeler leur discours en fonction d'un public potentiel majoritairement occidental. L'exclusion se double ainsi, dans la pratique scientifique africaine, d'une extraversion: participation à une activité domiciliée ailleurs, ciblage d'un public massivement situe hors d'Afrique - «décentrage du savoir par rapport à notre espace géopolitique», pour reprendre une expression que je devais utiliser peu après (Houtondji, 1980c: 27).

L'ethnophilosophie est fille de l'extraversion. La critique de l' ethnophilosophie débouchait donc forcément sur une critique de l'extraversion. En amorçant celle-ci, *Sur la «philosophie africaine»* montrait du même coup la nécessite d'ouvrir en Afrique un nouvel espace de recherche et de discussion, un espace autonome, ou les thèmes abordés ne seraient plus un écho lointain de ceux que développe la science occidentale, mais l'expression directe ou indirecte, des préoccupations de l'Afrique elle-même. L'autonomisation de la pensée devait commencer par un effort pour forger des problématiques originales, non par souci de faire du neuf à tout prix mais par souci d'authenticité, par volonté d'être soi-même en laissant libre cours aux questions que l'on se pose spontanément et en tachant de les porter à un degré supérieur d'élaboration, au lieu d'accepter passivement les questions que d'autres se posent ou nous posent à partir de leurs propres préoccupations.

Ce renouvellement des problématiques a pour condition préalable un changement de public. Il passe par un renversement de la situation actuelle qui amènerait le chercheur africain à cibler en priorité le public africain. Ce thème, récurrent à travers tous mes travaux de l'époque, est repris dans les articles de *Sur La «philosophie africaine»*. J'attendais beaucoup de ce recentrage social du discours théorique: j'en attendais non seulement un renouvellement du contenu, mais un véritable saut qualitatif et les progrès les plus inattendus dans les différentes disciplines.

Si j'ai été à ce point fasciné par l'aventure d'Amo, ce philosophe ashanti qui, arraché aux siens dès l'Age de trois ans, avait réussi à «percer» dans l'Allemagne du XVIII" siècle en s'illustrant par quelques écrits, puis était revenu, sur ses vieux jours, dans son pays d'origine, c'est justement parce que cette aventure préfigurait à mes yeux le destin de tous les intellectuels coloniaux et postcoloniaux, l'extraversion massive qui les fait participer, dans les différentes disciplines, au mouvement des idées en Occident et plus généralement, a une histoire intellectuelle centrée ailleurs, dans les grandes métropoles industrielles et scientifiques. Amo était donc le contre-modèle qui nous révèle à nous-mêmes, en indiquant clairement ce qu'il nous faut désormais éviter et, par contraste, dans quelle direction il nous faut chercher.

Construire un nouvel espace de production théorique, faire en sorte que l'Afrique noire, aujourd'hui périphérique par rapport à l'Europe et a l'Occident dans le domaine du commerce des idées, s'autonomise pleinement et devienne à son tour, ou redevienne son propre centre, tel était donc l'objectif.

Dans ce nouveau processus on ne pouvait faire l'économie d'une appropriation massive de l'écriture. La réhabilitation de la tradition orale, la découverte de la richesse et de la complexité de ce que Maurice Houis appelle les «civilisations de l'oralité» ne devaient pas conduire à méconnaître le rôle inconsommable de l'écriture, non seulement dans la transmission, mais dans la construction même d'un certain type de savoir. Je restais fidèle, sur ce point, à l'enseignement de Husserl. (Houis, 1971: 46-72)

J'y restais aussi fidèle sur un autre point: dans mon appréciation des taches actuelles, je ne séparais pas science et philosophie, mais les percevais l'une et l'autre comme l'expression d'une seule et même exigence, d'un seul et même esprit de responsabilité, d'un seul et même «radicalisme». Je réinvestissais ainsi sur le terrain africain l'immense exigence de Husserl pour l'Europe. Cela se traduisait, au niveau lexical, par un certain usage du mot «science» que je prenais dans sa plus grande généralité, au-delà de l'opposition traditionnelle entre sciences exactes et naturelles, sciences sociales et humaines et philosophie. J'utilisais aussi volontiers le mot «théorie» dans son sens althussérien, comme terme générique désignant l'unité d'un certain type de philosophie et d'un certain type de science. Dans tous les cas, la science comme projet, comme tache infinie arrachant la culture à sa clôture première pour y introduire une perspective téléologique, une ouverture qui eut été impossible autrement, n'était pas seulement bonne pour l'Europe. Récusant sur ce point l'eurocentrisme husserlien, j'entendais pour ma part demarginaliser l'Afrique et la remettre au centre de sa propre histoire, dans un monde désormais pluriel dont l'unité ne saurait résulter d'une annexion, ou d'une intégration de type hégémonique, mais doit, à chaque époque, se renégocier.

g) Redécouvrir l'histoire

Sur le terrain ainsi libère, il redevenait possible d'examiner, par-delà l'insistance unilatérale sur les constantes culturelles, la succession diachronique des doctrines et des œuvres, l'évolution intellectuelle du continent. Une histoire de la pensée africaine devenait possible et nécessaire, là où l'ethnophilosophie avait fait croire, jusque-là, à la permanence d'une seule et même vision du monde traversant, intacte, les millénaires.

La critique de l'ethnophilosophie libérait le projet d'une telle histoire. On ne pouvait pour l'instant se prononcer sur son ancienneté ni sur sa richesse: seule l'enquête empirique devait trancher. On ne pouvait non plus ignorer les difficultés de l'entreprise: vouloir à tout prix pratiquer une lecture diachronique sur une matière intellectuelle plusieurs fois millénaire, dont des pans entiers appartiennent encore à une tradition non écrite, tient de la gageure.

En dépit de toutes ces difficultés, toutefois, le projet gardait pleinement son sens. *Sur la «philosophie africaine»* démontrait le mouvement en marchant, à travers deux études de cas qui pouvaient servir d'illustration. Ainsi, l'analyse de l'œuvre d'Amo, l'identification précise de ses écrits, à savoir le *De humane mentis apathie* et le *Tractatus de arte sobre et accurate philosophandi;* comme de la thèse de son étudiant Meiner, la *Disputation philosophica,* l'essai d'interprétation du premier de ces écrits à la lumière du contexte historique et théorique de l'époque et l'effort pour en retrouver l'enjeu n'étaient, à tout prendre, qu'un commencement d'exécution d'une des tâches prescrites par ce projet - même si cette lecture devait déboucher sur une «question redoutable» concernant la légitimité de cette récupération d'Amo et plus généralement, les conditions d'inscription d'une œuvre intellectuelle dans l'histoire vivante de l'Afrique

(Arno, 1734, 1738, 1968a, 1968b; Meiner, 1734; Hountondji, 1970b, 1976: 139-170).

De même la lecture critique du *Consciencisme* a la lumière de l'évolution de Nkrumah et des luttes politiques et sociales dans le Ghana de l'époque n'avait pas seulement pour but d'éclairer les méandres de l'ouvrage; elle proposait une méthode applicable, le cas échant, à d'autres textes. La réinsertion de la pensée dans le mouvement réel de l'histoire devait permettre à la fois de reconnaitre la spécificité des œuvres de la spéculation et leur rapport au contexte économique, social et politique aux différentes époques, Elle devait achever de fonder une vision pluraliste de la philosophie et de la culture africaines, en balayant définitivement les préjugés unanimistes et le mythe d'une société sans histoire.

Ce ne saurait être pure coïncidence: tandis que j'attirais ainsi l'attention sur l'existence des textes et, dénonçant «de mythe de la philosophie spontanée», ramenais toute la philosophie africaine à l'accumulation de tels textes, tandis que se développait cette idée de la philosophie comme histoire, le père Smet, de son cote, livrait une première mouture de son importante «bibliographie de la pensée africaine», Erudit soigneux et méticuleux, ce professeur de Lovanium était, depuis le transfert à Lubumbashi, chef du département de philosophie de l'Université nationale du Zaïre. Il dirigeait, à ce titre, les *Cahiers philosophiques africains / African philosophical journal*, revue semestrielle bilingue créée, sur ma proposition, par le département et dont l'ambition était précisément d'amorcer, a l'échelle du continent, l'indispensable échange, le partage intellectuel en quoi pouvait seulement résider, à mon sens, une philosophie africaine proprement dite. C'est dans le second numéro de ces *Cahiers* que parut, fin 1972, la première version d'une bibliographie qui devait être progressivement, non seulement complétée par Smet lui-même, mais encore reprise, corrigée et considérablement enrichie par d'autres (Smet, 1972, 1978a; Nkombe et Smet, 1978; Mudimbe, 1982; Hountondji, 1987a, 1988a; Van Parys, 1980).

Parallèlement se développa au département de philosophie de Lubumbashi, malgré une certaine résistance, la tendance à rebaptiser certains enseignements du programme en fonction des nouvelles exigences. Les cours intitulés «Philosophie africaine», dont le contenu était forcément, pour une grande part, ethnographique sans plus, s'appelèrent désormais «Textes philosophiques africains», voire «Eléments d'histoire de la philosophie africaine». Neutre par nécessité dans un débat parfois peu amené entre ses collègues africains, Alphonse Smet, beige, prêtre et par surcroit, à cette époque, doyen d'âge et chef de département, s'employait à calmer le jeu, mais dans le même temps, renforçait par ses propres travaux, les nouvelles tendances. Regrettant ouvertement, par ailleurs, ce qu'il considérait comme une incompréhension à l'égard de Tempels, qu'il connaissait mieux que quiconque, il devait, par ses recherches, renouveler entièrement les études templionnes, au point d'obliger même les critiques les plus déterminés a un jugement plus équilibre (Smet, 1977a, 1977b, 1977c, 1977d, 1978b, 1981; Tempels, 1948, 1949, 1962,1979, 1982; Hountondji, 1987b).

Quoi qu'il en soit, plus personne ne s'avise aujourd'hui de parler de la philosophie africaine sans référence à la *littérature* qui l'exprime: plus personne ne la projette dans l'absolu comme un en-soi, comme un système clos et, de toute éternité, identique à lui-même; plus personne ne l'imagine en dehors de son histoire. Dans ce retour au réel, il faut voir un des résultats les plus tangibles de la critique de l'ethnophilosophie, quels que soient par ailleurs les problèmes nouveaux liés à cette redécouverte de l'histoire.

h) La politique a sa place

On ne saurait passer sous silence un dernier enjeu. Contre l'idéologisme ambiant, la politisation tous azimuts de l'activité humaine, *Sur la «philosophie africaine»* entendait remettre la politique à sa place.

Dans un contexte où les classiques du marxisme étaient devenus localement mesure de toute vérité et, dans le domaine de la philosophie, la référence obligée et comme une condition de recevabilité incontournable, c'était quasiment une provocation de renvoyer «de Lénine à Descartes», comme j'ai tenté de le faire dans un exposé présente en 1975 a Abomey au cours d'un séminaire pédagogique national organise pour les professeurs de philosophie, et dans l'article, reste malheureusement inachevé, qui devait le reprendre (Hountondji, 1975).

J'entendais montrer que la thèse matérialiste, sous la forme qu'elle revêt dans *Matérialisme et empiriocriticisme,* ou elle se ramené en fait à ce qu'on appelle habituellement, dans l'histoire des théories de la connaissance, le réalisme, ne résistait guère aux objections traditionnelles du scepticisme. A aucun moment, du reste, Lénine ne tentait sérieusement de réfuter l'idéalisme. Il en reconnaissait volontiers, au contraire, la cohérence interne et, partant, le caractère irréfutable. Toutefois, à défaut de pouvoir le réfuter, il tentait de le banaliser.

Le précédé utilisé est d'une simplicité déconcertante. L'idéaliste, dit Lénine, est un foule L'argument *ad hominem* tient lieu de réfutation. Faute de pouvoir invalider la doctrine, on lui invente une paternité douteuse: généalogie arbitraire qui permet d'écarter à bon compte le produit gênant. J'entendais montrer que Lénine pratiquait ainsi, contre l'idéalisme en général, un mode d'argumentation que d'autres, avant lui, avaient utilisé contre le scepticisme: par exemple Aristote, au livre G de la *Métaphysique,* pour régler leur compte aux sophistes qui prétendaient nier le principe de contradiction (Aristote, 1964: 171-243; Lénine, 1973).

Enfin et surtout, contre le chantage à la folie, j'en appelais a l'audace intellectuelle de Descartes qui, dans sa quête d'une certitude apodictique, assumait volontiers le risque de la folie et, par l'argument du rêve, rejetait provisoirement toute croyance relative à l'existence des corps, y compris le sien propre. Une discussion célèbre entre Foucault et Derrida sur le statut de la folie chez Descartes avait justement achevé de me convaincre que, loin de pratiquer contre la folie et les fous l'exclusion ou Michel Foucault voyait le geste fondateur du rationalisme classique, la première Méditation les intégrait au contraire dans sa démarche. L'apodicticité du cogito n'est donc pas menacée par l'éventualité de la folie. Elle la présuppose au contraire et reste, par conséquent, d'un autre ordre, par-delà l'opposition entre raison et déraison (Descartes, 1641, 1953a; Foucault, 1961; Derrida, 1967b: 51-97).

Ainsi Lénine était-il remis à sa place par rapport à une question de philosophie qu'il considérait d'ailleurs lui-même, après Engels, comme la seule vraie question philosophique - celle du rapport de l'être à la conscience. J'entendais montrer que l'autorité incontestée du révolutionnaire russe, accoucheur d'histoire et désormais incontournable en matière de théorie et de pratique politique, ne lui conférait pas forcement une auto rite comparable dans le domaine, tout autre, de la pensée spéculative.

Sur la « philosophie africaine» revient par un autre biais sur cette question importante, à propos de Nkrumah. La présupposition fondamentale du *Consciencisme,* la raison d'être de cet ouvrage philosophique unique dans une production littéraire par ailleurs abondante, c'est qu'aux yeux de Nkrumah, toute politique renvoie à une philosophie. Cette relation, il la formule de façon limpide:

«Il y a une seule alternative philosophique réelle: l'idéalisme et le matérialise. L'idéalisme favorise l'oligarchie, le matérialisme favorise l'égalitarisme» (Nkrumah, 1964: 75).

L'hypothèse m'a paru «infiniment hasardeuse». Je trouvais hautement contestable «cette volonté d'une correspondance biunivoque entre les diverses figures du discours métaphysique et les figures du discours politique». Pour moi, il était arbitraire de fonder le socialisme sur le matérialisme. Inversement, on ne pouvait non plus fonder l'oligarchie, ou toute autre doctrine inégalitaire, sur l'idéalisme ou sur quelque autre forme de spiritualisme:

> «Nos options politiques se soutiennent d'elles-mêmes de façon autonome. Si elles ont besoin de justifications, celles-ci ne peuvent être que *politiques*, c'est-à-dire appartenant au même niveau de discours et non au niveau, tout autre par hypothèse, de la spéculation métaphysique» (Hountondji, 1976: 211).

Que nos options politiques «se soutiennent d'elles-mêmes» ne veut pas dire qu'elles se déterminent elles-mêmes, ou qu'elles ne soient pas déterminées, en dernière instance, par notre appartenance de classe, au même titre que nos options métaphysiques: je le précisais en note, pour éviter toute équivoque. Toutefois, l'enracinement direct ou indirect dans une même origine, dans une même appartenance sociale ne crée, le cas échéant, aucune relation de dépendance logique, aucun lien de prémisse à conséquence entre deux types de discours distincts par leur objet et leur méthode.

L'enjeu de cette discussion était simple. Il s'agissait de faire coexister le pluralisme idéologique, la diversité des croyances et des visions du monde avec l'indispensable unité d'action, de faire en sorte que les impératifs pratiques ne servent jamais d'alibis pour étouffer ou tuer dans l'œuf une pensée libre et responsable, de garantir la possibilité pour des hommes et des femmes d'horizons philosophiques et religieux divers, de continuer à se battre ensemble aujourd'hui, comme ils l'ont fait hier, pour la même cause et le même idéal.

Pour préserver ainsi l'unité dans la différence, il fallait renoncer à tout prosélytisme idéologique et poser d'abord les problèmes politiques en termes politiques, c'est-à-dire en termes d'intérêts et de conflits d'intérêts, en termes de projets de société et d'organisation pratique de la vie communautaire;

renoncer à forger, par l'intimidation ou par d'autres précèdes autoritaires, une unité de pensée qui ne pourrait être qu'artificielle; liquider franchement, avec l'illusion unanimiste, l'esprit de système qui amené à requérir pour tout projet politique un fondement métaphysique détermine. Il fallait ébranler «la thèse idéologique d'une profondeur métaphysique du politique» et affirmer haut et fort «l'autonomie du politique comme niveau de discours », pour remettre à leur juste place et libérer à la fois le débat politique et le débat philosophique.

Revenant sur cette question trois ans après la première version de l'article sur le *Consciencisme,* le «post-scriptum» de *Sur la «philosophie africaine»* en réaffirme les conclusions essentielles, tout en nuançant quelques-uns des concepts opératoires précédemment mis en œuvre. Des expressions comme «lecture de droite / lecture de gauche», «critique de droite / critique de gauche», qui avaient d'abord paru si éclairantes, paraissaient désormais d'un simplisme déroutant. Sans doute ces expressions pouvaient-elles encore servir, mais seulement dans des limites précises. Elles mettaient en garde, notamment, contre la tentation du dogmatisme et plus particulièrement, celle d'une lecture catéchistique qui aurait pour effet de banaliser les auteurs et les œuvres les plus révolutionnaires en prenant leurs interrogations pour des affirmations péremptoires, en supposant résolues des questions qu'ils n'avaient eux-mêmes jamais prétendu trancher, en réduisant a quelques formules stéréotypes l'immense inquiétude qui les traverse.

Le ronronnement idéologique est une pratique de droite: telle était mon hypothèse. Par rapport au contexte de l'époque, l'idée était simplement subversive. Elle invitait implicitement à ne plus se contenter des slogans du parti, ni des cours d'idéologie concoctes à la hâte par le «Centre national d'éducation révolutionnaire» (CENER) à partir des manuels de vulgarisation soviétiques Elle faisait obligation à tous ceux et à toutes celles qui en avaient les moyens intellectuels, de lire eux-mêmes les grands classiques et de s'en faire une opinion personnelle:

> «Le bilan, à tout prendre, est maigre. Faute d'avoir su développer (l'héritage marxiste), nous assistons aujourd'hui, impuissants, à sa confiscation éhontée par des groupes politiques parfaitement cyniques ct réactionnaires (...). Si bien qu'il faut craindre sérieusement qu'on n'en arrive bientôt, au nom du marxisme, à nous interdire de lire Marx» (Hountondji, 1976: 257).

Cela dit, au-delà de la charge subversive de ces métaphores, que je prenais peut-être à tort pour des concepts, je reconnaissais, dans le «Postscriptum», qu'on ne pouvait prendre à la lettre le couple antithétique «lecture de droite / lecture de gauche», sauf à vouloir Couper le monde en deux en reconduisant la vieille anti thèse stalinienne «science bourgeoise / science prolétarienne».

Je crois, sans pouvoir en être sûr, que j'avais dû lire dès sa sortie de presse en mai 1976, le *Lyssenko* de Dominique Lecourt, qui venait fort opportunément nous rafraichir la mémoire sur les conséquences désastreuses de ce simplisme génial (Lecourt, 1976). Sans mentionner spécialement cette affaire célèbre, je ne pouvais me défaire du sentiment très fort que, dans le Benin de 1976, J'histoire se répétait à une échelle réduite et à quelque trente ans d'intervalle, En ce petit coin du monde, l'on cédait à la même tentation que dans l'URSS des années quarante: celle de «rabattre mécaniquement la vie scientifique sur la vie politique, en réduisant celle-là à un reflet immédiat de celle-ci, en la vidant de sa richesse, de son ouverture essentielle» (Hountondji, 1976: 253).

Le Ghana de Nkrumah avait donc valeur de paradigme. Il pénétrait de penser, en les replaçant dans le contexte africain, quelques-uns des dérapages théoriques et pratiques dont regorge l'histoire passée ou contemporaine des sociétés les plus diverses. Il obligeait à mettre en cause, pour finir, l'usage habituel des notions classiques de gauche et de droite, en montrant l'insuffisance d'une appréciation qui voudrait situer politiquement un régime ou une personne en fonction de son seul discours public et la nécessite de confronter, dans chaque cas, le discours à la pratique. Je citais, pour illustrer mon propos, une critique sans complaisance du régime Nkrumah parue dix ans plus tôt (Fitch et Oppenheimer, 1966).

Au total, mettre la politique a sa place, c'était à la fois légitimer, donner son statut propre à un discours qui prendrait pour objet, directement et sans détours, l'ensemble des problèmes lies a la gestion des communautés humaines et au destin de l'espèce; mais aussi, inversement, contenir ce discours dans les limites de son champ de légitimité, empêcher qu'il ne déborde et ne devienne envahissant, au point de prétendre structurer tous les autres champs.

De la sorte, tout en reconnaissant l'ancrage politique de cette critique de l'ethnophilosophie, l'enracinement profond de *Sur fa «philosophie africaine»*, voire de tous mes travaux et interrogations théoriques, dans le sol concret des luttes en cours au Benin et en Afrique, je tachais paradoxalement, dans le même temps, de mettre la politique à distance pour ne pas m'y engluer, de la thématiser, de la penser pour ne pas simplement la subir, et parallèlement, d'assurer le droit à l'existence d'un espace théorique autonome.

Quelques Lectures

Le succès de l'ouvrage peut s'apprécier a quelques indices très simples. Le premier est qu'il a suscité et continue de susciter, à ce jour, une vive polémique, La férocité même de certaines critiques est le signe que ces thèses ne laissent personne indiffèrent. Je devais prendre acte, le cas échéant, des procès d'intention gratuits et saisir l'occasion pour dissiper quelques malentendus (Niamkey, 1977, 1980, Niamkey & Toure, 1980; Yai", 1978; Hountondji, 1977, 1981a, I 982a).

Mais il n'y eut pas que des critiques, bien entendu. Plus d'un lecteur a lu avec sympathie tel ou tel article du recueil et finalement, a sa parution, le livre lui-même. Certains commentaires devaient particulièrement me faire réfléchir. Ainsi, ceux de Marc Auge dans sa belle étude sur la «théorie des pouvoirs» dans les sociétés lagunaires de la basse Cote d'Ivoire, ou il concluait a la nécessite de prendre au sérieux « l'idéologique », c'est-à-dire la logique des représentations collectives des communautés humaines et s'efforçait, dans le même temps, de distinguer soigneusement ce projet des généralisations abusives de l'ethnophilosophie (Auge, 1975: 117-121).

Ce commentaire pénétrant, qui portait sur l'article de *Diogène;* devait d'ailleurs être élargi, après la publication du recueil, dans un autre ouvrage de Marc Auge consacre à l'examen critique des «interrogations de l'anthropologie». Le brillant anthropologue français, plus attentif que d'autres à la réception de sa discipline au sein des populations dont elle rend compte, était principalement frappe par ma contestation du statut de l'ethnologie, en tant qu'elle se prétend distincte de la sociologie (Auge, 1979: 157-165).

Je suspectais en effet le projet d'une étude spéciale des sociétés dites primitives. Je ne prenais pas très au sérieux les subtilités terminologiques ni les réaménagements lexicaux qui avaient marque ou marquaient encore ce projet. Ces corrections savantes masquaient mal l'inconsistance de ce qui m'apparaissait, à la limite, comme une science sans objet:

«L'ethnologie (ou de quelque autre nom qu'on l'appelle: "anthropologie" ou comme l'on voudra) présuppose toujours ce qui est à démontrer: la distinction réelle entre son objet et celui de la sociologie en général, la différence de nature entre les sociétés, 'primitives" ("archaïques", ou comme l'on voudra) et les autres sociétés, Dans le même temps, par contre, elle prétend faire abstraction du rapport de forces réel entre ces sociétés et les "autres", c'est-à-dire, tout simplement, de l'impérialisme» (Hountondji, 1976: 16).

Au-delà de l'ethnophilosophie, «le vice radical de l'ethnologie en général» était, amés yeux, de réduire au silence l'homme prétendu primitif de lui supposer un mutisme imaginaire en voyant en lui

«...tout le contraire d'un interlocuteur: il est *ce dont* on parle, un visage sans voix qu'on tente de déchiffrer, entre soi, objet à définir et non sujet d'un discours possible».

Outre cette mise en cause de l'anthropologie, Marc Auge relevait dans le «Post-scriptum» de *Sur la «philosophie africaine*», les suggestions concernant ces «schèmes de conduite collectifs, qui sont autant de schèmes de pensée, et dont l'ensemble constitue ce qu'on pourrait appeler une idéologie pratique», de même que les indications sur la «logique résiduelle», la «cohérence très particulière» de cette idéologie pratique qui fait penser au bric-à-brac du bricoleur et interdit qu' on puisse la méprendre pour une philosophie. Il voyait, non sans raison, dans ces suggestions et indications, la réponse à une question critique qu'il avait posée dans *Théorie des pouvoirs et idéologie,* concernant la portée réelle de la critique de l'ethnophilosophie: en rejetant l'idée d'une philosophie collective, doit-on nier, du même coup, toute forme de représentation collective et, comme diraient les Anglais, jeter le bébé avec l'eau de bain?

L'inquiétude était d'autant plus fondée que sur ce point précis, j'en étais reste en effet, à l'époque de l'article de *Diogène,* a la défiance exprimée deux ans plus tôt dans l'expose de Copenhague, ou j'allais jusqu'à dire – en manière de provocation, il est vrai – qu'en toute rigueur «une collectivité ne pense pas, du moins pas au sens propre». La vérité, que Marc Auge ne pouvait évidemment deviner, c'est qu'en forgeant, dans ce «Post-scriptum», le concept d'idéologie pratique, dalleurs proche, par plus d'un cote, du concept d'idéologique qu'il avait lui-même produit, je me livrais sans le dire, a neuf ans d'intervalle, a un commencement d'autocritique. Du début à la fin de l'ouvrage, pendant les sept années qui séparent l'article de *Diogène* du «Post-scriptum», un travail d'approfondissement et de réajustement conceptuel s'était ainsi développé, à la faveur, nocturnement, d'une plus grande familiarité avec l'œuvre de Lévi-Strauss, dont j'avais tenté, tant bien que mal, de déchiffrer certaines pièces sans d'ailleurs toujours y parvenir (Lévi-Strauss, 1955, 1958, 1962, 1967, 1969).[28]

On comparera utilement, en tout cas, cette lecture de Marc Auge, attentive autant que critique, partageant jusqu'à une sorte de complicité les inquiétudes de *Sur la «philosophie africaine»,* avec «l'amicale provocation» de Claude Rivière qui, cherchant avant tout à défendre une discipline, selon lui injustement mise en cause, croit devoir rappeler que «L'ethnologie moderne, sœur de la sociologie», perçoit bel et bien des différences, les conflits, les dysfonctionnements sociaux dans le cadre des rapports de dualisme ou de pluralisme maintes fois analyses depuis une dizaine d'années», et déplore que trop souvent le pur philosophe, en retard d'une décennie, ignore cette socio-ethnologie des changements, sans illusion sur la pseudo-unanimité des pensées ou des volontés politiques», ajoutant pour finir, que la philosophie africaine (...) a l'inverse de la philosophie occidentale, (...) est rappelée à la modestie parce qu' en Afrique, elle est la sœur cadette des sciences sociales, alors qu'elle se reconnaît l'aînée en Europe» (Rivière, 1979: 93, 105).[29]

---

28 Je n'ai jamais été sur, notamment, d'avoir bien «compris» ou, si l'on préfère, «intégré » les deux premiers chapitres de *La pensée sauvage,* sur « La science du concret» et «La logique des classifications totémiques». En imaginant, sur le modèle de cette science du concret, « le décousu de ces morceaux juxtaposes comme des restes» dans ce que j'appelais l'idéologie pratique et «la cohérence très particulière de cette 'logique' résiduelle», j'étais donc conscient de poser un problème plus que je n'affirmais péremptoirement une thèse. Un nouvel espace d'interrogation s'ouvrait ici, par rapport auquel, justement, des travaux comme ceux de Marc Auge devenaient incontournables.

29 Je n'ai découvert que bien tardivement, au détour d'un entretien avec un collègue sénégalais du Centre d'études libertaires et historiques par tradition orale (CELHTO) de Niamey, les commentaires pénétrants de Marc Auge sur la critique de l'ethnophilosophie. J'ai rencontré l'homme plus tardivement encore, bien que nous eussions depuis assez longtemps, de nombreux amis communs. J'avais eu, par contre, le bonheur de rencontrer Claude Rivière, alors chef du département de « philosophie et sciences sociales appliquées » de l'Université du Benin a Lomé, plusieurs mois avant

Quel dommage, simplement, de voir ramener à une querelle de prééminence entre disciplines, des questions d'épistémologie et de théorie autrement troublantes!

Si l'on voulait un autre signe de l'impact de la critique de l'ethnophilosophie, il suffirait de mentionner les anthologies, recueils de textes et autres manuels scolaires qui, depuis vingt ans, en citent de larges extraits censés servir de support à l'enseignement de la philosophie en Afrique ou aux Etats-Unis (Smet, 1975: 410-430, Azombo-Menda & Enobo-Kosso, 1978: 163-176; Tort & Desalmand, 1978: 372-373, 375, 378-381; Azombo-Menda & Meyongo, 1981: 5-6; Serequeberhan, 1991: 111-131; Mosley, 1995: 172-198).

C'est même amusant de voir comment un de ces recueils me fait naître en République du Benin (au lieu d'Abidjan), m'imagine toujours ministre de l'Education en 1995 (ce que je n'ai été que 16 mois, du 12 mars 1990 au 29 juillet 1991) et, erreur moins excusable parce que plus facile à éviter, me fait publier en 1987, au lieu de 1983, par Indiana University Press. Plus amusant encore de lire au chapitre d'introduction d'un manuel, sous un grand titre: «Existe-t-il une philosophie africaine?», deux sous-titres introduisant les deux réponses possibles: 1/Première réponse: non; 2/ Deuxième réponse: oui; et de constater que le premier auteur choisi pour illustrer la première réponse est un certain Paulin Hountondji, dont on n'a aucune difficulté à citer, à l'appui de ce classement, quelques extraits, évidemment isolés de leur contexte (Mosley, 1995; Azombo-Menda & Meyongo, 1981: 5-6).

La vulgarisation a ses écueils, qu'il n'est pas toujours facile d'éviter. Il doit être possible, néanmoins, malgré la difficulté, de faire de la *bonne* vulgarisation. Le respect du à l'utilisateur interdit que dans un manuel, on sacrifie à la clarté de l'exposé le sens de la nuance et de la complexité des problèmes.

Sur La «philosophie africaine» a été traduit, on le sait, en plusieurs langues. Je le dois à quelques solides amitiés, à l'indulgence de certains lecteurs qui se trouvaient être aussi de brillants traducteurs, doubles parfois - comme dans le cas d'Henri Evans - de créateurs originaux; enfin, bien entendu, à la faveur

---

L'organisation à Cotonou en décembre 1978, par le Conseil interafricain de philosophie, d'un séminaire international sur «La philosophie et le développement des sciences en Afrique», L'article cite reprend, précisément, une communication de Rivière à ce séminaire

des maisons d'Edition qui acceptèrent le risque.

Chacune de ces traductions à son histoire. En répondant, au mois de septembre 1980, à l'invitation de la fondation Rockefeller qui organisait dans son centre de Bellagio, en Italie, un colloque sur «Les leaders culturels et intellectuels africains et le développement des nouvelles nations africaines», je ne me doutais pas que, du hasard des rencontres effectuées en marge de ce colloque, sortirait la décision ferme de rendre mon petit livre accessible au lectorat de langue anglaise. Abiola Irele avait été invite à présenter une communication sur le mouvement des idées en Afrique francophone. J'étais censé lui répondre en tant que *discussant,* sorte de contradicteur de service, commis d'office à l'ouverture de la discussion.

Irele s'était fait un nom dans les milieux universitaires de langue anglaise comme un des meilleurs spécialistes de la littérature africaine et antillaise d'écriture française. Un ouvrage de lui était en préparation, qui devait regrouper des articles échelonnés de 1968 à 1976 (Irele, 1981). Je ne crois pas que ma présence à ce colloque y rut pour quelque chose, mais il se trouve qu'Irele consacra toute la fin de sa communication a un examen de la critique de l'ethnophilosophie, qu'il traitait à la fois avec beaucoup de pénétration et de défiance critique. Pique au vif par cette autre «amicale provocation», j'improvisai en anglais une réponse de près d'une heure, sans éprouver curieusement ni appréhension, ni gène pour un bégaiement qui eut été autrement désastreux, Il s'ensuivit, dans la salle, une discussion animée. C'était un soir, après diner

Le lendemain, pendant la pause-café, un groupe de participants discutant a bâtons rompus autour de Michael Crowder, décida que l'ouvrage devait être traduit. De retour a Ibadan, Irele en parle. Henri Evans se dit passionne par cette lecture. Sa traduction est une nouvelle création, d'une beauté et d'une fluence comme en était seul capable un franco-britannique de naissance et de grande éducation, maitrisant parfaitement les deux cultures, et lui-même créateur émérite. Jonathan Ree, philosophe et collaborateur des éditions Hutchinson à Londres, collabore à cette traduction. On m'envoie le texte à Düsseldorf. En le lisant, je découvre après coup les obscurités d'un texte français que j'avais cru, à tort, parfaitement limpide. Je corrige les inévitables contresens. Le résultat est un ouvrage à trois, fidèle à l'original français et probablement mieux écrit.

La préface d'Irele fit le reste. Elle situait *African philosophy* par rapport au mouvement des idées sur l'Afrique et en Afrique, promenant son regard de

Lévy-Bruhl à Lévi-Strauss en passant par Griaule, Tempels, Janheinz Jahn et de Senghor à Wiredu en passant par Frantz Fanon, Marcien Towa, Claude Sumner, Stanislas Adotevi, Pathe Diagne et d'autres encore. Irele voyait dans l'ouvrage une sorte de manifeste comparable, par sa veine polémique, a *Language, truth and logic* d'Alfred Ayer. Surtout il perçut clairement - et c'était un mérite - que, par-delà ses accents apparemment theoricistes, l'enjeu véritable de *Sur la «philosophie africaine»* n'était autre, à tout prendre, que l'amélioration de la qualité de la vie en Afrique (Ayer, 1936; Irele, 1983).

Les éditions Hutchinson de Londres publièrent donc en 1983 *African philosophy, myth and reality*. «Indiana University Press» fut charge de la diffusion en Amérique du nord. L'ouvrage fut couronne, en 1984, du prix Herskovits décerne par l' «African Studies Association».

Je ne sais plus comment, ni quand, ni par qui fut prise la décision de publier une traduction serbo-croate. Je crois qu'on me l'avait laissé entendre sans doute à Cavtat, près de Dubrovnik, dans l'ex Yougoslavie, au cours d'une des conférences annuelles de la «Tribune internationale "Socialisme dans le monde"». Mais je n'avais pas dû prendre l'information très au sérieux jusqu'à la table ronde de 1983 qui, l'année du centenaire de la mort de Marx, se déroula du 24 au 28 octobre sur le thème: «Marx, le marxisme et le monde contemporain». J'ai dû recevoir alors quelques exemplaires d'auteur de *0 «africkoj filozofiji»* ou, à tout le moins, apprendre que l'ouvrage allait bientôt sortir de presse. En guise de préface, l'éditeur avait insère un entretien de 1982 entre Joseph Ki-Zerbo et Vjekoslav Mikecin, rédacteur en chef de *Socialism in the world* (Ki-Zerbo & Mikecin, 1983).[30]

J'avais déjà observé l'intérêt de certains intellectuels d'Europe de l'Est pour cette critique de l'ethnophilosophie. Imre Marton avait fait traduire en

---

30 Joseph Ki-Zerbo était, depuis 1979, troisième année d'existence de la revue, membre du conseil de rédaction (distinct du comité de rédaction *stricto sensu*) de *Socialism in the world*. Je devais être à mon tour coopte dans ce même conseil à partir de 1984. Les tables rondes annuelles de Cavtat étaient L'occasion de discussions riches, ouvertes et d'une totale liberté. J'ai dit en suivre, je crois, deux ou trois qui m'ont donné L'occasion d'entendre, ou de réentendre, des auteurs à la fois engages et créatifs comme André Gunder Frank, Henri Lefebvre, Georges Labica, Anouar Abdel-Malek, Samir Amin et bien d'autres. Les lieux mêmes de ces rencontres mémorables ne sont plus aujourd'hui, hélas, que ruine et désolation.

hongrois, en 1978, deux chapitres de *Sur la «philosophie africaine»* dans un recueil de textes polycopies à l'usage des étudiants de l'Université Karl Marx de Budapest.[31] János Sipos, de l'Université Laurent Eötvös, avait traduit et fait paraître dans la *Revue hongroise de philosophie,* «Que peut la philosophie».[32] J'avais en outre été l'hôte, en novembre 1980, de l'Institut d'Afrique de l'Académie des Sciences de l'URSS et constate, suite à une communication orale sur «L'ombre de Lévy-Bruhl et le problème de la philosophie en Afrique», le bon niveau d'information des africanistes qui m'avaient fait l'honneur de venir m'écouter (Hountondji, 1978b, 1978c, 1980b, 198Ib).

La traduction allemande parue aux éditions Dietz *à* Berlin en 1993, a été effectuée à partir de l'anglais, et fait suite à une série de rencontres et de discussions. Je ne sais plus à quel colloque j'avais rencontré un collègue de l'Université Karl Marx de Leipzig, en République démocratique allemande, qui m'offrit deux de ses tires-appart. Je revis Gerd-Rudiger Hoffinann à Vienne, en Autriche, en octobre 1989, alors que l'Europe de l'Est était en pleine crise, au cours d'un colloque organisé par un autre philosophe qui

---

31 Le recueil comprenait en outre des textes d'André Gunder Frank, Régis Debray, Che Guevara. Jean-Paul Sartre, Senghor, Hassan al-Banna, Abdallah Laroui, Ahmed Sékou Toure, Nguyen Khac Vien, Amilcar Cabral (Marton, 1978).

32 L'habitude en Hongrie est d'écrire le nom de l'auteur avant le petit nom, qu'on ne peut donc plus appeler « pré-nom» comme en français, « Université Karl Marx» se dit: « Marx Karoly Egyetem », « Université Laurent Eötvös », « Eötvös Lorand Egyetem ». Mes correspondants signent Marton lmre et Sipos János. La convention, respectée par tous, crée une norme et garantit l'intelligibilité. Ce n'est malheureusement pas le cas en Afrique dite francophone, où l'habitude d'écrire d'abord le nom de famille, courante dans les administrations et l'armée et parfaitement justifiée par les besoins du classement alphabétique, a fini par parasiter le langage quotidien et jusqu'à l'usage littéraire, brouillant ainsi les repères et créant une véritable anomie, Senghor le remarquait déjà concernant l'appellation usuelle « Camara Laye» *(sic),* dont le lecteur de *L'enfant noir* se rend compte très vite qu'il devrait s'appeler « Laye Camara». On pourrait en dire autant de l'appellation « Sembene Ousmane » *(sic)* infligée à un auteur dont le nom individuel (qu'on l'appelle prénom ou autrement) est bien Ousmane. C'est une des questions élémentaires sur lesquelles devrait s'établir très vile, dans nos pays, un consensus minimum indispensable pour régler des problèmes de lecture et d'intelligibilité primaires (Senghor, 1954).

s'intéressait à l'Afrique, Christian Neugebauer. Je fis, a ce même colloque, la connaissance de Franz Wimmer, du département de philosophie de l'Université de Vienne, qui se passionnait pour la philosophie comparée et venait de publier à ce sujet, l'année précédente, un ouvrage collectif. Nous eûmes plusieurs discussions, ensemble ou séparément. Les trois collègues regrettèrent que *Sur la «philosophie africaine»* ne fut pas accessible au public de langue allemande et firent quelques projets dans ce sens. Je devais me rendre compte, quatre ans plus tard, qu'ils ne parlaient pas en l'air (Hoffmann, 1985a, 1985b, 1988; Wimmer, 1988, 1991; Neugebauer, 1987).

Je n'ai découvert que récemment l'existence d'une traduction espagnole du chapitre 3, réalisée elle aussi à partir de l'anglais et publiée en 1986 dans *Prometeo*. Le directeur de cette revue, Horacio Cerutti Guldberg, de l'Université nationale du Mexique, participait avec moi à un colloque à l'Université d'Alcala de Henares, près de Madrid, en mai 1994 (Hountondji, 1986b).

Ces traductions, ces différentes lectures, ces critiques, ces interrogations, me sont apparues comme autant d'invitations à poursuivre l'effort entrepris. Il fallait approfondir et, au besoin, nuancé, précisé, corriger la critique de l'ethnophilosophie telle que je l'avais d'abord formulée. Il fallait en outre l'élargir, la situer à sa juste place dans un champ d'interrogations plus vaste. A cette tâche inconsommable devaient s'atteler mes travaux ultérieurs.

Troisième Partie

Positions

Mes travaux postérieurs à la publication de *Sur la «philosophie africaine»* ont pour objet, en partie, d'approfondir la critique de l'ethnophilosophie en tenant compte des nombreuses objections, et en partie d'en élargir la problématique. Ainsi se mettent en place progressivement des éléments pour une critique de l'extraversion scientifique en général (et pas seulement en philosophie), une analyse des rapports de production scientifique et technologique à l'échelle internationale et du fonctionnement réel de la recherche périphérique par rapport au système mondial du savoir, géré et contrôlé par les pays du Nord. Parallèlement se développent des interrogations nouvelles sur la politique scientifique, les voies et moyens d'une réappropriation critique des savoirs endogènes et d'une appropriation méthodique de tout le savoir utile disponible dans le monde, les mécanismes possibles de capitalisation et de réinvestissement du savoir en Afrique, et dans un autre registre, l'irrationalité de la vie quotidienne, les conditions d'émergence ou de renforcement d'une société civile, les conditions d'irruption de l'éthique dans le champ politique et de l'enracinement d'une culture démocratique.

J'espère pouvoir, un jour prochain, présenter ces nouvelles orientations de recherche, en montrant comment la diversité des thèmes renvoie à l'unité d'un même parcours et d'une même exigence. J'espère pouvoir par la même occasion tirer de ma brève incursion dans les arcanes du pouvoir, quelques enseignements. Le passage à l'action est un immense problème, ici comme partout. Dans l'environnement particulier d'un pays pauvre - d'un pays qu'on dit pauvre, et qui a fini lui-même par se croire pauvre - les enjeux du pouvoir sont si complexes, et si troubles les motivations des-uns et des-autres, qu'on a besoin, pour croire encore à l'avenir, d'un amour infini.

Les chapitres qui suivent nous mèneront au seuil de cette nouvelle interrogation. Après avoir rendu compte du débat houleux et passablement pollué suscité par la critique de l'ethnophilosophie, on essaiera d'en tirer la leçon en faisant droit, à la fois, à l'enracinement nécessaire dans la culture collective, et à l'exigence de liberté.

V

Un Débat Pollué

L'élégance Des Pères

a) La leçon de Cheikh Anta Diop

J'ai toujours garde en mémoire la belle leçon de Cheikh Anta Diop à Copenhague, au cours de la discussion qui suivit son brillant exposé sur «L'éveil de la conscience historique de l'Afrique» (Diop, c.A., 1970a, 1970b).[33] La «révolution culturelle», on s'en souvient, faisait alors rage au pays de Mao et prétendait, entre autres objectifs, faire table rasé du passé. Me faisant sciemment l'avocat du diable, je demandai au «grand frère», un peu sur le mode du chahut, ce qu'il en pensait et comment il pouvait justifier, dans ce contexte, son insistance pour faire admettre l'origine égyptienne des civilisations nègres. Au fond, ajoutai-je, à quoi sert l'histoire, si la seule dimension qui vaille est celle du futur? La réponse fut d'une clarté limpide. Les Chinois peuvent à la limite, et jusqu'à un certain point, mettre entre parenthèses leur passe; ils le retrouveront toujours de toutes manières, le moment venu: qui a jamais mis en doute l'ancienneté, la profondeur historique, les splendeurs de leur civilisation? Nous autres, Africains, par contre, ne pouvons-nous offrir ce luxe. Apres plusieurs siècles de traite nègrière et de mensonge colonial, il nous faut réhabiliter notre passe. *Le rôle de l'histoire,* dans ces conditions, *est de donner à nos peuples conscience de leur continuité dans le temps.*

Quand vint mon tour de parler et que j'eusse présente mon exposé – le dernier du programme, comme je l'ai dit - Cheikh Anta Diop ne posa pas de question. Il prit une craie, ou peut-être un marqueur, et alia au tableau. Ecrivant au fur et à mesure les noms de quelques divinités de l'Egypte pharaonique, il explique comment ces divinités donne rente progressivement naissance aux quatre éléments de la cosmogonie grecque et, de proche en

---

33 Je préfère retraduire ainsi le titre que les organisateurs avaient proposé à Cheikh Anta Diop: il me parait plus clair en anglais que dans la traduction française qu'on en a donnée («Une prise de conscience historique africaine»)

proche, à toute la problématique des premières causes et des premiers principes, si essentielle à la métaphysique occidentale. Le chapitre 17 de *Civilisation ou barbarie,* paru longtemps après ce séminaire, devait reprendre en détail cette démonstration (Diop, C.A., 1981: 387-477).

Je ne pouvais manquer, pas plus que tant d'intellectuels de ma génération, d'être fasciné par la force, la conviction militante, l'enthousiasme communicatif du discours de Cheikh Anta Diop. Il ouvrait des perspectives inouïes, qui pouvaient être d'une extrême fécondité. Je trouvais encore insuffisantes cependant, a cette époque, les preuves qu'il donnait de la continuité historique, c'est-à dire à la fois biologique et culturelle, entre l'Egypte ancienne et l'Afrique noire actuelle. L'intuition était géniale, mais la démonstration paraissait encore, sur quelques points importants, passablement impressionniste, surtout pour un profane peu familier des techniques de datation et autres précèdes de contrôle admis par les spécialistes. Cheikh Anta Diop me laissait à mon scepticisme. Il m'écoutait avec patience et comprenait, je crois, mes scrupules de philosophe. J'adhérais, sous tant d'autres aspects essentiels, à sa vision, a son exigence d'une Afrique unie et forte, capable de se prendre en charge sur tous les plans, que cette divergence de détail a dû lui paraître mineure. Il s'irritait moins que d'autres de mon incrédulité; beaucoup moins, en tout cas, que Pathe Diagne qui, lui, savait a l'occasion, fulminer contre les mécréants, tel un redoutable terroriste - ce qui, il est vrai, n'impressionnait pas grand monde, tant on le savait, par ailleurs, amical et chahuteur.

Je devais revoir Cheikh Anta Diop à plusieurs reprises: à Paris ou «Le Celtic», café situe juste en face de «Présence africaine», servait souvent de point de ralliement; à Dakar, ou je lui ai rendu visite une fois dans son laboratoire de radiocarbone; à Addis-Abeba ou il participa en décembre 1976, au séminaire organise par Claude Sumner sur la philosophie africaine; à Cotonou, ou il prit aussi part à divers colloques internationaux; ailleurs encore, sans doute. Le patriarche ne se lassait pas d'encourager les plus jeunes, convaincu qu'une Afrique souveraine serait d'abord une Afrique capable de compter sur sa propre expertise, sur sa propre matière grise et sa capacité à maitriser ses problèmes à partir de ses ressources propres.

b) Le silence de Kagamé

J'ai parfois le sentiment d'avoir été injuste pour Kagamé. Je ne l'avais jamais vu, je crois, avant le séminaire de Claude Sumner à Addis-Abeba, ou il fit une communication sur «Le problème de "l'homme" en philosophie bantu» (Kagamé, 1980). Je ne connaissais de lui que sa thèse monumentale publiée à Bruxelles en 1956, et l'ouvrage de Présence africaine qui, vingt ans plus tard, reprenait la même problématique en l'élargissant. J'avais aussi vu sa contribution au tome IV des *Chroniques de philosophie* de Raymond Klibansky (Kagamé, 1956, 1971, 1976). Je côtoyais, cette fois, un homme de chair et d'os, paternel, calme et d'une grande dignité. Je devais ensuite le revoir à Cotonou, OU il participait à un colloque de l'UNESCO, puis a Düsseldorf, au 16eme congrès mondial de philosophie organise par Alwin Diemer. Face à une critique qui le mettait directement en cause, Kagamé ne se défendait pas, ou se défendait très peu. Mais il ne changeait pas d'avis et poursuivait son chemin, toujours le même, avec une sorte de force tranquille.

Je venais de terminer un article ou je l'égratignais encore un peu, quand j'appris son décès survenu à Nairobi le 2 décembre 1981. J'ajoutai une note infra-pagina le, d'une part pour rappeler que l'œuvre de Kagamé ne se réduisait pas à ses travaux sur la «philosophie bantu», mais comprenait en outre des ouvrages importants sur la tradition orale et l'histoire du Rwanda précolonial, d'autre part pour dire «tout mon respect pour cet homme, dont l'érudition n'avait d'égal que sa bonté, son affabilité et son profond enracinement dans la culture africaine». La postérité garderait de lui, ajoutai-je, «le souvenir d'un homme droit, d'une volonté scientifique robuste qui s'est consacrée à sa manière, mais avec la plus grande sincérité, a la réhabilitation de la culture africaine» (Hountondji, 1982a). Wiredu eut vent de cette note, ou peut-être (je n'en suis plus bien sûr), d'une autre du même genre. Il me chahuta, voyant dans mon attitude ni plus ni moins qu'une manifestation du culte des ancêtres.

c) La tolérance des aines

Dans l'ensemble, nos anciens, nos doyens d'âge, accueillaient avec une grande tolérance, voire avec bienveillance, même quand ils y étaient au fond franchement opposés, la critique de l'ethnophilosophie. Ce n'est pas qu'ils ne fussent parfois irrites. Ibrahima Baba Kake m'a rapporté un de ses entretiens avec Alexis Kagamé, alors qu'il l'interrogeait à Kigali ou à Butare pour son émission radiophonique, «Memoire d'un continent», ou pour quelque autre revue. A une question de Kaké lui demandant ce qu'il pensait de la critique de Hountondji, le prêtre aurait simplement lâche: «Hountondji? Mais ... c'est un Blanc!». Une telle irritation ne me surprend pas. Ce qui me parait au contraire remarquable, c'est qu'elle n'ait pas été plus fréquente, et qu'elle ait fait bon ménage avec tant de courtoisie et d'élégance, tant de bonne foi dans les discussions.[34]

Je pourrais citer bien d'autres cas: par exemple Alioune Diop qui, par tempérament et par choix, écoutait plus qu'il ne parlait mais n'en avait pas moins, sur la question précise qui nous intéresse, des convictions très fortes, qu'il avait clairement exprimées dans sa préface élogieuse a *La philosophie bantoue* (Diop, A., 1949). Apres une réticence bien compréhensible à publier l'article d'Eboussi-Boulaga, par lequel j'entendais inaugurer le «Dossier philosophique» de *Présence africaine,* il a fini très vite par céder, se contentant d'ajouter en bas de page une note qui rappelle les circonstances de la publication du livre et le climat psychologique de l'époque (Eboussi-Boulaga, 1968).

Je pourrais citer Louis-Vincent Thomas, qui n'appréciait guère ma critique de ses travaux sur les Diola, mais se prêtait volontiers a une discussion franche et directe, acceptant même d'animer avec moi une table ronde sur la philosophie en Afrique, pour un numéro spécial de la revue de Denyse de Saivre, *Recherche, pédagogie et culture,* paru en 1982. Quel dommage que sa disparition inattendue ait interrompu un dialogue si franc et si fraternel! (Thomas, 1959, de Saivre, 1982).

Je pourrais citer Alassane N'Daw qui, lui aussi, a toujours accepte la discussion chaque fois qu'il en avait l'occasion, contrairement à d'autres, qui campaient volontiers sur leurs positions en faisant semblant d'ignorer les problèmes. Sa communication au congrès de Düsseldorf ne m'avait pas davantage convaincu que son article de 1966. L'ouvrage de 1983 qui reprenait, pour l'essentiel, sa thèse, ne devait pas me convaincre davantage de la fécondité de son approche. Nous avons pourtant toujours discute, prenant parfois plaisir à nous provoquer réciproquement sur le mode de l'amical chahut. Si bien qu'en aout 1983, lorsqu'une circonstance inattendue et douloureuse m'a empêché de présenter moi-même, à la séance solennelle de

---

[34] L'irritation avait peut-être aussi quelques bonnes raisons que je ne pouvais à l'époque deviner. Je me suis laisse dire que j'avais été «utilise», bien involontairement et à mon insu, par quelques-uns des adversaires les plus acharnes de Kagamé a l'Université nationale du Rwanda. Sa réaction renvoyait certainement à ce contexte précis.

clôture du dix-septième congrès mondial de philosophie à Montréal, le discours qu'on m'avait fait l'honneur de me demander, c'est encore à lui que j'ai eu recours pour le lire à ma place. Et il l'a fait de brillante façon (N'Daw, 1966, 1981, 1983; Hountondji, 1986a).

Le Brouillage Des Repères

a) Un discours terroriste

D'autres, qui n'avaient pas la même élégance, ont préfère recourir, quand ils le pouvaient, a des formes de discours plus proches du dénigrement et du sarcasme que de la saine et sereine critique. Ce n'est peut-être que justice: on trouve toujours plus iconoclaste que soli Les motifs sont parfois, cependant, plus troubles qu'on n'aurait cru. Ainsi de petites pointes d'ironie lancées à la cantonade par Niamkey en 1976, puis reprises sur le même ton, avec le même halo d'équivoque, dans un article signe conjointement Niamkey et Toure, deviennent-elles transparentes quelques années plus tard, sous la plume d'Abdou Toure. Lisons plutôt.

Coup de patte n° 1:

«Pour Towa et Hountondji on ne saurait parler de philosophie africaine ou de philosophie tout court que dans la mesure ou le penseur africain s'assoira, en tant qu'agrège par le conclave philosophique a la table occidentale du banquet socratique. Et cette agrégation ne· sera effective, possible, qu'en fonction du degré de consommation du savoir philosophique constitue par la société occidentale de philosophie» (Niamkey, 1980: 171; première publication: 1976).

Coup de patte n° 2:

«On pourrait (...) poser à Hountondji la question (qu'il a laissée en blanc) de savoir: en fait, qui décrète que tel est philosophe et de surcroit philosophe africain aujourd'hui et hier? En ce qui concerne aujourd'hui, la question est simple, puisqu'il suffit d'être agrège par le conclave du sacre collège des agrèges et docteurs es philosophie en fonction de la connaissance des philosophies constitues» (Niamkey et Toure, 1980: 197; première publication:

1976).

Coup de grâce:

> «Ce que vise Hountondji dans cet expose «méthodologique», c'est d'écarter tous les philosophes de tradition orale, l'élément essentiel étant l'écriture. Et c'est par rapport à ce critère que *notre philosophe, qui se sait agrégé de philosophie* [souligne par moi, P. H], est prêt à accueillir tout auteur écrivant et se prétendant philosophe» (Touré, 1980: 17).

C'était clair: je devais me faire pardonner, d'abord, d'être agrège de philosophie. Répliquant sur le même ton, j'avouai ma surprise de découvrir que certains docteurs en sociologie tenaient leurs titres des «masses populaires», ou du moins éprouvaient pour ces «masses» suffisamment de mépris pour pouvoir le prétendre (Hountondji, 1982a).

Je n'étais pas non plus très impressionne par l'appel de Koffi Niamkey - qu'il me pardonne d'écrire son prénom avant son nom _[35] a «mettre à mort les archontes», et ce en parlant de ma petite personne (Niamkey, 1977). Je lui ai répondu, sur le même ton, qu'il serait bien avise de réapprendre à tenir son fusil. J'étais cependant atterre de constater les manipulations, les torsions auxquelles il soumettait volontiers les textes qu'il se plaisait à citer, au point de leur faire dire, parfois, le contraire de ce qu'ils voulaient dire. Des auteurs comme Marx, Gramsci, Canguilhem, Althusser, Foucault, Terray et d'autres,

---

35 L'intéresse a toujours insiste, en effet, pour qu'on fasse l'inverse en ce qui le concerne. Toutefois, comme il a été montre ci-dessus, des exigences de lisibilité et d'intelligibilité tout a fait élémentaires obligent a respecté, en la matière, des normes collectives. Celles-ci peuvent différer scion les langues ou les groupes humains considères, comme c'est le cas pour le hongrois (cf. *supra,* chap. IV, note 12) et pour le chinois (Mao est à la fois nom de famille et nom individuel). Sans doute doit-on, en Afrique noire, étudier de façon plus systématique qu'on ne l'a fait jusque 'ici, les usages précoloniaux en ce domaine et les perturbations introduites par l'administration coloniale. En attendant, quel mal y a-t-il, vraiment, à suivre des Africains comme Senghor, Kenyatta, Mandela, ou pour prendre des exemples parmi les Akan, Nkrumah et Houphouët-Boigny, qui n'ont jamais trouvé d'inconvénient a énoncer leurs prénoms (Léopold, Jomo, Nelson, Kwame, Felix) avant leurs noms?

ont été soumis à ce jeu de massacre par un disciple fervent, trop presse pour commencer, simplement, par être *lecteur,* avec tout ce que *lire* implique de rigueur, de patience et de discipline intellectuelle.

On avait affaire, visiblement, a un discours terroriste, un discours d'intimidation visant à faire peur et brandissant, à cet effet, les pires menaces, sollicitant la complicité du lecteur pour une «mise à mort» ... symbolique (faute de mieux), s'acharnant a discréditer a défaut de pouvoir réfuter. Sur le plan rhétorique, la méthode par excellence d'un tel discours consistera à brouiller les repères en semant artificiellement la confusion et le doute sur les notions les plus élémentaires, en prenant les mots du langage ordinaire dans des sens très peu ordinaires, en déstructurant le langage.

b) Arguments d'une centre-critique

Au-delà, toutefois, des attaques en régie et autres antiques *ad hominem,* au-delà de cette rhétorique de l'intimidation, les problèmes poses pouvaient être réels. Il fallait en prendre la mesure et saisir l'occasion pour affiner quelques concepts, approfondir et au besoin nuancer la critique de l'ethnophilosophie.

Car Niamkcy avait, d'une certaine manière, raison. La distinction entre vision du monde et philosophie, ou entre un sens rigoureux et un sens vulgaire du mot «philosophie», pouvait cacher, si l'on n'y prenait garde, un «mépris» des philosophes professionnels pour la pensée dite populaire, une «fascination» pour la philosophie considérée a tort comme la reine des sciences. Dans «L'impense de Towa et de Hountondji», Niamkcy se fait fort de pulvériser deux lieux communs qui fondent, selon lui, cette prétention:

- lieu commun n° I: la philosophie comme discipline scientifique;
- lieu commun n°2: la philosophie comme production intellectuelle privée.

S'agissant du «lieu commun n°1», il tente de montrer, en s'appuyant sur Althusser, que la philosophie, loin d'être, comme elle le prétend, le fondement des sciences, s'est toujours développée en fait, dans l'histoire, comme un commentaire idéologique des sciences existantes, à des fins d'exploitation et de mystification. De plus, cette prétention à la scientificité n'est jamais innocente. Elle est toujours, au contraire, une ruse pour la conquête du pouvoir:

> «La philosophie comme science est une imposture (...). La distinction Modernité - Tradition (...) Philosophie - Vision du monde, Science - Non-science (...) cache et manifeste à la fois une lutte sourde pour le pouvoir, une lutte de domination de la «Science» sur la «pseudoscience», une lutte de la Philosophie contre la vision du monde. Cette lutte est, en dernière instance, l'expression de la volonté des porteurs du savoir de renverser l'autorité des prétendus porteurs de faux savoirs pour s'en approprier *(sic»)* (Niamkey, 1980: 170-173).

S'agissant du «lieu commun n°2», notre critique, réduisant l'appel à penser par soi-même a une revendication de propriété intellectuelle, se fait fort de démontrer que «dans l'entreprise philosophique, il n'y a pas production privée mais appropriation privée d'un savoir collectivement produit». S'appuyant sur Jean-François Lyotard, qui voit dans la propriété littéraire «un cas d'application de la loi de la valeur» (Lyotard, 1973: 7), il admet, à son tour, que «la signature est l'effet de la sujétion de l'«auteur» à la loi du capital», et «la signature du texte ou de la pensée (...) un effet de la signature du contrat d'édition qui est lui-même une forme spécifique du contrat d'embauche». Dans l'Afrique précoloniale, explique-t-il, «des pensées, même officielles, sont marquées du sceau de l'anonymat», L'on a affaire à «un mode de production plutôt collégial [ou] le savoir ou la pensée officiels sont le fait d'un collège de maitres». Renvoyant a sa propre thèse de troisième cycle, il avertit qu'une meilleure connaissance de nos sociétés précoloniales nous amènerait aussi à relativiser «l'impérialisme de la forme actuelle de l'écriture» et à reconnaitre dans les phylactères, les sanctuaires, les statuaires, «de véritables textes littéraires cristallises dont la lecture est une rente de l'esprit et de la pensée» (Niamkey, 1974, 1980: 182).

Il faut donc reconnaitre, conclut Niamkey, derrière la critique de l'ethnophilosophie, une stratégie de classe, ne pas se laisser impressionner par «la science et la raison, (...) épouvantails que brandit la philosophie officielle pour faire taire les autres formes de pensée», et revenir résolument a «la philosophie spontanée (...), requiem refoule de la philosophie» *(ibid.: 186).*

c) Une histoire de coups d'Etat

Dans «Controverses sur l'existence d'une philosophie africaine», Niamkey et Toure reprennent les mêmes arguments et les précisent. D'emblée nous apprenons que l'histoire de la philosophie est «une histoire de coups d'Etat successifs ... Tout ici n'est que rapport de forces ... épreuve de force». Le mot lui-même ne devrait, à la limite, s'employer qu'au pluriel, car il n'y a pas un concept unitaire, encore moins un modelé universel, de la philosophie.

Une fois ainsi pulvérise le concept, les auteurs peuvent aisément montrer, derrière la critique de l'ethnophilosophie, l'asservissement a un concept imaginaire de *la* philosophie au singulier, ou plus précisément, une «hagiographie de la philosophie élitiste-occidentale». D'où parlent Towa et Hountondji? interrogent-ils. La réponse est simple. A voir leur tendance à cautionner «l'hégémonie de la philosophie occidentale», il est clair qu'ils militent, consciemment ou non, «en faveur du neo-assimilationnisme culturel, corollaire achevé du néo-colonialisme» (Niamkey et Toure, 1980: 196).

Il convient donc, poursuivent-ils, de réaffirmer «l'importance de ce qu'il est convenu d'appeler le "folklore" africain», d'en finir avec cette «position d'intellectuel méprisant les productions intellectuelles des non-intellectuels», ce préjuge élitiste qui tend à déprécier la pensée africaine précoloniale en l'affublant de toutes sortes d'attributs péjoratifs: mythe, inconscience, implicite, collectif, asystématique, mythologie spontanée, etc. Il convient surtout de reconnaitre les enjeux de pouvoir dissimules derrière ces critiques en apparence purement théoriques. S'appuyant ici massivement sur Gramsci, victime, au passage, de quelques contresens et manipulations subtiles, nos critiques voient dans l'opposition entre vraie et fausse philosophie, l'expression d'une «lutte entre les idées officielles et les idées subalternes, les premières étant dominantes, les secondes dominées», et une manière pour les intellectuels traditionnels, en l'occurrence Towa et Hountondji, de cautionner explicitement l'hégémonie et la domination de classe.

Suivent d'autres considérations aussi érudites sur la «politique de la lecture» par laquelle les philosophies officielles annexent les pensées des autres, les réduisent à leur propre substance ou les instituent en adversaires imaginaires, développant ainsi une «réécriture différentielle de l'histoire de la pensée»; des considérations savantes sur «la logique (...), première aventure du discours», impliquant forcement «la logicité de la philosophie dite spontanée». Les auteurs récusent comme purement idéologique et inacceptable, toute distinction entre mythe et raison. Burnet et Vernant leur paraissent, à cet égard, de simples «hagiographes de la pensée grecque»:

> «La notion de mythe est un effet-philosophie c'est-à-dire un jugement de valeur par lequel on déprécie un type spécifique d'explication que l'on considère comme en dessous du seuil de la scientificité.» (Niamkey et Toure, 1980: 208).

Du mythe a la raison, aucune rupture, aucune coupure: «Opter pour les idéologies discontinuités sans justifications scientifiques, cela s'appelle snobisme intellectualiste» (ibid.: 213). Forts de cette thèse, nos critiques vont tenter, en examinant le mode de production de l'Afrique précoloniale, de montrer comment les ainés, détenteurs du savoir nécessaire à la production, multiplient, sur la voie d'accès au savoir, des barrières qui ne sont autres que ce qu'Althusser appelle, dans un autre contexte, (des appareils idéologiques d'Etat»; comment des «inflorescences idéologiques», germant sur le sol juridique, économique et politique, donnent naissance à «des philosophies apologétiques (...) qui vont exalter le principe de la solidarité clanique, ethnique, fraternelle et le principe du primat de l'âge comme source de sagesse (...), considérer comme une monstruosité les conflits entre parents (...) conflits (...) imputes à l'action maléfique de la nyctosophie (sorcellerie) (...)dans un espace théorique ou seront exaltées les grandes valeurs idéologiques que sont la loyauté, la piète filiale, l'obéissance et la vie (...) philosophies d'agrégation visant à assurer l'ordre gérontocratique, l'autorité politique, l'autorité du clan, l'autorité spirituelle et l'autorité maritale (...) théorie des forces comme idéologie du pouvoir dont les pratiques nyctosophiques sont l'expression *(ibid.:* 211-212).

Ici encore, les auteurs renvoient à la thèse de troisième cycle de Niamkey sur «L'articulation logique de la pensée akan».

Niamkey avait créé à l'Université d'Abidjan, *Le Koré: revue ivoirienne de philosophie et de culture*. Les deux articles qui viennent d'être commentes avaient été publics respectivement dans le numéro 1 et le numéro 3-4 de cette revue en 1976, avant d'être versés au dossier du séminaire d'Addis-Abeba tenu en décembre. Je n'en ai pris connaissance qu'a ce séminaire, Ma communication, présentée au cours de la deuxième journée, m'a donné l'occasion de répondre. Niamkey me pria d'en autoriser la publication dans sa revue. J'acceptai de bon cœur. «Sens du mot *philosophie* dans l'expression *philosophie africaine»* fut donc publie en 1977 dans le quadruple numéro 5-6-7-8 du *Korê,* avant de l'être, trois ans plus tard, dans les Actes du séminaire. Il était hors de question, cependant, que j'eusse le dernier mot. Niamkey publia dans le même numéro de sa revue, sa réponse à ma réponse: «Les modes d'existence matérielle de la philosophie et la question de la philosophie africaine» (Niamkey, 1977).

Sur la «philosophie africaine» avait paru entre-temps. L'ouvrage avait attiré l'attention sur le mode d'existence matérielle de la philosophie comme tradition, comme fait de culture, et tente d'établir l'équation: la philosophie africaine, *c'est* la littérature philosophique africaine. Ma communication d'Addis-Abeba rappelait cette équation, après avoir montré la nécessite d'interroger le *sens* du mot «philosophie», préalablement à toute question sur l'existence d'une philosophie africaine. Naïveté! réplique Niamkey: il n'y a pas *un* concept de philosophie, mais une pluralité de concepts irréductibles. Acceptant cependant l'exigence d'un *constat matériel* de la philosophie par opposition à une démarche qui se contenterait de la postuler comme une vaste hypothèse et de la reconstruire laborieusement (démarche ou je voyais la substance même de l'ethnophilosophie), il se faisait fort de relever le défi grâce à un élargissement considérable des notions d'écriture et de texte, qui s'appliquent aussi, à ses yeux, aux statues, aux objets d'art et à la limite, a toutes les traces de la culture matérielle, qu'il faut désormais apprendre à déchiffrer. La encore, bien entendu, le lecteur est renvoyé à cette fameuse thèse de troisième cycle non publiée, sur «d'articulation logique de la pensée akan-nzima».

La Réaction Nationaliste

a) Un africaniste irrite

Passionne pour les langues et les littératures du monde, excellent linguiste, parfait connaisseur de la culture yoruba, lui-même Yoruba d'origine, Olabiyi B. Yai est aujourd'hui professeur de langue et littérature africaines à l'Université de Floride aux Etats-Unis. En 1978 il était encore au Nigeria comme professeur au Centre d'études africaines de l'Université d'Ife, après avoir démissionné de la fonction publique du Dahomey (le Benin d'aujourd'hui), son pays d'origine, où il avait longtemps exercé comme professeur d'espagnol. «Jo», comme l'appellent tous ses amis béninois - de son prénom français Joseph) était mon ancien camarade de classe. Après l'école primaire protestante de Save, au moyen-Dahomey, ou nous avions ensemble appris l'abc de la maternelle au Cours préparatoire deuxième année, nous étions entrés le même jour, en novembre 1953, au lycée de Porto-Novo, et en étions sortis le même jour en 1960 pour aller poursuivre nos études, lui a l'Université de Dakar et moi, au lycée Henri IV à Paris. Jo ne parlait pas beaucoup. Il écoutait poliment, donnant parfois l'illusion d'acquiescer. Mais il suffisait qu'il se sente en confiance dans un cercle ou les rapports de complicité lui soient favorables, pour qu'on lui découvre soudain une férocité insoupçonnable.

Le doyen de la Faculté des lettres de l'Université d'Ife était à cette époque Olu J. Sodipo, ancien chef du département de philosophie. Plein d'initiative, il avait doté le département d'une revue, *Second ordre,* dont le premier numéro avait paru en 1976. C'était un ami. Nous étions en rapport, je crois, depuis 1971, l'époque où je créais moi-même à l'Université nationale du Zaïre les *Cahiers philosophiques africains*. Puis je l'avais rencontré peu avant d'organiser à Cotonou, en janvier 1973, le congrès constitutif du Conseil interafricain de philosophie, ou nous l'avons elu président de l'association naissante. Plutôt qu'un père, c'était un grand frère. En total désaccord, au fond, avec mes idées sur l'ethnophilosophie, il y prêtait cependant une oreille attentive, parfois amusée, toujours tolérante, tout en poursuivant lui-même tranquillement ses travaux sur la pensée yoruba (Sodipo, 1973; Hallen & Sodipo, 1986).

J'ai donc accepte volontiers l'invitation de Sodipo à participer, le 4 mai 1978, à une séance d'un groupe de recherche pluridisciplinaire au cours de laquelle Yai devait présenter *Sur la «philosophie africaine»*. A défaut d'une version anglaise du livre, qui ne devait paraître que cinq ans plus tard, trois des huit chapitres et quelques autres articles de moi étaient disponibles en anglais. Mais comme ils étaient disperses dans diverses revues, l'expose de Yai fut en réalité, pour la plupart de ses auditeurs, la première introduction à la critique de l'ethnophilosophie. En fait d'introduction, il s'agissait plutôt d'une contre-critique dévastatrice, La version revue et augmentée publiée dans *Présence africaine* sous le titre «Théorie et pratique en philosophie africaine: misère de la philosophie spéculative (Critique de P. Hountondji, M. Towa et autres)», donne une idée de ce que fut la discussion d'Ife (Yai, 1978).

b) Critique de L'élitisme

Yai a des mots très durs pour «la *lump en-intelligentsia* africaine d'aujourd'hui (qui) a inscrit la 'dolce Vita' au premier plan de ses préoccupations». Mais il n'accepte pas davantage cette «nouvelle forme de trahison des clercs, insidieuse, subtile parce que accompagnée d'un discours pédant et/ou révolutionnaire (...) la trahison de la continuité intellectuelle ou plus généralement de la continuité historique africaine». Une chose manque à nos «nouveaux lettres», c'est le *«contact* indispensable avec l'intelligentsia (...) d'avant le heurt avec l'Europe»:

Aucune révolution intellectuelle n'est possible qu'à partir de ce contact avec l'intelligentsia qu'on dit traditionnelle. Révolution est *rupture délibérée d'avec une tradition.* Révolutionner, c'est *partir de.* (Yai, J 978: 66)

Le ton est donne. On peut alors examiner *Sur la «philosophie africaine»,* «un livre qui (...) essaie de résoudre à sa manière un problème (...) que se pose la partie consciente de l'intelligentsia africaine: celui de la philosophie africaine. Un livre brillant même, et (...) d'une agilité intellectuelle peu commune, dont on souhaiterait qu'elle serve dans l'avenir une cause autrement populaire».

Dans ce qu'il appelle «d'establishment philosophique» de l'Afrique contemporaine, Yai distingue deux tendances: celle des ethnologues et anthropologues qui, au-delà des limites inévitables de leur discipline, on a ses yeux l'immense mérite de proposer une analyse détaillée des modes de pensée en Afrique, grâce à une bonne expérience de terrain; et une tendance plus récente, celle des philosophes «purs» qui, à ses yeux, ressemblent comme deux gouttes d'eau aux jeunes-hégéliens fustiges par Marx dans *L'idéologie allemande.* Pour ces «jeunes turcs» (Yai *dixit),* «d'avènement de la philosophie africaine serait contemporain de leurs propres productions philosophiques. (...). Ils ne trouvent dans tous les discours antérieurs aux leurs que mythologies, cosmogonies et au mieux "ethnophilosophies"». Cette «tendance spéculative-abstraite» répond à une préoccupation politique précise. La «conception aristocratique de la philosophie» professée par nos «nouveaux "héros philosophiques"» vise en réalité a «conforter la hiérarchisation actuelle des sociétés africaines néocoloniales», en même temps qu'elle permet au philosophe de «produire un discours de gauche sans praxis correspondante, ou au pire avec une praxis de droite».

Reprenant volontiers l'argumentation de Niamkey et Toure, Val récuse la question: «existe-t-il une philosophie africaine?» et demande à son tour, avec la même indignation que les deux collègues ivoiriens: «Quel est le lieu d'où surgit une telle interrogation? Qui, aujourd'hui, s'arroge le droit de poser une telle question, innocente seulement en apparence?» La question lui parait en effet sans objet. Débat d'existence? Non, clame-t-il: inexistence de débat!

Même insistance, également, sur la polysémie du mot «philosophie». Toute définition de ce mot est «nécessairement culturelle». Niamkey invoquait Canguilhem. Val invoque *l'(Auto) critique de fa science,* de Levy-Leblond et Jaubert, pour montrer l'impossibilité de définir une discipline une fois pour toutes, et comment «c'est précisément le travail scientifique qui, à partir du réel étudie, construit ses propres objets» oubliant simplement d'interroger les limites d'une telle construction et les conditions de sa cohérence, de sa fidélité au réel (Levy-Leblond et Jaubert, 1975).

c) Le chantage à l'escroquerie

On a déjà mentionné ci-dessus[36] la critique de ce que Yai appelle «le critère géographique» dans la définition de la philosophie africaine, et son incompréhension totale de l'effort pour «demythologiser» le concept d'Afrique. Ce qui le choque aussi, dans le même ordre d'idées, c'est de voir «nos nouveaux philosophes (...) "recruter" leurs philosophes africains au rabais» *(sic)* en valorisant sans hésiter des publications de n'importe quel «licencie en philosophie ou en théologie»:

Laxisme et escroquerie intellectuelle à la fois qui permet d'utiliser l'Afrique lorsqu'on en a besoin, pour être philosophe, en même temps qu'on lui nie toute philosophie, sous couleur de rigueur (...). Il faut des critères autrement sérieux.

Yai ne comprend pas notre effort pour délimiter, construire un nouvel espace de production théorique. Il comprend encore moins la nécessite de prendre en compte dans ce cadre, en dehors de toute visée apologétique, et sans forcément en surestimer la valeur, le fait, le simple fait de l'existence d'œuvres africaines, de textes africains. L'élitisme, si élitisme il y a, ce n'est certainement pas dans ce délestage idéologique du concept d'Afrique, c'est bien plutôt dans la conception héroïque ou romantique du savoir, sous-jacente a la critique de Val, pour qui seuls les «grands philosophes» et autres «grands savants» font la philosophie et la science.

---

36 Voir, *supra,* chapitre IV.

Le plus grand reproche, cependant, concerne la thèse qui, au chapitre IV du livre, privilégie très clairement le texte écrit comme condition de développement d'une pensée critique, au détriment de la littérature orale. Pour Val, cette «hypothèse simpliste et manichéenne» méconnaît à la fois la possibilité d'un culte du livre, favorisant le dogmatisme et l'argument d'autorité, et la richesse extraordinaire de la littérature orale qui sait parfaitement rendre compte, elle aussi, de la critique qui s'exerce d'une génération a l'autre, voire à l'intérieur d'une même génération. *Sur la «philosophie africaine»* surestime l'écriture, François C. Dossou, autre collègue béninois, devait quelques années plus tard, donner un nom à cette déviation: le fétichisme de l'écriture (Dossou, 1985: 1994).

L'autre grand reproche concerne, comme chez K. Niamkey et A. Toure, l'appel à la pensée personnelle. Comme ces derniers, Val cite abondamment, et parfois à contresens, Gramsci. La nouveauté, par contre, c'est une référence massive a Dietzgen, cet ouvrier tanneur du XIXe siècle, auteur de *L'essence du travail intellectuel,* qui, au dire de Marx et d'Engels, aurait découvert la dialectique matérialiste indépendamment d'eux, et même de Hegel. Modestement, et comme une conséquence logique de sa théorie des bases matérielles de toute histoire intellectuelle, Dietzgen disait que le contenu de son opuscule n'était «pas un produit individuel, mais une plante *issue du sol de L'histoire»*:

> «Par suite - excusez la formule mystique - je n'ai le sentiment de moi-même qu'en tant qu'organe de l'idée. Ce qui m'appartient, c'est *l'exposition»* (cite par Val, 1978: 75).

Ce n'est donc jamais l'individu qui importe. Ce sont les modes de production qui expliquent, en dernière analyse, l'apparition des idées aux différentes époques. Du reste, précise Yai, les traditions orales africaines savent elles aussi nommer sans ambiguïté les «auteurs» de discours philosophiques. Le corpus littéraire du *Fa,* lie aux pratiques divinatoires du même nom en pays yoruba, le prouve abondamment. Yai cite à cet égard un auteur nigérian qui est en effet reconnu, par tous les spécialistes, comme une autorité en la matière (Abiola, 1976), et formule l'hypothèse suivante:

> «Dans les sociétés africaines (...), les modes de production étaient autres que ceux de l'Occident capitaliste, et (...) en conséquence, la prétention a

une appropriation privée, le droit au 'copyright' philosophique ne pouvait préoccuper outre mesure les *individus réels* qui *exposaient* des philosophies données. A telle enseigne que ces philosophies deviennent «anonymes» et peuvent, le temps et la pratique sociale y aidant, (...) donner l'impression à l'observateur inaverti ou de mauvaise foi, ou au philosophe abstrait (...) qu'il est en présence d'une "philosophie collective"» (Yai, 1978: 76).

Dans ces conditions, en appeler à l'effort théorique du sujet individuel, c'est, en dernière analyse, magnifier un vaste détournement, une monumentale escroquerie: celle d'une classe qui s'approprie les fruits du travail manuel et intellectuel de l'immense majorité anonyme *(ibid.)*.

A ce point précis intervient l'apologie de ce que Gramsci appelle «la philosophie spontanée des masses», la «philosophie de la praxis».

Ce n'est pas tout. Yai dénonce fortement chez les «philosophes spéculatifs abstraits» ce qui lui apparait comme une forme de scientisme, une «volonté de faire de la science un absolu- et pire encore, «de présenter (...) leurs propres productions comme la nouvelle science révélée». Mieux: il reproche à ce type de discours «l'absence de la dimension socio-historique», d'où découle précisément sa «pauvreté politique». Se référant à Lukacs et Henri Lefebvre, Val attend des philosophes africains qu'ils entreprennent d'étudier, avant tout, les modes de production de l'Afrique précoloniale. Tout autre thème serait, en somme, du bavardage. Pour finir, notre critique réaffirme une complicité cachée entre «philosophie spéculative» et pouvoir:

«Le choix de la tendance spéculative abstraite en philosophie est une stratégie de classe. (...) Le mépris bruyant affiche à l'encontre des "philosophies préscientifiques" ou "idéologies pratiques" est le glas qu'on sonne de la fin des pouvoirs traditionnels, ainsi que l'introduction du dossier du philosophe bien-pensant pour le partage du nouveau pouvoir néocolonial».

d) Le reproche d'eurocentrisme

Ce n'est peut-être pas un hasard si le reproche d'eurocentrisme a été plus récemment repris par un autre africaniste yoruba, que l'arbitraire du partage colonial a fait naitre du cote nigérian: le pays yoruba est une des civilisations africaines les plus vieilles, les plus arbustes et les mieux étudies; en outre, personne ne sera surpris que Yai ait fait école, non seulement au Nigeria, ou sa critique de la philosophie dite spéculative a été traduite et largement diffusée, mais aussi dans l'importante diaspora nigériane des Etats-Unis. Au-delà de l'ethnophilosophie, Owomoyela a le sentiment que ce qui est en cause dans *Sur la "philosophie africaine "*, ce sont les cultures africaines elles-mêmes, les traditions et les manières, les modes de pensée, les valeurs de l'Afrique ancestrale. L'auteur, croit-il, invite à rejeter totalement cet héritage et à se lancer dans une «occidentalisation effrénée» *(frantic westernization)*. Le livre lui apparait comme un «plaidoyer contre les études africaines et les africanistes», plaidoyer qui «s'en prend à l'étude de la pensée africaine traditionnelle [et] dans le même temps, insiste sur le droit du philosophe d'étudier les idées non africaines»: qui, par ailleurs, «écarte l'idée du pluralisme culturel, y voyant un "prétexte pour une pratique culturelle conservatrice" mais soutient, par contre, la marche irréversible vers une "civilisation mondiale" (...), la dissolution des particularités africaines (réelles ou imaginaires) dans la civilisation mondiale montante, ce qui veut dire, naturellement, une *pax Europeana* culturelle» (Owomoycla, 1987: 84-85 et 92).

Quel dommage qu'on fasse dire à un auteur exactement le contraint de ce qu'il a dit ! Loin de rejeter le pluralisme culturel, *Sur la «philosophie africaine»*, au contraire, et plus particulièrement le chapitre VIII intitule «Vrai et faux pluralisme», plaide en faveur d'un pluralisme reconnu à la fois comme fait et comme valeur. J'ai répondu ailleurs à mon critique nigérian.[37] Disons, à sa décharge, qu'il ne pouvait lire le livre qu'en traduction, et que la version anglaise, malgré son élégance et ses grandes qualités, comporte encore quelques contresens. Par exemple, à la fin du chapitre 2, les phrases: «Alors, que faire? (...) Réapprendre à penser» avaient été traduites: «So, what is to be done? (...) We must relearn how to think» (Houtondji, 1983: 52-53). Littéralement ce n'était pas faux, mais il fallait lire plutôt: «We must start thinking again»: recommencer à *penser,* au sens fort d'une pensée responsable, donc forcément critique et libre.[38]

Au-delà, toutefois, de ces inévitables problèmes de traduction, au-delà des maladresses du texte français lui-même et des formulations abruptes,

---

[37] Dans la préface a la deuxième Edition de la version anglaise, *African philosophy, myth and reality,* parue en 1996 aux Etats-Unis, chez Indiana University Press.

[38] L'un de mes grands regrets est que ces petites erreurs n'aient pas été corrigées d'uns la deuxième Edition.

parfois volontairement provocatrices, du livre, tout s'est passe en fait comme si des africanistes chevronnes, dont les travaux étaient d'ailleurs parfois remarquables, avaient eu besoin d'un adversaire imaginaire et s'en étaient offert un, à partir d'une lecture simplificatrice et biaisée de *Sur La «philosophie africaine»*.

Marxistes et Anti-Marxistes

a) Le Parti communiste du Dahomey (P.C.D.)

On ne mentionnera qu'au passage la réaction du Parti communiste du Dahomey. Dans une *Introduction aux réalités économiques et sociales au Dahomey*, opuscule qui, à l'époque, ne pouvait circuler que sous le manteau (pardon, sous le boubou), le PCD a cru devoir consacrer un long commentaire à cette critique de l'ethnophilosophie. Le PCD était un parti clandestin, respecte pour sa résistance courageuse à la dictature militaire des années 1972 à 1990. Plusieurs de ses membres ont payé de leur vie ce courage et cette détermination. Dans le même temps, cependant, il pratiquait ce qui m'a paru une forme d'enfantement idéologique inacceptable pour tout esprit exigeant et libre. Je n'ai jamais été tente d'y adhérer, quoi qu'on en ait pense et dit dans certains milieux mal informes,

Dans cette brochure censée être la première d'une série d'études sur le Dahomey;[39] le comité central du parti, après de copieuses citations de Marx, Engels, Lénine et Staline, de l'Albanais Enver Hoxha, en vient à examiner la situation politique et sociale dans le pays. Sont alors soumis à une critique impitoyable les écrits d'un certain nombre d'«intellectuels carriéristes», contre lesquels le parti entend «défendre la pureté de la science marxiste-léniniste». *Sur la «philosophie africaine»* reçoit, dans ce cadre, un traitement spécial. D'abord mentionne favorablement comme une bonne réfutation des missionnaires et autres idéologues qui, tout en dénonçant les cruautés de la colonisation, essayaient en fait de théoriser et de promouvoir la domination impérialiste en Afrique, le livre est ensuite sévèrement critiqué pour son

---

39 Le PCD à longtemps refuse, non sans raison. L'appellation «Benin» sous laquelle le Dahomey a été rebaptise le 30 novembre 1975, par décision du General Kerekou. Il n'est devenu que récemment, en 1994 et deux ans après être sorti de la clandestinité (à la faveur de processus de démocratisation), «Parti communiste du Benin».

«éclectisme», son «idéalisme», son «manque de conscience prolétarienne», son «absence d'esprit de parti». Nulle part le matérialisme marxiste n'y est reconnu pour ce qu'il est: «un grand bond en avant dans l'histoire de la pensée humaine», De plus, le livre ne traite pas des réalités économiques et sociales au Benin et en Afrique. L'auteur «vilipende le grand Staline» et dans le même temps, se prétend marxiste. Il invite à «un débat anarchiste et petit-bourgeois», d'où émergeraient des vérités sans cesse fuyantes. La philosophie de P. Hountondji, dans la mesure où elle ne fait aucune place à l'idéologie prolétarienne, est en dernière analyse, «idéaliste et réactionnaire». Ce n'est rien de moins que «la synthèse de l'idéologie de la petite bourgeoisie radicale qui a dominé le mouvement démocratique dans notre pays de 1967 à 1976» (PCD, 1979: 60-63).

Modelé parfait de critique dogmatique et catéchistique, ces pages ne mériteraient pas qu'on les évoque si elles ne venaient d'une organisation *politique* et n'étalaient au grand jour, avec une candeur et un manque de sophistication exemplaires, un contentieux idéologique que l'on retrouve dissimulé, enrobé dans un langage plus sinueux, dans d'autres critiques. Ma seule surprise était d'apprendre que je me prétendais marxiste. Je ne me souviens pas, à ce jour, d'avoir jamais revendiqué une telle étiquette. J'ai écrit, par contre, qu'au lieu de ce marxisme en comprimés que tant de nos compatriotes avalaient comme une panacée, au lieu de ce système clos ayant réponse à tout, nous devrions nous rendre compte que le marxisme a toujours été en réalité un débat pluriel et contradictoire, et promouvoir dans nos pays, entre autres traditions théoriques, une tradition marxiste vivante, plurielle, contradictoire. Appel à une responsabilité essentielle et inconsommable, cette position était insupportable tant aux marxistes qu'aux anti-marxistes *dogmatiques*.

b) La réaction d'Abdou Toure

A l'oppose du PCD, qui mettait ses militants en garde contre un «marxologue» qu'on risquait de prendre pour un marxiste, Abdou Toure, jouant volontiers les marxologues, avait besoin de se donner des adversaires marxistes-léninistes. Il en trouve providentiellement trois: Amady Aly Dieng, Paulin Hountondji et Marcien Towa (Dieng, 1978; Towa, 1971). Avec une petite exception pour le premier des trois; il estime que ces auteurs sont restes «sourds a l'abondante littérature centrée sur la remise en question de l'idéologie d'Etat, à savoir précisément le marxisme-léninisme qui se donne pour fonction d'attester un ordre social ostensiblement inégalitaire. (...) Comment peut-on être marxiste-léniniste aujourd'hui?» (Toure, 1980: 8).

Abdou Toure cite, non sans raison, quelques solides critiques de la bureaucratie soviétique et des débuts de la dictature personnelle en Union soviétique (Korsh et al. 1973; Linhart, 1976; Baynac, 1975). Sans doute n'a-t-il pas tort de rappeler, en s'appuyant sur ces travaux, que le fameux «culte de la personnalité», bien antérieur à Staline, remonte à Lénine lui-même et oblige à s'interroger sur la nature et les conditions du triomphe historique du bolchevisme, les obstacles à la liberté et l'immense problème des droits de l'homme et de la démocratique dans les formes historiques connues du socialisme et sous tous les régimes qui se réclament de Marx. Je vivais justement ce problème au Benin. *Sur la «philosophie africaine»* s'en était largement fait l'écho. Assez curieusement Toure, qui vivait sous un régime dont l'idéologie ouvertement anti-marxiste cadrait davantage avec ces pratiques répressives, les mêmes qu'au Benin, et qui ne connaissait qu'à travers ses lectures la contradiction entre la grande espérance véhiculée par le discours marxiste et «sa confiscation éhontée par des groupes politiques parfaitement cyniques et réactionnaires» (Hountondji, 1976: 257), a cru pouvoir souverainement, contre l'évidence des textes, inventer un «Hountondji philosophe marxiste-léniniste» (Toure: 15), dogmatique et catéchistique comme il devait l'être pour convenir à son propos.

Premières Réponses

a) Une énorme pétition de principe

Par opposition à «l'ethnographie de papa», qui ne se souciait guère de défendre ses propres fondements théoriques, la «manière» de Koffi Robert Niamkey et Abdou Toure m'a paru un signe des temps. Nous assistions a la «naissance d'une ethnophilosophie savante, qui ne se contente plus de décrire des visions du monde en les présentant «nativement» comme autant de philosophies, mais qui tente de justifier de manière subtile et extrêmement raffinée, par référence aux doctrines les plus modernes, cette démarche. (...) Ethnographie de pointe, agressive, résolue, férue de science, de philosophie, de psychanalyse, de politique, armée des concepts les plus tranches, prête non seulement à justifier l'immersion de la philosophie dans l'ethnographie mais a démontrer, par une argumentation sans appel, que cette pratique de la philosophie est aujourd'hui la seule valable en Afrique noire» (Hountondji, 1982: 58-59).

De fait, tout s'est passe comme si Niamkey avait quelque chose à prouver à n'importe quel prix. Ayant commis une thèse sur un sujet qu'on pouvait être tente de classer en ethnologie, il n'a eu de cesse qu'il n'ait démontre, par des arguments imparables, qu'il avait bien produit la une œuvre *de philosophie*. Etait-ce donc si nécessaire? L'ethnologie n'était-elle pas, elle aussi, une discipline académique respectable et respectée?[40]

Face à ces violentes attaques, j'ai commencé par poser, avec le maximum de candeur possible, une question toute simple: de quoi parlons-nous? Je ne crois pas que j'eusse annonce le thème de ma communication avant d'arriver à Addis-Abeba. Claude Sumner m'en avait probablement propose un, que j'avais accepté sous toutes réserves. Quoi qu'il en soit, le titre finalement choisi: «Sens du mot *philosophie* dans l'expression *philosophie africaine*», me permettait de faire d'une pierre deux coups: je pouvais à la fois présenter les grandes lignes de *Sur la «philosophie africaine»*, dont la parution en librairie était prévue pour les jours ou semaines à venir, et dans le même temps, répondre à mes adversaires-Car le problème majeur pose par le «style» Niamkey, c'était de savoir ce que les mots veulent dire et si, dans le cas d'espèce, nous parlions vraiment de la même chose. Les guillemets dans le titre du livre appelaient justement l'attention sur ce point de méthode: la question du sens

---

40 Je l'ai reconnu plus haut: j'étais moi-même aile très loin dans l'autre sens, ne me contentant pas de refuser la confusion des genres entre deux disciplines distinctes, l'ethnologie et la philosophie, mais enveloppant dans cette critique l'ethnologie en général. Celle-ci était, Il mes yeux, comme entachée d'un pèche originel: elle présuppose une différence de nature entre son objet (les sociétés dites primitives) et celui de la sociologie (les sociétés humaines en général) et prétend, dans le même temps, faire abstraction de la domination impérialiste. Elle n'a de sens que dans le contexte de ce rapport de forces historique et repose de ce fait, sur l'exclusion des peuples *dont* elle parle, mais qu'elle suppose a jamais incapables de devenir eux-mêmes des interlocuteurs, partie prenante dans un débat scientifique universel. On verra plus loin comment cette position me parait aujourd'hui devoir être nuancée, Quoi qu'il en soit elle ne saurait servir d'excuse a la rhétorique savante de nos nouveaux terroristes, prêts a utiliser n'importe quel moyen pour effacer toutes frontières entre disciplines et imposer un élargissement artificiel des concepts fondateurs

précède la question d'existence. Plus exactement, il s'agissait de savoir si, dans L'expression «philosophie africaine», la simple adjonction de l'épithète «africaine» devait modifier en retour le sens du substantif. Je ne voyais, pour ma part, aucune raison de ne pas garder au mot «philosophie» son sens habituel, «pour autant, du moins, qu'il s'agit d'affirmer l'univocité d'un mot et non l'identité des *contenus* ou des *objets historiques concrets* auxquels il s'applique».

J'ajoutais:

> «S'il faut, pour démontrer l'existence d'une philosophie africaine, commencer par distendre le concept habituel de philosophie (...), s'il faut par exemple le rendre pratiquement synonyme de culture, je vois mal ce qu'on gagne à une démonstration si laborieuse, qui a toutes les apparences d'une énorme pétition de principe» (Hountondji, 1980: 83).

Entre autres justifications spécieuses de sa démarche, Niamkey avait prétendu vouloir «faire *travailler* le concept de philosophie sur les pensées africaines précoloniales», Citant a cet égard et invoquant l'autorité de Georges Canguilhem («Travailler un concept, c'est en faire varier l'extension et la compréhension, le généraliser par l'incorporation des traits d'exception, l'exporter hors de sa région d'origine, le prendre comme modelé, bref, lui conférer progressivement par des transformations réglées la fonction d'une forme»), il pouvait ajouter, sûr de lui:

> «L'élargissement du concept de philosophie désigne non pas un oubli de la rigueur mais une récusation à la fois du modelé libéral et du modelé académique autoritaire pour questionner par-delà les modelés idéologiques fournis par les philosophes traditionnels, la réalité de la pratique philosophique elle-même dans le mode de production spécifique ou elle est enclose» (Niamkey, 1980a: 196).

Pauvre Canguilhem! Ce n'est pas sa faute, évidemment, si le meilleur de son apport est ainsi triture et récriture hors contexte, à l'appui d'insoutenables équivoques.

b) Malentendus et procès d'intention

Une fois les pendules ainsi remises à l'heure, je pouvais m'appliquer à dissiper quelques malentendus.

Premier malentendu: on a voulu me faire dire que la philosophie africaine n'existe pas. Il fallait, contre cette interprétation gratuite, rappeler mon constat: une philosophie africaine (une *littérature* philosophique africaine) existe et se développe sous nos yeux depuis plusieurs dizaines d'années *au moins*. Il fallait insister sur ces derniers mots (au moins»), en rappelant que le constat d'une littérature philosophique écrite n'était qu'un constat minimal qui n'excluait pas, mais appelait au contraire une interrogation sur la littérature orale. Il fallait cependant, dans le même temps, donner congé a l'implicite et montrer pourquoi on s'en tenait aux discours *explicites*. Il fallait montrer comment cette valorisation de l'explicite libère le projet d'une *histoire de la philosophie africaine*, projet non seulement impossible, mais impensable dans l'espace idéologique de l'ethnophilosophie.

Deuxième malentendu: on essaie de me faire nier l'existence d'une pensée africaine traditionnelle. Contre une interprétation aussi absurde, il fallait d'abord rappeler que toute pensée n'est pas forcement philosophique et que je n'avais mis en cause ni la pensée religieuse, ni la pensée morale, ni la pensée sociale et politique, ni la pensée mythique, de l'Afrique précoloniale. Je montrais au passage les équivoques attachées à l'adjectif «traditionnel» qui, employé pratiquement comme synonyme de «précolonial», pouvait, par une sorte d'illusion rétrospective, vider de toute tension, de toute contradiction interne, l'objet auquel il se rapporte (en l'occurrence, la pensée africaine). Je disais ma préférence pour un retour au substantif «tradition», pris dans son sens originellement actif: au sens d'un mouvement de transmission, et non au sens passif et dérivé des résultats de cette transmission. Mieux valait, de ce point de vue, parler des traditions de pensée, ou à la rigueur, de *la* tradition de pensée africaine(s), au sens d'un singulier collectif désignant un héritage complexe et contradictoire. Enfin, contre l'attitude apologétique de l'ethnophilosophie, prompt à justifier n'importe quelle coutume et n'importe quelle pratique sociale au nom de sa signification métaphysique supposée, il fallait rappeler la nécessite pour l'Africain d'aujourd'hui d'entretenir avec son héritage culturel un rapport critique et libre.

Outre ces contresens habituels sur mes travaux, la critique de Niamkey se ramenait, sur plusieurs points, a un énorme procès d'intention. Le premier point (le «lieu commun n°1» évoque ci-dessus) concerne la distinction entre un sens large et un sens étroit du mot «philosophie» et l'exigence d'un retour au sens strict. Voir dans une telle distinction, ou dans l'opposition classique entre la *doxa* et *Yepisteme,* la manifestation d'une lutte pour le pouvoir et d'une conception élitiste et idéaliste de la philosophie, témoignait sans doute d'une bonne vigilance critique et d'une certaine familiarité avec l'analyse marxiste. Mais on ne pouvait aller si loin dans l'application du soupçon marxiste sans tomber dans le dogmatisme. On ne pouvait oublier le rôle joue dans la genèse du marxisme lui-même par un ouvrage comme *L'idéologie allemande,* ou Marx et Engels donnent un conge brutal à ce qu'ils appellent dédaigneusement «d'idéologie», par opposition à la science. Les qualifiera-t-on, pour cette raison, d'élitistes et d'idéalistes? Dira-t-on que cette volonté de rupture avec l'idéologie cache et manifeste une lutte pour le pouvoir au profit de quelque élite exploiteuse? A moins d'être soi-même un idéologue et un rhéteur, on ne pouvait conclure si hâtivement. Mieux valait, à mon sens, se tenir à distance «des solutions de facilite, des demi-teintes théoriques, des glissements de concepts où s'épanouit naturellement le discours de la démagogie et de l'indigence théorique».

Le deuxième chef d'accusation concerne le «lieu commun n° 2»: le mythe de la philosophie comme production intellectuelle privée. En réalité, Niamkey déplaçait le problème. La vraie question ne concevait pas tant la *propriété* des idées philosophiques que la *responsabilité* intellectuelle du penseur. Les idées, en effet, ne sont pas seulement des marchandises, ce sont aussi, ce sont d'abord des significations susceptibles d'être affirmées ou niées, validées ou invalidées. Dans cet acte de validation (ou d'invalidation) est engagée la responsabilité du locuteur, une responsabilité théorique, intellectuelle, «prolongeant et, pour ainsi dire, aggravant la responsabilité pratique (morale, politique, etc.) généralement reconnue à tout homme». Ainsi avais-je toujours interprété la théorie cartésienne du jugement. Elle me paraissait, sur ce point, indépassable,

Par rapport à cette exigence de responsabilité intellectuelle, il devenait facile de voir «le danger politique de l'ethnophilosophie»:

> «Ce qui parle à travers elle, c'est l'idéologie de la domination du groupe, ou plus exactement, d'une certaine idée du groupe imposée par une poignée de rhéteurs, l'idéologie de l'écrasement de l'individu, et du même

coup toutes les formes, de la plus subtile à la plus grossière, du fascisme et du néo-fascisme».

J'indiquais ainsi, en jouant franc jeu et cartes sur table, l'enjeu politique de la critique de l'ethnophilosophie, et pourquoi les positions de Niamkey et d'Abdou Toure me paraissaient, dans le contexte de l'époque et malgré leur bruyante démagogie, conforter les pouvoirs les plus tyranniques, les plus cyniques, les plus indifférents à la misère des «masses».

c) La double illusion

Dans ce genre de polémique le malheur est que, pour lever une équivoque ou dissiper un contresens, il ne suffit pas d'une mise au point. Il faut encore se répéter, redire infatigablement ce qu'on a déjà dit et qu'on croyait clair pour tous. La communication d'Addis-Abeba ne pouvait donc suffire. Les critiques de Yai et de divers autres lecteurs, qui reprenaient en partie celles de Niamkey et Toure, m'ont obligé à reprendre, en les précisant, certaines réponses. Deux articles font le point de cette discussion: «Que peut la philosophie?» et «Occidentalisme, élitisme: réponse a deux critiques» (Hountondji, 1981, 1982). Ces textes ont déjà été cités ci-dessus. Je me contente donc ici d'en dégager le sens.

Ce que je refusais, au fond, c'était cette «philosophie en troisième personne (qui) consiste à se réfugier paresseusement derrière la pensée du groupe, en s'abstenant de prendre soi-même position et de se prononcer sur les problèmes auxquels répondait à sa manière cette pensée des ancêtres». Au lieu de ce «recours paresseux a la pensée du groupe», j'en appelais a la responsabilité intellectuelle du penseur, de *chaque* penseur. J'invitais à un réexamen des concepts fondateurs de la philosophie, en commençant par le concept même de philosophie. La «philosophie africaine» est une invention de l'Occident, on ne devait jamais l'oublier. Le concept ethnologique de philosophie, le projet d'une identification systématique des visions du monde «exotiques», est inséparable de l'histoire de la conscience de soi de l'Europe. L'eurocentrisme, en ce domaine, n'est donc pas de récuser ce projet et le concept qui le sous-tend, c'est au contraire de le prendre en charge naïvement et sans discernement pour y apporter sa contribution, en s'engouffrant de bonne foi dans les sentiers traces par l'Europe, en acceptant sans critique de jouer le rôle que l'Occident avait prévu pour tout chercheur du Tiers Monde: celui d'informateur ou, dans le meilleur des cas, d'informateur savant.

Réapprendre à être libres, intellectuellement et politiquement: telle était amés yeux l'exigence actuelle. Cette liberté passe par la remise en cause du statut qu'on avait prévu, des paradigmes qu'on avait établis, des canons de pensée qu'on avait fixes pour nous. L'enfermement dans notre passe culturel, un rapport purement apologétique a notre patrimoine, répondraient exactement à ce qu'on attend de nous. En ce sens, rien n'est plus eurocentré qu'un nationalisme fébrile qui se contenterait de brandir a la face du monde les trésors de la culture africaine en les fixant, en les momifiant, en les figeant en leur moite éternité.

Si j'ai tant plaidé pour un délestage, une réduction de la surdétermination sémantique du concept d'Afrique, c'était pour la même raison: parce que notre libération intellectuelle passe aussi par la, «Démythifier l'africanité en la réduisant a un *fait* - le fait tout simple et, en soi, parfaitement neutre, de l'appartenance à l'Afrique - en dissipant le halo mystique de valeurs arbitrairement greffe sur ce fait» ne conduisait pas forcement à gommer l'histoire culturelle du continent. Bien au contraire, c'était la condition pour penser la complexité, la relative cohérence, mais aussi les contradictions qui font la richesse de cette histoire, de même que les alternatives sur lesquelles elle débouche, les virtualités qu'elle laisse intactes et qui en appellent aujourd'hui à l'exercice, individuel et collectif, de notre liberté.

Ce n'est pas tout. La critique sévère de Yai sur la «misère de la philosophie spéculative», son appel à une liaison entre théorie et pratique, son exigence d'une «philosophie de la praxis», organiquement liée à «la philosophie spontanée des masses», posaient un problème majeur qui méritait qu'on s'y arrête. A sa manière, «Que peut la philosophie?» propose une réponse. Il y a deux façons «d'attendre de la philosophie plus qu'elle ne peut donner, d'en surestimer le pouvoir». La première consiste à en attendre une réponse aux problèmes métaphysiques de l'existence de Dieu, de la nature de l'homme, de l'immortalité de l'amé, et d'autres questions de ce genre. Je n'hésitais pas à affirmer qu'à mes yeux, Kant avait définitivement fait justice de cette illusion. Je saluais au passage l'empiriocriticisme qui, quoi qu'en dise Lénine, était à l'intérieur du marxisme une saine réaction, d'inspiration kantienne, contre les tendances spéculatives qui tiraient le marxisme du cote d'une métaphysique dogmatique et catéchistique.

L'autre version de la même illusion, l'autre forme de dogmatisme, est celle qui consiste à attendre de la philosophie qu'elle réponde aux problèmes politiques, économiques et sociaux, en proposant des recettes pour la libération nationale, l'émancipation des classes et des nations exploites, bref, la révolution. Ames yeux, cette illusion avait été balayée par Marx lui-même - pas moins que cal - notamment dans *L'idéologie allemande*. Ce n'est pas la thèse XI sur Feuerbach, en tout cas, qu'il faudrait invoquer pour prouver le contraire. «Les philosophes n'ont fait qu'interpréter le monde de différentes manières; mais ce qui importe, c'est de le transformer»: nulle part dans cette thèse, Marx ne prétend que la philosophie puisse d'elle-même transformer le monde, il «invite au contraire à *sortir de la philosophie* pour s'atteler aux taches pratiques de transformation du monde» (Hountondji, 1981: 59). De ce point de vue, la rhétorique brillante d'un ouvrage comme la *Contribution à la critique de la philosophie du droit de Hegel* montre simplement à quel point Marx lui-même a été victime de la même illusion, de la même exigence d'une philosophie directement efficace, avant de devenir le Marx de *L'idéologie allemande,* puis du *Capital.*

Une fois récusée cette double illusion, une fois la philosophie remise à sa place, on pouvait, plus modestement, en reconnaitre la portée et proposer quelques taches, dans le double champ de la théorie et de la pratique. Je reconnaissais volontiers la fécondité d'une critique comme celle qu'avaient amorcée respectivement, chacune dans son domaine et avec ses visées propres, la *Critique de la raison pure* et *L'idéologie allemande*. Loin d'être purement négative, cette déconstruction de l'illusion métaphysique, cette critique de la mystification sous toutes ses formes avait pour effet, amés yeux, de déblayer le terrain pour des formes nouvelles de pensée et d'action. Je reconnaissais aussi l'inachèvement de l'entreprise, et qu'elle devait être poursuivie, recommencée à chaque époque et dans chaque contexte historique. La théorie de la science, ou je voyais toujours «un noyau essentiel de la philosophie», n'avait de sens que replacée sur ce terrain nouveau. Il fallait cependant l'élargir pour tenir compte à la fois de l'évolution de la pensée critique depuis Kant et des exigences de l'épistémologie contemporaine. It fallait en outre intégrer les préoccupations politiques en s'appliquant à l'analyse des formes de pensée induites par les options des uns et des autres et en sachant que, de la philosophie a la politique, le rapport est «infiniment plus subtil que ne le soupçonnent nos idéologues».

d) La tentation populiste

Le hasard, toujours lui, et les bons offices d'un ami de passage à Paris m'avaient fait rencontrer Denyse de Saivre, rédacteur en chef et alors directeur de publication par intérim de *Recherche, pédagogie et culture*. Déjeuner a trois au quartier latin. Au dessert, j'avais accepté d'écrire un article pour un numéro thématique de la revue sur l'éducation (Houtondji, 1980a). Deux ans plus tard, Denyse décide de consacrer un numéro spécial de la revue à la philosophie africaine. Je ne pouvais refuser l'invitation à participer à la préparation de ce numéro. Ma tâche: identifier quelques auteurs, présider une table ronde et écrire un article. Je saisis l'occasion pour faire le point.

Le reproche d'eurocentrisme ou d'européocentrisme est souvent associe, nous l'avons vu, aux accusations d'élitisme, d'idéalisme, de scientisme, de fétichisme de l'écriture, voire d'escroquerie intellectuelle. La liste était bien trop longue pour un article. Me limitant aux deux premières critiques, je me suis employé à montrer, une fois de plus, ce qu'elles avaient d'incongru. J'ai en outre voulu «traquer jusque dans ses derniers repaires et identifier clairement ce qui se cache derrière ce reproche d'élitisme (...): une forme manifeste de cc qu'il faut bien appeler le populisme». J'étais d'accord a cent pour cent avec mes critiques 'pour reconnaitre «non seulement l'existence, mais la valeur insoupçonnée, la richesse multiforme de cette pensée africaine précoloniale que nous connaissons encore si mal»; d'accord pour «exiger de la nouvelle intelligentsia africaine, formée à l'école de l'Occident, qu'elle redécouvre cet héritage et renoue avec l'intelligentsia dite traditionnelle»; d'accord pour «souligner, plus généralement, la créativité des «masses» dans tous les domaines, y compris celui du savoir», J'ajoutais cependant, au passage, que ces thèmes étaient déjà présents, directement ou indirectement, dans *Sur la «philosophie africaine»,* J'ajoutais surtout qu'on ne pouvait sans démagogie prétendre que l'héritage ainsi reconnu et valorise se suffit pleinement a lui-même, ni «faire semblant de croire que la tâche prioritaire, voire la seule tache de la nouvelle intelligentsia soit de l'exhumer, de le reconstruire, de le recueillir, de le défendre globalement et sans nuances».

L'occasion était bonne pour relever l'usage tendancieux que mes critiques faisaient de Gramsci, la lecture biaisée qui tirait les écrits du philosophe italien vers un populisme démagogique et ronronnant. C'était presque jeu d'enfant de montrer, en se reportant aux textes cités par les intéressés eux-mêmes, comment ils les avaient manipules ou interprètes à contresens.

Gramsci, tout en se faisant l'apôtre du «sens commun», du «folklore» et de la «philosophie spontanée», n'en reconnaissait pas moins la nécessite de soumettre à un examen critique ces conceptions «implicites dans une grande mesure (...), non élaborées (...), asystématiques (...), agglomérat indigeste de fragments de toutes les conceptions du monde et de la vie qui se sont succède dans l'histoire, et dont pour la plupart les traces mutilées et contaminées ne subsistent que dans le folklore». Nos critiques devaient donc se trouver d'autres maitres ou d'autres parapluies: Gramsci faisait mal l'affaire.

Je restais bien entendu d'accord avec eux sur un point: dans le débat sur la philosophie africaine: aucune position n'est politiquement neutre. Mais j'avais déjà assez clairement indique l'enjeu politique que je voyais a la critique de l'ethnophilosophie pour qu'on n'en invente pas arbitrairement d'autres, en prétextant d'intentions secrètes dont j'aurais moi-même été inconscient: «de recours à l'inconscient d'autrui (...) peut fonctionner, dans certaines conditions déterminées, comme une ruse purement rhétorique visant à camoufler l'absence de véritables arguments». Je rappelais donc quel était amés yeux le véritable enjeu:

> «Ce que je dénonce dans et à travers l'ethnophilosophie, et que je retrouve curieusement derrière l'apparence révolutionnaire du discours populiste de nos nouveaux critiques, c'est l'idéologie de la domination du groupe ou, plus exactement, d'une certaine idée du groupe imposée par une poignée d'intellectuels et de rhéteurs, l'idéologie de l'écrasement de l'individu, et du même coup toutes les formes, de la plus subtile a la plus grossière, du fascisme et du néo-fascisme. Ce qui est en cause aujourd'hui dans la critique de l'unanimisme, c'est, d'une part, la possibilité pour nos peuples d'évoluer, de se transformer en surmontant, par un mouvement autonome de dépassement, les faiblesses multiples qui ont rendu possible, a un moment donne, leur défaite devant l'Occident. C'est aussi, d'autre part, le statut de l'individu dans la société africaine moderne, la question des libertés démocratiques et en particulier de la liberté d'expression. Je ne puis empêcher personne de voir dans cette double exigence, s'il le désire, la manifestation d'une «lutte pour la domination». Il faudrait cependant au moins préciser que cette lutte, si lutte il y a, n'oppose pas, comme on a voulu le faire croire, les «philosophes professionnels», d'un cote, aux «masses populaires» de l'autre, mais se

déroule, pour l'instant, entre intellectuels, tous aussi «accultures», aussi «occidentalises», aussi petits-bourgeois les-uns que les-autres. L'enjeu politique de cette «lutte» c'est assurément, en dernière analyse, le destin de nos peuples. Il n'est pas évident, cependant, que le meilleur moyen d'assurer ce destin soit de tenir aux «masses» le discours mystificateur de l'ethnophilosophie. Car, comme le disait justement Gramsci, «seule la vérité est révolutionnaire» (Hountondji, 1982: 67).

Ainsi s'est développe, dès la parution de l'article de *Diogène,* et plus intensément encore après la publication du livre et des articles qui l'ont suivi, un débat qui était tout le contraire d'une discussion saine: un débat pollue, hautement idéologique, ou les procès d'intention tenaient souvent lieu d'arguments, et la rhétorique, de démonstration. C'était compréhensible: on ne pouvait espérer remettre en cause une si longue pratique et des réflexes aussi profondément enracinés que ceux qui président au discours ethnophilosophique, sans soulever une vive réaction. Certains, nous rayons vu, avaient une thèse à défendre, un diplôme ou une carrière à justifier. D'autres avaient des convictions fortes et ne pouvaient admettre qu'on put, de bonne foi, ne pas les partager. J'ai dû me placer sur ce terrain et, quand je le pouvais, rendre coup pour coup. Toutefois, au-delà de cette polémique enragée, au-delà de cette passion que nos cousins anglophones trouvent parfois étrangères françaises,[41] la force de cette controverse, la persistance des critiques était aussi l'indice de problèmes réels, de difficultés que j'avais peut-être au départ sous-estimés. Il fallait les prendre en compte et, après avoir écarté les malentendus, les examiner aussi en eux-mêmes, et y répondre.

---

41 «The English-speaking reader of these essays may well sense more than a hint or the polemical in their author's conduct of his argument, which is not habitual in a debate of this kind within his own intellectual milieu. Their general tone certainly contrasts with the manner in which professional philosophers in English-speaking Africa (...) have gone about canvassing a point of view similar in many ways to that of Hountondji on the same question. (Abiola Irele, «Introduction» to Paulin J. Hountondji, *African philosophy, myth and reality: 28-29).*

VI

Enracinement Et Liberté

Le Temps Des Relectures

Je n'ai jamais cru sérieusement que mon père fut mortel. Quand l'évènement s'est produit le 20 aout 1983, le monde, pour moi, s'est effondre. Je devais mettre près de deux ans à digérer le fait tant bien que mal, ne produisant rien pendant la période et me contentant de laisser publier, à l'occasion, des travaux antérieurs. Je dois en partie à l'entourage proche et moins proche, à cette famille élargie qui demeure, en Afrique, un de nos privilèges et à quelques amis, d'avoir finalement accepte cette disparition. Malgré cela, je n'y ai jamais vraiment cru. Wiredu avait, au fond, raison de me chahuter sur mon rapport à Kagamé: je sais maintenant comment naissent les dieux.

Dans ma chambre d'hôtel à Montréal, G., qui pour une fois m'accompagnait, avait fait un cauchemar et s'était réveillée en pleurant. Elle l'avait vu plus récemment que moi sur son lit d'hôpital. Je décroche le téléphone. J'appelle chez J. et E.: nous leur avions laisse la petite F., et je voulais qu'elle aille saluer son grand père. C'était déjà, à Cotonou, le petit matin. Je rappellerais une heure plus tard. Mais c'est J. qui appelle au bout de 20 minutes. Il avait préfère y aller lui-même. Il m'annonce l'évènement, survenu la veille au soir. Je donne quelques instructions, et je raccroche.

Je ne dis pas ce que j'ai fait juste après. Mais ce matin du 21 aout devait s'ouvrir au Palais des congres de Montréal le dix-septième congrès mondial de philosophie. Le congrès mondial est organisé tous les cinq ans par la Fédération internationale des sociétés de philosophie (FISP), sous l'égide de l'UNESCO. Je devais a l'estime de quelques membres du comité d'organisation, dont Alwin Diemer, directeur de l'Institut de philosophie de l'Université de Düsseldorf, en Allemagne, et président sortant de la FISP, d'avoir été invite à prononcer une des conférences prévues pour la séance solennelle de clôture le 27 aout, sous la présidence d'honneur du gouverneur général du Canada. Comme à l'accoutumée, je n'avais pas fini de rédiger mon texte. Je comptais sur les muses pour m'inspirer, une fois en situation, ce que je tenais à l'avance pour une des plus belles improvisations de ma vie, sans me douter un seul instant que cela pouvait être, au contraire, le plus catastrophique des bégaiements. Comme à l'accoutumée, je surestimais mes forces.

Je me rends au Palais des congres, Je vois Venant Cauchy, le dynamique président du comité d'organisation, qui devait devenir à l'issue du congrès, président de la FISP pour cinq ans. Humain et compréhensif malgré l'inévitable tension des derniers préparatifs, il m'écoute. On me trouve une salle. Je m'enferme deux ou trois heures pour finir de rédiger mon texte. Je le donne a Alassane N'Daw, qui accepte de le lire. Je prends conge des amis, et nous embarquons G. Et moi sur le premier vol pour Paris, puis Cotonou.

Ecrit dans ces conditions, «Pièges de la différence» est probablement le texte le plus conciliant que j'aie jamais produit. La critique de l'ethnophilosophie n'y est pas seulement reprise. Elle y est précisée et actualisée, relativisée aussi, dans un réel effort pour rendre raison, autant que possible, des démarches adverses. J'observais au passage, en suivant le père Smet, que le titre français de l'opuscule de Tempels, *La philosophie bantoue,* était une traduction douteuse. *Bantoe-filosofie* pouvait tout autant se comprendre: réflexion philosophique *sur* les Bantu - *oïl* la philosophie ne serait plus apparue «comme une réalité donnée *dans* la culture étudiée, mais comme une grille de lecture, un modelé d'interprétation librement choisi par l'analyste». Les travaux de Smet avaient en outre permis une meilleure connaissance de l'arrière-plan politique de *Bantoe-filosofie* et des articles polémiques du franciscain flamand en faveur des Noirs, contre les abus de la colonisation beige. Il fallait, en tenant compte de ces nouvelles données, nuancer certaines critiques.

De même, la contre-critique de la critique de l'ethnophilosophie, cette «ethnophilosophie savante» sur laquelle j'avais si joyeusement ironise, m'apparaissait désormais, «si l'on fait abstraction des fioritures rhétoriques dont elle se pare volontiers, (...) comme le rappel nécessaire à une évidence ancienne, à savoir l'impossibilité d'une nouveauté absolue dans le domaine de la pensée, la nécessite pour tout projet humain, même et surtout s'il se veut novateur, de s'enraciner dans le sol concret d'une tradition».

Le temps des relectures était done venu. Il fallait relire Tempels et avec lui toute la littérature ethnophilosophique, en y cherchant autre chose que ce qu' elle avait cru pouvoir nous offrir: non quelque philosophie enfouie dans notre inconscient collectif, (. ..) mais des éléments pour une détermination objective des constantes de nos cultures, en vue d'une évaluation critique et libre de cet héritage millénaire», On pouvait «lire d'un œil nouveau et apprécier» Alexis Kagamé, Kwame Nkrumah, Senghor, «relire nos cultures elles-mêmes, les étudier patiemment, méthodiquement, pour y découvrir d'une part, les contradictions fécondes, les grandes alternatives, les choix historiques qui ont fait d'elles ce qu'elles sont aujourd'hui, mais aussi d'autre part, les permanences, les constantes matérielles et spirituelles, tout cet impense qui fait notre héritage commun et avec lequel nous devons pouvoir entretenir, ici et maintenant, un rapport critique et libre».

Relativité Linguistique Et Philosophie

a) De Herder à Whorf

Je ne sais dans quelles circonstances la rédaction des *Etudes philosophiques* avait décidé de consacrer un numéro à la philosophie africaine. Elle voulait, dans ce cadre, un article de moi. Je saisis l'occasion pour faire le point des quelques lectures que m'avait permis de faire, a l'université de Düsseldorf, une bourse de la fondation Humboldt. J'avais appris l'allemand pendant deux mois à l'Institut Goethe de Mannheim. J'en avais juste ce qu'il fallait pour progresser ensuite tout seul, sous réserve d'un travail acharné et d'une inlassable curiosité, J'ai manqué, hélas, de saisir cette chance unique en choisissant, pendant le reste de mon séjour, de communiquer dans d'autres langues avec mes interlocuteurs allemands qui comprenaient presque tous l'anglais, et même parfois le français, en acceptant quasiment toutes les invitations que je recevais pour divers colloques internationaux hors d'Allemagne et en m'échappant régulièrement, le reste du temps, pour passer à Paris en moyenne un week-end sur deux. Je m'en mords les doigts aujourd'hui. N'empêche, j'en savais encore assez pour lire laborieusement en allemand quelques textes de Herder, de Wilhelm von Humboldt et de deux ou trois commentateurs, en complément des traductions françaises disponibles, parmi lesquelles *l'Introduction à l'œuvre sur le kavi,* qui venait de paraître, en même temps que je découvrais ou redécouvrais, en français ou dans le texte anglais, les écrits de Sapir et de Whorf.

Je pouvais donc revenir sur Kagamé et apprécier a nouveaux frais son relativisme linguistique.[42] Ntumba Tshiamalenga avait, dans quelques

---

[42] Mon article s'intitule: «Langues africaines et philosophie: L'hypothèse relativiste». Le sous-titre ne m'a jamais satisfait, En toute rigueur, il comporte une faute de langue.

conférences qui faisaient grand bruit au Zaïre, pris fait et cause pour ce relativisme en le rattachant à la philosophie allemande du langage et, de proche en proche, a l'hypothèse dite de Sapir-Whorf. Je prenais acte, pour ma part, de la convergence de fait entre l'inspiration de Herder et Humboldt, d'une part, et d'autre part celle du philosophe rwandais qui, méconnaissant visiblement les premiers, ne les citait jamais et préférait se donner pour modelé la doctrine aristotélicienne des catégories de l'être. Je saluais la perspicacité de Kagamé qui avait clairement perçu, deux ans au moins avant tel article célèbre d'Emile Benveniste, tout ce que les catégories d'Aristote doivent en fait à la syntaxe de la langue grecque. Je m'étonnais cependant qu'au lieu de reconnaitre l'échec d'Aristote, et du même coup, la vanité de tout projet d'inventaire des catégories métaphysiques à partir d'une langue particulière, le seul reflexe du philosophe rwandais ait été au contraire d'engager à son tour le même type d'analyse à partir de sa propre langue, le kinyarwanda - quitte à proposer ensuite un tableau de correspondance entre ses quatre catégories et la liste standard des dix catégories d'Aristote établie par la scolastique. L'enfermement dans le particulier, voilà le piège. Aristote y était tombe sans le savoir. Kagamé, à son tour, y tombait par choix et de plein gré (Tshiamalenga, 1973, 1977, 1981; Hountondji, 1982).

b) Relativité et relativisme

Récusant cette démarche au nom d'une exigence d'universalité qui me paraissait et me parait toujours au fondement de toute pensée, je n'en tirais pas moins la leçon. Cette leçon était claire: le particulier existe, et il faut en tenir compte. Toutefois, au lieu de s'y enfermer, on devrait en prendre conscience pour mieux le traverser, le remettre à sa place, le relativiser et, si possible, le dépasser. De ce point de vue, la démarche de Wiredu me paraissait plus saine. Le philosophe de Legon[43] distinguait les *tongue-relative* (ou

---

On peut parler en effet d'une «thèse relativiste» ou de «L'hypothèse de la relativité». Par centre, une hypothèse ne saurait être relativiste ou, inversement, absolutiste. L'hypothèse comme hypothèse, n'est pas encore partiale puisqu'elle demande à être, après vérification, confirmée ou infirmée, La thèse est au contraire par définition, une prise de position.

43 Legon est une localité de la banlieue d'Accra, capitale du Ghana. C'est le site de l'Université du Ghana, prestigieuse à l'époque coloniale.

tongue-dépendent) et les *tongue-neutral statements,* les propositions qui n'ont de sens que dans l'espace conceptuel d'une langue ou d'une famille de langues données, et les propositions dont le sens excède ces limites. L'habitude prise par les philosophes africains de penser exclusivement ou principalement dans les langues européennes les amené forcement à accréditer des notions, des problèmes et des thèses qui, dans certains cas, seraient intraduisibles dans leurs propres langues, étant intimement liés au champ sémantique des langues européennes. La traduction est donc ici un test décisif. Elle révèle ce qui, étant impensable dans la langue d'arrivée, ne saurait être, à proprement parler, universel. L'intraduisible, c'est le faux universel, le relatif qui avance sous le masque de l'universel, a la faveur des particularités d'une langue.

Wiredu reconnaissait ainsi, comme Kagamé, le fait de la relativité linguistique. Mais plutôt que d'en faire un usage apologétique, il en faisait plus sobrement un usage polémique et critique. Plutôt que d'ériger en système les particularités sémantiques des langues africaines, il mettait en garde contre la fausse universalité des philosophèmes occidentaux. En plaidant pour un retour aux langues africaines, il n'invitait pas à s'y enfermer, mais à y prendre appui pour une véritable décolonisation conceptuelle. C'est le sens de cet appel qu'il lance, en forme de slogan, à la fin de son exposé:

«Philosophes africains, apprenons à penser dans nos propres langues!» (Wiredu, 1984).[44]

Au fond, c'est le même appel que lançait déjà implicitement Kagamé, Je le suivais parfaitement sur ce terrain. Mais je considérais ce terrain comme *politique*. Ce qui est en cause, en effet, ce sont en dernière analyse les politiques linguistiques à courte vue de nos Etats néo-coloniaux, Par contre, je trouvais inutile, voire hautement illusoire de chercher à fonder métaphysiquement ce combat pour une politique culturelle alternative. Je ne croyais pas nécessaire de projeter derrière une position si juste, des thèses philosophiques si fragiles. La encore, je défendais volontiers l'autonomie du politique.

---

44 Le slogan de Wiredu, «Fellow philosophers, let us learn to think in our own languages!» a été lance au cours d'une réunion organisée par l'UNESCO à Nairobi en juin 1980. Les actes de cette réunion ne devaient cependant paraitre qu'en 1984.

c) Une pensée anonyme?

Ce n'est pas tout, cependant. Apres avoir, tout au long de cet article, résiste pied à pied aux arguments du relativisme linguistique, après avoir souligné les limites de cette thèse et montre qu'elle n'avait de sens, tout au plus, «que dans ses formulations les plus sobres» et ne pouvait, en tout cas, servir à démontrer «l'existence, dans l'Afrique dite traditionnelle, d'une 'philosophie sans philosophes'», je lâchais du lest, tout d'un coup, et opérais dans la conclusion un véritable saut. Je faisais une immense concession en affirmant de manière abrupte, sans que rien, dans l'argumentation de l'article, ne le laissât prévoir :

> «Il y a de la pensée, assurément: une pensée anonyme, une pensée, pour ainsi dire, sans sujet, logique et cohérente à sa manière, implicite, contraignante, imposant d'avance à toute démarche individuelle des choix et des orientations minimales».

C'est comme si je passais brusquement à l'autre extrême, sans crier gare. Comme si, après avoir longtemps nié qu'il puisse y avoir une pensée sans un sujet qui pense et défendu, envers et contre tous, l'idée de responsabilité intellectuelle, je passais tout à coup, par un virage à 180 degrés, de l'autre cote du miroir, pour admettre ce que j'avais jusque-là refusé d'admettre: que le sujet n'est pas premier, mais se constitue toujours à partir d'une passivité originelle, que la conscience n'est pas originelle, que l'individu est lui-même, d'une certaine façon, un produit.

Je venais de découvrir les belles pages de Marc Auge sur la logique des représentations collectives et ce qu'il appelle «l'idéologique» des sociétés lignagères, dont il examinait avec brio une version ivoirienne. J'y faisais référence et reconnaissais volontiers que la linguistique comparée pouvait contribuer à la connaissance de l'idéologique ainsi comprise.

La concession, toutefois, n'était qu'une étape. Ces représentations antérieures au cogito, cette pensée-déjà-la qui structure et informe de toutes parts la pensée responsable, n'existent pas que dans les sociétés lignagères: on doit aussi en trouver, forcément, dans chaque société industrielle, par-delà l'histoire mouvementée des doctrines et des théories. D'autre part et surtout, ces représentations ne sauraient sous aucun prétexte être prises pour une philosophie. L'idéologique est au contraire, par hypothèse, «l'horizon implicite de toutes les formes possibles de discours - quotidiens ou savants, mythiques ou rationnels, religieux ou impies, philosophiques ou non philosophiques, scientifiques ou délirants, etc.». En l'identifiant, on identifie du même coup «ce *contre quoi* une philosophie doit, le cas échéant, se faire ou se refaire».

Non seulement l'idéologique n'est pas une philosophie, mais son étude ne relevé pas non plus de la philosophie. Elle relevé plutôt d'une sociologie des représentations collectives qui se chargerait, avec le concours d'autres disciplines (la linguistique par exemple), de reconstituer patiemment et méthodiquement cet arrière-plan invisible de toute pensée actuelle.

Je ne renonçais donc pas à l'idée de responsabilité, pas plus que je ne renonçais à celle de liberté, qui en est inséparable. Je prenais cependant plus au sérieux le contexte, l'environnement intellectuel et culturel dans lequel s'exerce cette liberté et, de proche en proche, cet héritage complexe transmis par l'éducation, qui nous prédispose à préférer certaines conduites à d'autres, certains objets à d'autres, indépendamment de nos choix et de notre volonté consciente, et auquel il nous incombe aujourd'hui de donner un sens nouveau, en fonction de nos attentes et de nos exigences:

> «En un mot, il y a de la pensée, certes, mais le vrai problème est de savoir que faire de cette pensée, comment, à partir d'elle et au besoin contre elle, penser ici et maintenant en toute lucidité, loin de toute complaisance romantique, au milieu du drame immense de nos sociétés».

d) L'autre cote du miroir

Une fois effectue ce saut, je ne devais plus revenir en arrière.

L'ethnophilosophie a ses raisons, qui sont parfois de bonnes raisons. Il fallait apprendre à les entendre, faire droit à leur pertinence et à leur légitimité propres. Il fallait prendre au sérieux la culture collective, la fierté légitime d'appartenir à une communauté humaine dont on partage forcement au départ, même sans s'en rendre compte, les valeurs et les traditions; admettre que l'individualité se constitue à partir de cette personnalité de base, même lorsqu' elle en vient à la mettre en cause. Dans un sens, il est vrai, ces propositions allaient de soi. Si je les avais si longtemps passées sous silence, c'est qu'à mes yeux, au fond, l'exigence d'enracinement allait tellement de soi qu'il valait mieux insister sur l'autre exigence: l'exigence de liberté et de responsabilité, C'était cependant mal apprécier le contexte. C'était prendre pour acquise une décolonisation mentale toujours en cours, qui voulait que l'on insistât sans répit sur ces truismes élémentaires qui font vivre et que l'arrogance coloniale avait tenté de ruiner. C'était oublier que la confiance en soi, la fierté collective d'être soi étaient, en milieu postcolonial, la chose du monde la moins bien partagée. Je l'ai appris à mes dépens, ou plutôt réappris. Si bien qu'après avoir point par point, ou plutôt, comme l'a écrit un ami, poing par poing, répondu aux attaques, il me fallait reprendre a nouveaux frais la question de 'enracinement en liaison avec cette critique de l'ethnophilosophie.

Essayant de définir, à la fin de «Que peut la philosophie?», les taches du philosophe africain, j'avais déjà reconnu, après une première tâche de critique et de clarification idéologique et une deuxième consistant à étudier, assimiler et approfondir ce qu'il y a de meilleur dans la tradition philosophique internationale, la nécessite d'une troisième tâche, d'une «tâche paradoxale consistant à sortir de la philosophie» pour «contribuer à une solution positive des problèmes véritables masques par les pseudo-problèmes de la mystification ambiante». Dans ce cadre, il fallait se porter sur le terrain même des sciences sociales et humaines pour y entreprendre «une enquête positive sur la pensée africaine replacée dans son histoire, dans son contexte social, économique, politique, et considérée dans ses différentes tendances, ses contradictions, son évolution, ses mutations». Seule une telle étude pouvait achever de convaincre les sceptiques induits en erreur par la rhétorique dominante (Hountondji, 1981: 68-70).

Je croyais toujours, quatre ans plus tard,[45] à la nécessité d'une telle enquête. Mieux: celle-ci ne devait plus simplement chercher à combattre l'ethnophilosophie sur son propre terrain en opposant à sa lecture fixiste des faits de culture, une lecture plus historique, mais elle devait chercher, pour commencer, en quoi l'ethnophilosophie a raison. Elle devait prêter attention aux invariants culturels, aces permanences qui avaient jusque-là monopolise la curiosité, et qu'il fallait à la fois reconnaitre et remettre à leur place.

Je n'ai jamais pu, à vrai dire, consacrer moi-même à ce travail de terrain le temps qu'il eut fallu. J'étais cependant de plus en plus attentif aux travaux existants. Je reconnaissais la place du problème, la légitimité d'une approche

---

45 *La* première «mouture» de «Que peut la philosophie ?» remonté à 1978, comme il est indiqué dans le «chapeau» de l'article paru en 1981.

qui privilégie les invariants - sans perdre de vue, toutefois, cet impératif essentiel: émerger, prendre de la hauteur, mettre en perspective, autant que faire se peut, cette matière intellectuelle donnée au lieu de s'y laisser engluer. J'essayais désormais de tenir les deux bouts de la chaine - l'empirique et le transcendantal sachant qu'il n'y a de liberté que pour qui sait d'abord s'accepter et assumer ses appartenances, mais qu'inversement, les appartenances n'ont jamais été, n'ont jamais voulu être, pas plus en Afrique qu'ailleurs, une prison.

Le Particulier et L'universel

a) Ce que parler veut dire

Au printemps 1987, la Société française de philosophie m'a fait le redoutable honneur de m'inviter à donner une conférence. Je venais d'être coopte directeur de programme au Collège international de philosophie, rue Descartes. J'étais à Paris pour y faire un séminaire qui devait durer, je crois, deux mois. Jacques d'Hondt, alors président de l'association, l'a su. Ses collègues et lui ont décidé de donner la parole, pour la première fois, à un philosophe d'Afrique noire.

Vingt-trois mai à la Sorbonne, amphithéâtre Michelet. Je ne pouvais m'empêcher de penser aux sarcasmes de Robert Niamkey et à ses savantes variations sur le thème de l'agrégation, En fait, mis à part la malveillance du propos et son caractère *ad hominem,* je retrouvais dans ces sarcasmes l'écho indirect d'une de mes propres préoccupations, et comme une version défigurée de ma critique de l'extraversion. J'avais repris cette critique dans le texte de Montréal où je mettais en garde, parmi d'autres «pièges de la différence», contre celui qui consiste, pour les intellectuels, et en particulier les philosophes africains, à rechercher a tout prix, et comme une fin en soi, la «consécration internationale». Je ne pensais pas, toutefois, qu'il fallût tomber dans l'excès inverse en se refusant à tout échange, à tout partage d'expériences. Je le pensais d'autant moins qu'à mes yeux, les problèmes étaient finalement les mêmes et les enjeux, identiques ou très proches, d'une culture ou d'une civilisation à l'autre.

Cette identité des enjeux était précisément le thème de ma conférence. Je l'avais intitulée: «Le particulier et l'universel», D'emblée je montrais à quel point le débat intellectuel contemporain en Afrique, illustré de manière fort éloquente par la querelle de l'ethnophilosophie, était, a y bien regarder, une forme nouvelle, originale, de l'antique débat entre Socrate et ses nombreux protagonistes mis en scène par Platon qu'ils se nomment Protagoras, Gorgias, Callicles ou autrement. Tout comme la sophistique, le relativisme africain est à proprement parler irréfutable. Dire comme l'ethnophilosophie: «;1 chaque peuple sa philosophie», est une autre façon de dire, dans un contexte historique différent, ce qu'exprimait Protagoras: «l'homme est la mesure de toutes choses». Et l'on sait que ni Platon ni Aristote, n'ont jamais vraiment réfuté Protagoras, se contentant en réalité d'exprimer leurs propres choix intellectuels, leurs options fondatrices.

Ces options, qu'expriment à leur manière les principes logiques, et en tout premier lieu le principe de contradiction, se ramènent en dernière analyse à un pari pour la communication. Le langage *doit* être possible. La société ne pourrait pas tenir sans cette possibilité permanente de discuter et de se comprendre, et si tous n'acceptaient, entre autres contraintes, l'obligation d'employer les mêmes mots pour désigner les mêmes choses. La coexistence suppose l'interlocution, et la règle d'or de toute interlocution possible est celle de l'univocité:

«Ne pas signifier une chose une», écrit Aristote, «c'est ne rien signifier du tout» *(Métaphysique,* livre G).

La querelle de l'ethnophilosophie n'était à mes yeux qu'un avatar contemporain de ce combat pour le sens. L'enjeu n'était pas seulement africain, pas plus qu'on ne pouvait circonscrire en Europe ou dans la Grèce antique, l'intérêt de la réaction philosophique contre les sophistes. Nous sommes tous concernés par ce débat ou sont en cause, en dernière analyse, «de graves questions théoriques et méthodologiques, des questions idéologiques et politiques au sens le plus profond du mot, au sens ou la politique désigne, par-delà les préoccupations immédiates (...), la vision globale que nous avons du destin de notre société et, plus généralement, du destin de l'humanité».

b) Le projet de thèse de Kwame Nkrumah

«Ethnophilosophie» n'était pas, comme je l'avais cru, un mot nouveau. Le terme convenait parfaitement à mon propos. Je l'utilisais dans un sens polémique pour montrer qu'un certain type de discours communément reçu comme philosophique, et dont Tempels me paraissait une excellente illustration, relevait en réalité de l'ethnologie et devait être perçu comme tel. Je mettais en garde contre une confusion des genres largement répandue, qui avait fini par imposer comme norme, en Afrique, ce qui était en fait une déviation par rapport aux pratiques théoriques dominantes en Europe même, dans les cultures d'origine des promoteurs de cette prétendue norme (Hountondji, 1970).

Le hasard a voulu qu'a la même période, un an après la parution de l'article de *Diogène,* Marcien Towa utilise à son tour le même mot avec la même connotation péjorative, le même dessein critique, la même exigence de substituer à cette forme dominante de la philosophie en Afrique, des pratiques intellectuelles autrement cohérentes et responsables (Towa, 1971). Si bien que le mot «ethnophilosophie» est encore, à ce jour, considère a tort, dans des cercles relativement larges, comme un néologisme forge par Towa et Hountondji.

Je devais cependant très tôt, en relisant *l'Autobiographie de Kwame Nkrumah,* me rendre compte que le mot était plus ancien. Dans cet ouvrage public en 1957, le premier chef d'Etat du Ghana indépendant raconte incidemment comment, après avoir obtenu sa maitrise de philosophie (M. A.) en février 1943 à l'Université de Pennsylvanie, il s'était aussitôt inscrit dans la même université pour préparer une thèse de doctorat en «ethno-philosophie». Le mot était lâche sans autre explication. «Ethno-philosophie» était donc le nom d'une matière, d'une discipline académique et pouvait, aux yeux de l'auteur, se comprendre tout seul. La thèse, est-il cependant précise, est restée inachevé jusqu'en 1945, date du départ de Nkrumah pour l'Angleterre.

Mentionnant, dans ma conférence de Paris, cette occurrence du mot anglais *ethno-philosophy* dans l'ouvrage de Nkrumah, j'ai émis l'hypothèse qu'il avait dû être forgé, soit par Nkrumah lui-même, soit dans les milieux intellectuels auxquels il était lié, par référence aces disciplines qu'on appelle aujourd'hui les ethno-sciences. L'ethnophilosophie ne pouvait être que «d'extension au domaine de la pensée en général, de l'inventaire des corpus de connaissances dits primitifs, [inventaire] déjà entreprise à cette époque, pour ce qui concerne les plantes et les animaux, par deux disciplines-pilotes:

l'ethnobotanique et l'ethnozoologie» (Hountondji, 1987).[46]

---

46 Je n'avais guère tente, à l'époque, une étude systématique du concept d'ethnoscience. Des travaux existaient pourtant, dont je n'avais pas encore connaissance, Je devais par contre prendre plaisir à lire, dans un petit recueil d'entretiens publie quelques années plus tard par Ruth Scheps, les précisions données par Jacques Barrau sur les origines du concept et du mot. La botanique semble avoir été la première des disciplines naturalistes à être préfixée en *ethno-*, et cela dès 1895, par un agronome et botaniste américain du nom de J. W. Harshberger. «Ethnozoologie», plus récent, d'aterait de 1914. Quant au terme générique «ethnoscience», il aurait été lance dans les années 1950 à l'Université Yale aux Etats-Unis, par une équipe de jeunes ethnologues se réclamant d'une «nouvelle ethnographie» et s'efforçant, sous ce titre, de développer une étude méthodique des savoirs et savoir-faire «populaires», qu'ils appelaient *aussi folk-science*. Je dois un peu à V. Y. Mudimbe d'être revenu de façon plus systématique sur la question. De L'Université Duke oïl il exerçait alors, aux Etats-Unis, il m'avait communiqué en 1992 une liste de dix termes sur lesquels il me demandait une contribution pour son projet *d'Encyclopédie des religions et de La philosophie africaines*. Qui voudrait refuser quelque chose a Mudimbe? C'est cependant, hélas, une des nombreuses promesses que je n'ai jamais pu tenir à ce jour, sauf pour l'un des 10 articles: «ethnoscience». J'ai ainsi pu découvrir ou, le cas échéant, redécouvrir quelques travaux importants *sur* l'ethnoscience, parfois a l'intérieur de travaux *d'ethnoscience,* tels les articles de W. Sturtevant et de M. Fournier, les ouvrages publics sous la direction de Dell Hymes aux Etats-Unis et de Geneviève Calame-Griaule en France les pages consacrées par Nicole Revel a L'histoire et a la théorie de la discipline, dans sa thèse savante sur l'histoire naturelle Palawan, ou l'ouvrage de référence de Peter Murdock, oïl le mot *ethnoscience* est formellement employé pour la première fois en 1950. En attendant de tirer tout le profit possible de ces travaux, j'y vois, d'une part, la confirmation de l'ancienneté de quelques ethnosciences particulières par rapport à l'ethnophilosophie, mais aussi, d'autre part, qu'il faut rectifier le tir en ce qui concerne le terme générique d'ethnoscience. Celui-ci n'était donc pas encore, en 1943, un terme usuel du vocabulaire savant aux Etats-Unis, Cette circonstance ne met pas en cause, toutefois, le fond de mon analyse. On dira simplement que Nkrumah tentait. au début des années quarante, et en accord avec son directeur de thèse, E. A. Singer, de promouvoir une discipline nouvelle - l'ethnophilosophie - en prenant modelé sur des spécialisations déjà avérées de l'anthropologie culturelle, notamment l'ethnobotanique, l'ethnozoologie et l'ethnobiologie, dont le concept générique, toutefois, ne devait formellement apparaitre

Non seulement le mot n'était pas nouveau, mais la critique même du projet de Tempels ne l'était pas davantage. J'avais mentionné dans l'article de *Diogène,* la réaction de Césaire dans le *Discours sur le colonialisme,* que je qualifiais de politique, et la critique du logicien beige Franz Crahay, de nature plus théorique. Je mentionnais en outre, cette fois, le commentaire du poète ougandais Okot p 'Bitek, et toute la polémique développée autour du livre de Tempels dès sa première parution, en Belgique et dans l'ex-Congo beige, et sur laquelle le père Smet avait attiré l'attention. Les articles des pères Boelart et de Sousberghe, en particulier, me paraissaient remarquables. Il fallait faire justice a ces précurseurs, apprécier leur apport à sa juste valeur au moment même ou l'on tentait de le prendre en charge, de l'enrichir et d'en tirer, en toute rigueur, toutes les conséquences (Césaire, 1950, Crahay, 1965, Bitek, 1964, Smet, 1981, Boelart, 1946, de Sousberghe, 1951).

Je concluais donc que ni le mot «ethnophilosophie», ni la critique du projet correspondant, n'étaient nouveaux:

> «Ce qui est nouveau (...), ce n'est ni le mot, ni la chose, mais la conjonction du mot et de la chose, l'usage du vocable 'ethnophilosophie' pour designer, non plus un projet ou une science à venir, mais une discipline déjà en voie de constitution, dont les premiers essais ont tôt fait d'éveiller des doutes quant à sa viabilité et sa consistance théorique; usage, par conséquent, non plus prospectif et optimiste, mais rétrospectif et polémique».

c) Questions sur l'ethnoscience

Une fois les pendules ainsi remises à l'heure, il restait à interroger le sens du mot chez Nkrumah lui-même. Je ne pouvais le faire, ne disposant alors, à cet effet, d'aucun texte de l'auteur relatif à son projet de thèse, ni, bien entendu, de cette thèse elle-même. Toutefois, ayant admis que ce terme renvoyait au concept générique d'ethnoscience, je ne pouvais éluder une question concernant les rapports entre l'ethnophilosophie et les autres spécialités de l'ethnoscience, entre l'ethnophilosophie et la philosophie, donc concernant le statut de l'ethnophilosophie et ses articulations avec d'autres

---

que plus tard (Sèches, 1993; Barrau, 1993; Sturtevant, 1964; Fournier, 1971: Hymes, 1964; Calame-Griaule, 1977; Revel,1990; Murdock,1950).

disciplines, ses présuppositions, ses justifications théoriques et idéologiques, sa portée et ses limites.

Je devais, pour répondre à cette question, me pencher d'abord sur la notion même d'ethnoscience. La simple énumération des disciplines qui se donnent aujourd'hui pour des spécialisations de cette matière suffit à mettre à nu une équivoque essentielle. Si l'ethnoscience se définit en effet, dans le cas le plus classique, comme un inventaire de connaissances préexistantes (ainsi l'ethnobotanique, l'ethnozoologie, l'ethnobiologie, l'ethnominéralogie, etc., sont-elles comprises comme l'inventaire des connaissances sur les plantes, les animaux, les êtres vivants, les minéraux, été., dans les civilisations de l'oralité), il est un autre usage du mot ou il désigne plutôt l'application d'une science donnée à l'étude d'un aspect particulier de la culture dite primitive. Ainsi l'ethnolinguistique n'est-elle pas l'étude de quelque théorie linguistique primitive, mais plutôt l'application de la linguistique, comme science moderne du langage, aux pratiques langagières dans les cultures orales. L'ethnodémographie n'est pas non plus l'inventaire de connaissances démographiques préexistantes, mais l'application aux peuples dits primitifs des théories et méthodes d'enquête léguées par la démographie. Ces deux emplois sont irréductibles et l'équivoque, insuppressible :

> «Dans le premier cas de figure, l'ethnoscience se donne pour un savoir descriptif, un savoir de pure restitution, un savoir sur un savoir (...). Dans le second cas, par contre, l'on a affaire à un savoir actif, un savoir sur une pratique supposée elle-même irréfléchie, une construction dont l'ethnologue reste seul responsable» *(ibid.:* 151).

L'équivoque ainsi reconnue oblige à poser une question, celle du lieu du savoir au, en effet, se trouve le savoir? Ou s'opère cette construction théorique d'où résulte un corpus? Dans la culture étudiée elle-même? Ou dans l'œuvre de l'ethnologue? Tout en avertissant que les choses ne sont jamais si simples, et qu'en dehors de quelques cas limites, une ethnoscience est toujours forcement, à la fois construction originale de l'ethnologue et prise en compte de «théories indigènes» préexistantes, tout en reconnaissant «qu'au fond, le savoir n'est nulle part, ou plutôt qu'il est partout, des deux côtés», en perpétuelle circulation, passant sans cesse «de la culture-objet au corpus savant des anthropologues moyennant, dans certains cas, un nouveau travail d'élaboration théorique» *(ibid.:* 152), je maintenais néanmoins la question en la précisant:

> «Comment, scion quelles modalités, pourquoi, au profit de qui s'opère cette circulation du savoir? Quel en est le terme? Y a-t-il circulation complète, (...) retour final au point de départ, ou au contraire dépossession, drainage sans retour?» *(ibidem: 152).*

Ces questions, que je supposais étrangères à Nkrumah, me paraissaient inconsommables. Pour achever d'éclairer la critique de l'ethnophilosophie, il fallait s'interroger sur le statut, la portée et les limites de l'ethnoscience, ses effets théoriques et pratiques, son rapport réel aux savoirs dont elle entend rendre compte, sa place dans l'économie générale de la science moderne. Il fallait examiner l'origine, le mode de fonctionnement, le mode de transmission et de développement des savoirs «traditionnels» et autres théories dites indigènes, leur place dans l'ensemble des pratiques intellectuelles et techniques en Afrique et ailleurs, leur rapport réel a la science officielle, dans et hors de l'ethnoscience, leur vocation actuelle, leur destin.

Je ne pouvais, ni dans la conférence elle-même, ni dans la version plus étendue qui en a été publiée,[47] tirer toutes les conséquences de cette enquête sur les usages du mot «ethnoscience».[48] Le propos, cependant, était clair. Le flottement sémantique était l'indice d'une question non réglée, ou plus exactement, d'une question refoulée. En identifiant cette question comme je venais de le faire, je retrouvais au cœur de l'ethnoscience en général et de ses spécialisations, la même équivoque que dans l'ethnophilosophie. Je montrais qu'on pouvait étendre à l'ethnoscience la critique de l'ethnophilosophie. Je suggérais en outre que, de l'une à l'autre, le rapport logique était probablement l'inverse du rapport chronologique, et que l'ethnophilosophie, apparue sur le tard dans le paysage scientifique après d'autres ethnosciences,

---

47 La version complète est restée inédite à ce jour, ne pouvant être entièrement reprise par le *Bulletin de La Société française de philosophie*. J'espère pouvoir un jour la faire connaître.

48 Les précisions ci-dessus concernant l'apparition tardive du *mot* «ethnoscience» ne changent rien, bien entendu, au sens général de cette analyse. A défaut du mot, l'idée d'une ethnoscience existait de toute évidence à travers les disciplines particulières qui, comme l'ethnobotanique et l'ethnozoologie. L'illustraient abondamment.

leur est logiquement antérieure. Fille de l'ethnoscience, l'ethnophilosophie en serait ainsi, d'une certaine manière, la mère. Elle est «le fondement commun des ethno-sciences, le système des présuppositions théoriques et méthodologiques, voire des présuppositions idéologiques qui les rendent possibles, et partant, le lieu où se cristallisent et se laissent lire à l'œil nu, toutes les difficultés de l'ethnoscience» *(ibid.: 153)*.

Je n'allais pas plus loin. Je ne pouvais gloser davantage sur une thèse que je n'avais pas lue. William Abraham, l'auteur de *The mind of Africa,* et selon les mauvaises langues, le principal co-auteur du *Consciencisme* de Nkrumah, m'avait simplement assure en 1982, de l'existence de cette thèse.[49] Ce n'est que récemment, en mai 1996, alors que j'étais de passage à l'Université Stanford en Californie, que j'ai pu me faire communiquer, sous le sceau de la confidence, la copie que W. Abraham lui-même tenait des Archives nationales du Ghana, et qui portait en première page la mention: «Cette copie est fournie sous la condition expresse qu'il n'en sera fait aucune reproduction photographique sans l'autorisation du responsable des Archives.[50]

d) Le bantouisme politique et ses limites

On sait aujourd'hui, grâce aux travaux du Père Smet, à quel point Tempels était impliqué dans les luttes politiques au Congo, et quelles tracasseries lui ont valu de la part de l'administration coloniale ses prises de

---

49 William Abraham, ghanéen comme on sait, et ancien chef du département de philosophie à Legon, Accra, était alors à l'Université de Californie à Santa-Cruz, aux U.S.A. Il y est d'ailleurs reste jusqu'à sa réunit toute récente. J'avais eu plaisir à le faire inviter a Düsseldorf par mon hôte en Allemagne, Alwin Diemer, pour un séminaire sur «L'Afrique et le problème de son identité », alors que je terminais moi-même un séjour comme boursier de la Fondation Humboldt, Les actes de ce séminaire devaient être publics trois ans plus tard (Diemer et Hountondji. eds. 1985).

50 Le mot qui nous intéresse apparait dès le titre: *Mind and thought in primitive society. A study in ethno-philosophy with special reference to the Akan peoples of the Gold Coast. West Africa* (Nkrumah, 1945). Le document compte au total 226 pages en majeure partie dactylographiées, dont 7 numérotées en chiffres romains, 212 numérotées en chiffres arabes de 1 à 212 et une annexe comportant trois pages de schémas manuscrits relatifs a l'Etat tribal, l'armée et l'organisation tribale des Akan, et 4 pages de résume et de remerciements

position en faveur des Noirs. On sait aussi la place de plus en plus exclusive qu'à occupée dans ses écrits postérieurs à *La philosophie bantoue* la préoccupation religieuse, déjà largement présente dans l'opuscule de 1945, et quelles tracasseries lui a aussi valu, de la part de la hiérarchie catholique, son souci d'adaptation de la catéchèse. Enfin on sait le rôle fondateur qu'il attribuait lui-même à sa démarche par rapport à toutes les sciences sociales, et l'importance de la préoccupation scientifique, c'est-à-dire, simplement, du désir de comprendre, dans l'ensemble de ses motivations (Smet, 1977a, 1977b, 1978a, 1978b, 1981, Tempels, 1948, 1949a, 1962, 1979, 1982).

Je pouvais donc, dans cette conférence de la Sorbonne, apprécier plus favorablement les raisons de l'ethnophilosophie en m'appuyant sur le cas Tempels. Apres la critique dévastatrice de Césaire et de quelques autres, après ce qui avait pu apparaitre aussi, de ma part, comme un achèvement injuste, il fallait bien tenter quelque chose comme une réhabilitation. Je m'y suis employé du mieux que je pouvais. A défaut d'une réhabilitation totale, un tel réexamen avait au moins l'avantage de faire droit à l'exigence d'enracinement et a ce qu'il y avait de plus généreux chez ce bon missionnaire, en même temps qu'il pénétrait d'identifier de façon plus pointue les failles de son discours.

Strictement contemporains de *La philosophie bantoue,* les *Ecrits polémiques et politiques* de Tempels réédites par A. Smet ont d'abord paru, souvent sous anonymat, en 1944 et 1945 dans un quotidien d'Elisabethville, *L'essor du Congo* (Tempels, 1979). Les titres mêmes de ces articles, cinq au total, sont révélateurs: «La philosophie de la rébellion», «Justice sociale», «L'administration des indigènes. Solution: un administrateur dans chaque territoire», «A propos des mariages indigènes», «Pour la protection légale du mariage de nos indigènes».[51] Le missionnaire franciscain était visiblement lie, a la colonie, a un groupe de progressistes belges, qui dénonçaient volontiers la brutalité des méthodes de l'administration et plaidaient pour une politique sociale et un plus grand respect des traditions locales. C'est le groupe de l'ouvrage collectif *Dettes de guerre,* auquel appartenaient, entre autres, des magistrats comme E. Possoz, auteur des *Eléments de droit coutumier nègre,* cite à

---

51 Les trois premiers articles devaient être partiellement repris, cette fois sous signature, dans un ouvrage collectif paru en 1945 a Elisabethville sous le titre *Dettes de Guerre,* et les deux derniers intégralement publiés en 1944-1945 dans un périodique d'Anvers, *Kongo-Overzee.*

plusieurs reprises dans *La philosophie bantoue* (Possoz, 1943).

On ne peut donc plus reprendre simplement et sans nuances les sarcasmes de Césaire: «Salaires décents Logements confortables! Nourriture! Ces Bantous sont de purs esprits, vous dis-je, etc.», Car s'il s'est trouvé, dans la colonie beige, des cadres de bonne volonté pour soutenir les revendications sociales des populations démunies, Tempels en était. Le projet de *La philosophie bantoue* s'inscrivait en droite ligne dans le prolongement de cette prise de position politique. Au-delà des revendications matérielles, Tempels a cru déceler une revendication plus profonde: l'exigence de respect exprimée par le Congolais, en tant qu'Africain et Noir, pour sa culture. Le missionnaire a cru que, pour faire droit à cette exigence et réhabiliter la culture bantu injustement méconnue, pour faire reconnaitre par tous l'humanité de l'homme noir, dans un contexte ou l'idéologie dominante l'enfermait dans une irréductible différence, il fallait commencer par montrer, à l'œuvre derrière le comportement quotidien du Congolais moyen, la référence constante à un système cohérent de valeurs et de normes.

Ce n'est pas tout, cependant. Il y a visiblement une catégorie de Noirs que Tempels ne supporte pas: la catégorie dite des «évolues». D'un bout à l'autre de *La philosophie bantoue,* il s'emploie à les discréditer, les présentant comme des déracines devenus étrangers à leur propre culture, des «aigris», des «matérialistes qui ont perdu pied dans la tradition ancestrale, sans avoir eu prise dans la pensée et la philosophie occidentales», des «hommes du *lupeto,* de l'argent», ignorant toute autre valeur et restes esclaves de pratiques magiques enfantines, «sous une légère couche d'imitation du Blanc».

Je ne pouvais manquer de relever cet acharnement du missionnaire contre les «évolues», c'est-à-dire, précisément, contre le groupe social d' OU partait forcement l'initiative des révoltes et des soulèvements populaires et au sein duquel se recrutaient les «meneurs» de la rébellion, les dirigeants du mouvement revendicatif. Ames yeux, ce ne pouvait être un hasard. Il est une forme de «progressisme» qui commence par isoler et discréditer les dirigeants naturels d'un mouvement pour s'ériger soi-même, en leurs lieu et place, en porte-parole des «masses». Le groupe forme autour de *L'essor du Congo* pratiquait vraisemblablement cette forme de progressisme: protecteur et volontiers paternaliste envers les populations opprimées, il ne pouvait tolérer l'émergence d'authentiques dirigeants locaux, ni 1e développement d'un discours politique radical qui pourrait, à la longue, mettre en péril le système colonial. L'avant-garde d'une arrière-garde: ainsi devaient apparaitre sans nul doute, aux yeux des dirigeants locaux du mouvement, ces «Européens de bonne volonté- que l'administration coloniale considérait, de son côté, comme hautement subversifs.

Ces limites se reflètent clairement dans le discours philosophique de Tempels, dans sa compréhension assez particulière du système de pensée bantu. Car il n'est pas innocent de noter simplement sur le mode du constat, avec un faux air d'objectivité, la croyance du Noir à la supériorité blanche, encore moins d'y voir la conséquence logique d'une ontologie collective. En prétendant donner une consécration métaphysique a ce qui n'est, après tout, qu'un préjuge entièrement explicable par les circonstances historiques, le missionnaire montrait, un peu malgré lui, les attendus politiques de son approche théorique,

Les équivoques du bantouisme politique m'ont paru révélatrices. Au-delà des circonstances particulières dans lesquelles il s'est développe, au-delà du Katanga de la deuxième guerre mondiale et de l'immédiat après-guerre, au-delà du petit livre de Tempels qui, d'une certaine façon, théorisait ces positions, je voyais dans l'ethnophilosophie en général un discours à la fois progressiste et conservateur. J'en tirais quelques leçons sur l'ambiguïté du nationalisme culturel qui peut fonctionner, dans les périodes de résistance, comme un puissant facteur de mobilisation collective, mais peut aussi constituer, en dehors de ces périodes, un obstacle majeur à la prise de conscience, par la société, de ses clivages et de ses contradictions réelles.

e) Une alternative piégée

J'étais aussi attentif, bien entendu, aux autres motivations de Tempels et à ce qu'elles pouvaient nous apprendre sur le sens de la démarche ethnophilosophique en général. L'intelligentsia africaine n'a longtemps connu qu'une *Philosophie bantoue* détachée de son contexte. Des travaux récents ont mis en lumière l'activité postérieure du missionnaire, devenu prophète charismatique et fondateur d'un mouvement original au sein de l'église catholique du Katanga: la *Jamaa,* d'un terme swahili qui signifie famille (Fabian, 1966, 1971; de Craemer, 1977; Smet, 1977). J'avais pu lire de petits articles comme *Catéchèse bantoue, La christiantsatton des philosophies paternes,* les deux volumes de *Notre rencontre* dont seul le premier avait reçu l'imprimatur, et quelques autres textes ou se développe une sorte de mystique de la communion et de la fraternité (Tempels, 1948, 1949, 1962). Du coup il devenait évident que l'étude de la «philosophie» luba dans l'opuscule de 1945 n'était qu'une étape, un détour pour mieux répondre à des questions qui relevaient d'une autre discipline: la missiologie, réflexion sur l'évangélisation et l'activité missionnaire. Tempels était déjà très clair à ce sujet. La philosophie bantu ne saurait rester en l'état ni se suffire pleinement a elle-même, elle devait être transformée, élevée à un degré supérieur:

«La civilisation bantoue sera chrétienne ou ne sera pas».

Cette circonstance n'enlevait rien à la portée théorique de l'étude elle-même. L'hypothèse d'une philosophie collective était meilleure, à tout prendre, que l'hypothèse du paralogisme, qu'elle entendait réfuter. L'ethnophilosophie comme discipline tient son sens, justement, et tout son intérêt scientifique, de ce qu'elle propose une alternative à la théorie du paralogisme. Cette alternative me paraissait piégée. Encore fallait-il commencer par en reconnaitre le sens et le mérite.

f) Redevenir créatifs

Quelle autre alternative, donc? Comment philosopher de façon responsable, en évitant, d'une part, de prendre en charge naïvement et sans critique les innombrables préjuges véhicules, souvent à son insu, par le discours philosophique occidental, et d'autre part, de s'enfermer dans une philosophie collective prétendument africaine, qui ne ferait, en réalité, que reconduire l'aliénation ?

En conclusion de mon exposé à l'amphi Michelet, j'invitais à sortir de la fausse alternative entre l'eurocentrisme et ce qu'on appellerait aujourd'hui, en suivant une mode afro-américaine, l'afrocentrisme :

«Le choix n'est pas entre une position eurocentriste et une autre qui serait africaine, mais entre deux modes de traitement de toute culture en général, qu'elle soit européenne ou africaine, deux approches différentes dont l'une, prenant la partie pour le tout, veut réduire, simplifier, ramener à l'unité, et dont l'autre, par contre, se veut résolument pluraliste, attentive aux contradictions internes, à la dialectique intense qui traverse toute culture».

Je reprenais, en les précisant, les conclusions de «Que peut la philosophie?» et de l'article sur la relativité linguistique. Pour finir, je revenais sur la question posée au début de l'expose, dans des termes sans doute maladroits et pas très clairs, sur le «lieu du savoir». Je voyais dans l'ethnophilosophie «un savoir de construction qui voudrait se faire prendre pour un savoir de restitution». En vérité, le «lieu» de la philosophie est toujours l'auteur singulier, et la culture étudiée, un simple prétexte, «support plus imaginaire que réel de cette construction arbitraire».

Le rapprochement avec les ethnosciences avait donc permis d'élargir le débat. Qu'il s'agisse de philosophie ou de science, le vrai problème n'est plus de revendiquer un héritage africain en se réfugiant derrière le constat, réel ou fallacieux, de savoirs préexistants. Au-delà d'un tel constat, l'essentiel est de mettre en place une stratégie de réappropriation de ces savoirs dans ce qu'elles ont encore de valable aujourd'hui, en vue de résoudre plus efficacement les problèmes d'aujourd'hui:

«L'apologie facile de nos systèmes de croyances et autres représentations collectives ne conduit qu'a l'impasse. Ce dont nous avons le plus besoin, aujourd'hui, ce n'est pas de donner nos cultures en spectacle aux autres ou à nous-mêmes, c'est d'une créativité renouvelée sur tous les plans, dans tous les domaines».

Le Champ du Pensable

a) Une science des représentations collectives

Il fallait donc, d'abord, exister. Prendre pied dans une tradition, mais en même temps, être capable de garder ses distances, d'entretenir avec sa culture un rapport critique et libre. Il fallait de nouveau, et sans cesse, inventer. Je devais revenir sur cette question, trois ans après la conférence de l'amphi Michelet. L'équipe de *Genève-Afrique,* au sein de laquelle je comptais quelques amis, voulait faire un ouvrage collectif sur Robin Horton. Je connaissais mal, à vrai dire, les travaux de cet anthropologue britannique qui avait choisi de s'établir au Nigeria et s'était illustre, notamment, par un article retentissant sur «Pensée africaine traditionnelle et science occidentale». Ses idées avaient fourni la substance d'un long débat dans *Second order,* la revue de Sodipo. J'éprouvais de la sympathie pour cet homme que je voyais victime, lui aussi, de toutes sortes de procès d'intention. J'ai eu plaisir à le rencontrer *a* l'université d'Ife en 1978, a l'occasion du débat avec Yai a comprenait le français, et bien entendu, je préférais bégayer le français plutôt que l'anglais (Horton, 1967, 1970, 1982; Horton et Finnegan, 1973: Horton *et al. 1990)*.

Acceptant volontiers l'invitation à contribuer à cet ouvrage, j'intitulai mon article: «Pour une sociologie des représentations collectives». C'était déjà l'époque ou j'avais, hélas, peu de temps à consacrer au travail intellectuel. Je n'écrivais plus que de brefs éditoriaux et, de temps à autre, des articles de réflexion pour un bimensuel que j'avais créé avec des amis quelques mois plus tôt, au plus fort du combat contre la dictature. J'ai pu néanmoins, en quelques pages, dire l'essentiel de mon propos:

> «Une fausse science n'est pas toujours, ni forcement, une science fausse. Dire que l'ethnophilosophie est une «fausse science», c'est formuler des réserves sur son statut de science mais pas forcément sur son contenu: c'est souligner l'écart entre ce qu'elle est (une ethnographie) et ce qu'elle prétend être (une philosophie), et appeler l'attention sur les conséquences de cet écart» (Hountondji, 1990: 187).

Les faits de culture cites par l'ethnophilosophe peuvent être et sont souvent réels. Il ne s'agira donc jamais de les nier ou de les réfuter en tant que faits, mais seulement de les interpréter autrement: de manière non apologétique, mais critique. Résumant et complétant «Occidentalisme, élitisme», l'article évoque la contre-critique de la critique de l'ethnophilosophie. Il rappelle les principaux arguments de cette contre-critique, les contresens et autres pétitions de principe qui les fondent, les faiblesses essentielles, toujours aussi graves, toujours aussi inacceptables, d'une démarche qui viserait à absorber la philosophie dans l'ethnologie. Mais il admet volontiers, pour finir, ce fait important sur lequel l'ethnographe a toujours insisté: qu'il existe dans toute société «un consensus minimum, un plus petit commun dénominateur, un ciment spirituel qui assure la cohésion du système». L'étude de ces représentations collectives relevé de la sociologie ou de l'anthropologie. Les matériaux existent aujourd'hui pour constituer une telle discipline. Des travaux comme ceux de Robin Horton, Ruth Finnegan, Jack Goody, Marc Auge et quelques autres illustrent avec bonheur ce qu'il est possible de faire dans cette direction (Goody, 1977, Auge, 1975, 1977, 1979). Il reste encore cependant à instituer formellement cette science nouvelle des représentations collectives, à en définir les tâches et, une fois écartée la tentation apologétique, la mission la plus générale: aider les sociétés concernées à prendre davantage conscience de leurs limites et des moyens de les surmonter, «promouvoir cette qualité essentielle - la lucidité - condition première de la liberté».

b) L'étude des corpus oraux

Yaï avait raison sur un point: je n'avais pas prêté aux corpus oraux toute l'attention qu'ils méritaient, Pourtant j'en ai toujours reconnu la juste place dans un projet d'ensemble qui viserait à restituer l'héritage intellectuel donne. Des travaux comme ceux de Wande Abimbola, pour ne citer qu'un exemple, sont d'une importance capitale. Je n'ai jamais exclu *a priori* que l'on puisse identifier dans la tradition orale des corpus de textes philosophiques. Je suis toujours reste à mille lieues de ce qu'un de mes compatriotes a appelé le «fétichisme de l'écriture» (Dossou, 1994). Le vrai problème, cependant, est un problème de méthode - le même que tout-à-l'heure: qu'il s'agisse de représentations collectives ou de corpus oraux, l'approche apologétique ne mené nulle part.

Le problème est en substance le même quand on passe aux corpus écrits, Yai n'a pas tort de mettre en garde, après beaucoup d'autres, contre le culte du livre et le préjuge largement répandu qui veut que tout ce qui est écrit soit forcement vrai. La pratique des auteurs, la familiarisation avec la tradition écrite, cet interminable travail de lecture en quoi réside, pour l'essentiel, le métier de philosophe, n'ont de sens que si le lecteur parvient, d'un bout à l'autre de cette aventure, de cette plongée dans la pensée des autres, à rester lui-même.

Cette relativisation de l'écriture ne supprime pas, toutefois, la question de son rapport à l'oralité et des rôles respectifs de rune et l'autre non seulement dans la transmission, mais déjà dans la construction du savoir. L'«ethnophilosophie savante» élude ce problème. Dans son beau livre paru en 1992 aux Etats-Unis, Kwame Appiah a eu entre autres mentes, celui de rappeler en quoi la question restait importante (Appiah, 1992). Je demeure persuade que les plus brillants apologistes de l'oralité ne perdraient pas tant de temps et d'énergie à défendre leurs vues par écrit, si l'écriture leur paraissait aussi superflue qu'ils le disent. Transcrire les corpus oraux, les enregistrer, les fixer par toutes sortes de techniques - et la culture contemporaine nous en offre une gamme variée - est une précaution élémentaire pour qui les valorise suffisamment pour vouloir en assurer la survie, même s'il faut constamment mettre en garde contre la tentation de considérer cette transcription comme une fin en soi.

c) Le devoir de cohérence

Le champ du pensable est immense. Tout est matière à réflexion. Tout nous interpelle. Le symbole donne à penser, comme disait Ricoeur. Mais il n'y a pas que le symbole. De n'importe quel objet ou domaine d'objets, de n'importe quel secteur de l'expérience, de tout et de rien, il est possible de s'instruire. Encore faut-il, pour qu'il y ait pensée authentique, que jamais ce parcours ne se dissolve dans les choses et que le pensable soit effectivement pense, compris, mis en perspective en fonction de projets théoriques et pratiques clairs, de finalités établies d'une manière responsable.

Je devais revenir sur ce thème plus récemment aux Etats-Unis. L'association américaine de philosophie m'avait invité à donner une conférence dite de prestige (distinguished lecture») au cours de son congrès annuel en avril 1996 à Chicago.[52] Le programme Fulbright, qui célébrait son cinquantenaire, finançait l'opération. Le coupable? Mon collègue nigérian Malam Olufemi Taiwo de l'Université Loyola a Chicago, dont j'avais lu un excellent article sur les conditions de la production des connaissances en Afrique, et que j'avais fini par rencontrer à Toronto en 1994 (Taiwo, 1993). On m'avait laisse choisir mon sujet. Je n'ai rien trouvé de mieux à proposer qu'une réflexion sur le thème: «La responsabilité intellectuelle: implications actuelles pour la pensée et l'action».

Je ne crois pas avoir convaincu grand monde, surtout parmi les nombreux adeptes de «d'anti-fondationalisme» aujourd'hui en vogue aux Etats-Unis. Abiola Irele m'avait prévenu l'année précédente, alors que j'avais annonce une conférence dans son département, à l'université de l'Etat d'Ohio, sur «Le défi de l'universalité». Irele trouvait bien françaises, je crois, ou plus exactement bien européennes, au sens de l'Europe continentale, mes convictions universalistes, et s'étonnait de me voir si peu ébranle par les interrogations d'un Richard Rorty (Rorty, 1979). Je savais en tout cas où je mettais les pieds lorsqu'à Chicago, j'entreprenais de montrer une fois de plus à quel point l'exigence de preuve était, à mes yeux, constitutive de la rationalité philosophique. J'indiquais comment l'idée de responsabilité intellectuelle a traversé, depuis l'antiquité, toute l'histoire de la pensée occidentale, et en quel sens elle est au cœur de toute philosophie de la

---

52 J'étais L'hôte, plus exactement de la «division du Centre» de cette association, qui en compte trois, les deux autres étant 10, division de l'Est et celle du Pacifique

conscience. J'indiquais que cette même idée se retrouve en réalité dans toutes les cultures, et qu'elle est au fondement de la critique de l'ethnophilosophie. Il nous faut développer aujourd'hui, en Afrique comme partout ailleurs, une pensée responsable au sens le plus littéral: une pensée qui puisse répondre d'elle-même et soutenir l'épreuve de la discussion. Surtout il nous faut, au-delà de la cooptation individuelle de tel ou tel savant africain dans le champ d'un discours entièrement gère et contrôle par le Nord, mettre en place une stratégie ambitieuse d'appropriation du savoir par nos sociétés elles-mêmes.

VII

La Réappropriation

L'extraversion En General

En s'étendant à toutes les ethno-sciences, la critique de l'ethnophilosophie a permis d'articuler une critique de l'extraversion intellectuelle en général. Ce n'est pas seulement la production philosophique, c'est toute la production scientifique et théorique africaine qui est davantage lue hors d'Afrique qu'en Afrique. C'est toute la littérature africaine d'écriture française, anglaise ou portugaise, qui fonctionne connue un produit d'exportation au même titre, bien que selon d'autres modalités, que l'art des aéroports, ces monstres de laideur proposes aux touristes dans nos salles de transit et sur lesquels ces derniers se précipitent, faute de mieux, à quelques minutes du décollage.

Un discours se module toujours un peu en fonction de son destinataire. L'ethnophilosophie m'a paru, précisément, une forme de discours née d'une situation ou le locuteur, qu'il soit occidental ou africain, sait qu'il s'adresse, dans tous les cas, a un public non-africain et qu'il peut s'ériger, sans grand risque d'être contredit, en porte-parole des populations concernées. L'exclusion de ces dernières du publie potentiel entraine des effets très précis sur le contenu même du discours, le choix des thèmes et des méthodes, la formulation et les modalités de traitement des problèmes.

Ce qui est vrai de l'ethnophilosophie l'est aussi de l'ethnoscience. Inventaire des connaissances dites traditionnelles, elle est, comme l'ethnophilosophie, un discours a. la troisième personne qui entend rendre compte, en l'absence des populations concernées, de ce qu'elles sont censées savoir. Est donc volontairement évacue le problème de la valeur de ce savoir, de son degré de cohérence et d'objectivité. Peu importe a. l'ethnologue que ces pensées soient vraies ou fausses: il lui suffit qu'elles soient. Foin de toute inquiétude, et de ce corps-à-corps incertain du chercheur avec le vrai. L'ethnologue est un homme heureux. Il laisse les choses en l'état. Avant comme après son constat, le monde est ce qu'il est, toujours aussi opaque et inhumain. Et dans ce monde, le savoir reste un immense héritage collectif entièrement gère et contrôle par le Nord.

J'avais été frappe, en lisant Samir Amin, par l'usage qu'il fait de la notion d'extraversion. Par opposition a. une économie autocentrée, capable de compter d'abord sur elle-même *(self-reliant)* en assurant, pour l'essentiel sa propre cohérence interne, l'économie sous-développée est tout entière tournée vers l'extérieur, ordonnée et subordonnée aux besoins des classes dirigeantes des métropoles industrielles. L'approche de Samir Amin, qu'il partage avec tous les économistes qu'on dit néo-marxistes, avait a. mes yeux le mérite de mettre en perspective historique et par conséquent, de rendre intelligible ce qu'il est convenu d'appeler le sous-développement et qu'on serait tente, alternent, de prendre pour une fatalité. Le sous-développement n'a donc pas toujours existe. Il a une genèse et une histoire: l'histoire de l'intégration progressive des économies de subsistance au marché capitaliste mondial, a. travers, notamment, la traite des esclaves et la colonisation. Ce qui l'a toujours caractérise et continue de le caractériser au-delà de la cascade des indépendances formelles, c'est précisément d'être une économie extravertie: une économie qui vise avant tout a. fournir des matières premières et accessoirement des débouches aux industries de transformation massivement localisées au centre du système (Amin, 1968, 1970, 1971, 1985; Frank, 1970; Wallerstein, 1980, 1984a, 1984b).

Du coup, je pouvais faire la jonction avec la critique de l'extraversion développée dans *Sur la « philosophie africaine»* et les articles subséquents. L'extraversion intellectuelle m'apparaissait désormais comme une conséquence, voire comme un aspect particulier de l'extraversion économique, On ne pouvait, bien entendu, réduire la première a la seconde. Plus que jamais il fallait résister à la tentation de l'économisme, et reconnaitre la spécificité de l'activité scientifique par rapport au procès de production et d'échange des biens matériels. Je trouvais néanmoins très éclairante, et d'une grande fécondité heuristique, une approche qui replacerait la production des connaissances dans le contexte général de la production tout court, et examinerait sur cette base les rapports Nord/Sud dans le domaine de la science et de la technologie.

Albert Tevoedjre, alors sous-directeur général du Bureau international du travail et directeur de l'Institut international d'études sociales a Genève, m'a donné l'occasion de développer une telle approche en me demandant de participer à une réflexion collective sur une nouvelle éthique des relations Nord/Sud. Lui-même venait de publier *La pauvreté, richesse des peuples,* dont le cinquième et dernier chapitre donnait le ton, sous le titre: «Pour un contrat de solidarité». Je trouvais son approche bien optimiste, mais j'acceptai la proposition. Le résultat fut un article que j'intitulai «Recherche théorique africaine et contrat de solidarité» (Tevoedjre, 1978; Hountondji, 1 978a).

Depuis lors je suis revenu plusieurs fois sur la question: à Katmandou (Népal) où je participais en décembre 1979 a une «réunion d'experts» *(sic)* organisée par la division de philosophie de l'UNESCO sur les conditions d'un développement endogène de la science et de la technologie; a Constance, où la Conférence des recteurs d'Allemagne de l'Ouest m'avait fait l'honneur de m'inviter à son congrès annuel en mai 1982, et où un participant a trouvé mon expose sur «Science et culture dans le processus de développement bien trop «émotionnel» *(sic)* pour une réunion de ce type - en quoi il avait au fond, je le confesse, parfaitement raison; à Paris où une autre réunion de l'UNESCO, sur «L'échange des connaissances pour un développement endogène» m'a donné l'occasion, en octobre 1983, de proposer une réflexion sur «L'échange des connaissances comme échange inégal»; à Dakar en décembre 1986 dans un atelier restreint réuni autour de Samir Amin dans le cadre d'un programme du «Forum du Tiers Monde», et ou j'ai intitule ma contribution «La dépendance scientifique et le problème de la déconnexion»: à Cotonou, dans le cadre d'un séminaire de recherche que j'ai initie à l'Université nationale du Benin, en 1987- 1988, sur les savoirs endogènes, et en prélude à une série d'exposes présentes par des collègues des Facultés de lettres, de sciences et de médecine; a Cerisy-la-Salle, en France, au cours d'un colloque sur (et autour de) Georges Balandier, ou j'ai proposé, en juin-juillet 1988, quelques observations sous le titre «Situation de l'anthropologue africain: note critique sur une forme d'extraversion scientifique»; à Porto-Novo, au Benin, au cours d'un colloque organise en septembre 1989 par le Conseil de l'Europe, en liaison avec une ONG d'Albert Tevoedjre, revenu entre-temps au bercail après sa retraite au BIT; aux Etats-Unis ou il a fallu, en novembre 1989, s'efforcer de dire ces choses en anglais, mais ou le grand intérêt du public pour la question, notamment au Centre d'études africaines et afro-américaines de l'Université Cornell[53] et *à*

---

53 Nos collègues américains ont forge un néologisme: «Africana studies», pour désigner les études concernant à la fois l'Afrique et les populations d'ascendance africaine. Ainsi, Lucius Outlaw, chef du département de philosophie de Haverford Collège, dans la banlieue de Philadelphie, réunissait en juillet 1982 un colloque international sur le thème: «Africana philosophy: philosophy in Africa and people of African descent».

l'Université de l'état d'Ohio, à Columbus, rémunérait largement cet effort; plus récemment encore à Toronto, au Canada, ou l'Association nord-américaine d' études africaines m' avait invité à prononcer, en novembre 1994 au cours de son congrès annuel, la deuxième conférence M. K. O. Abiola. Certaines de ces communications sont restées inédites à ce jour. Quelques-unes ont été publiées. Le séminaire sur les savoirs endogènes, qui bénéficiait du soutien financier du Conseil pour le développement de la recherche économique et sociale en Afrique (CODESRIA, de son sigle anglais), a débouché sur un ouvrage collectif paru en 1994 (Hountondji, 1978a, 1984c, 1988b, 1988d, 1988e, 1990a, 1994a, 1995b).

Un Pragmatisme Rampant

Relisant aujourd'hui ces articles et communications, je les trouve étrangement répétitifs. Tout s'est passe comme si j'avais eu constamment peur de ne pas être entendu. Je n'hésitais pas à reprendre parfois, d'une communication à l'autre et sur des paragraphes entiers, les mêmes formulations. L'auditoire, il est vrai, n'était jamais le même, et je prenais toujours soin de renvoyer aux communications et articles précédents dans lesquels je m'étais exprimé dans les mêmes termes. C'est qu'en réalité il était difficile de dire ces choses autrement, ou de se contenter de les énoncer une fois au passage sur le mode de l'analyse ponctuelle, purement académique; difficile de s'en tenir au constat de la dépendance scientifique et de croire l'affaire réglée, et toute tache terminée. La gravite du constat appelait une action corrective, et tant qu'une telle action n'était pas effective, il fallait inlassablement répéter le constat, le contrôler en le confrontant, le cas échéant, à d'autres approches.

Ce qui m'a d'abord frappe, c'est la similitude entre la structure de l'activité économique et celle de l'activité scientifique du secteur formel, dans la colonie classique. Une chose manque dans un cas comme dans l'autre, une étape essentielle du processus - celle de la *transformation:* transformation des matières premières en produits ouvres dans le premier cas, et dans le second, traitement théorique des données, production d'énonces et autres résultats scientifiques à partir d'une information initiale. La question n'était plus, à ce stade, de savoir *comment* s'opère cette transformation, en quoi elle consiste et quels en sont les étapes et les moments, ni de savoir en quoi consiste exactement le résultat. Ces questions ne se posaient guère dans le cas du procès de transformation industrielle, qui avait l'avantage d'être une suite d'opérations visibles, fabriquant de la matière à partir de la matière. Le travail du chercheur, par contre, était plus subtil. En quoi consiste, ici, la matière première? En quoi consiste le résultat? Quelles opérations font passer de l'une à l'autre, et comment s'enchainent ces opérations?

Sur ces questions, j'avais mes hypothèses. Elles étaient fondées sur un refus de l'empirisme et sur les enseignements de l'épistémologie contemporaine. La science ne se réduisait pas, à mes yeux, a la collecte des données et a l'observation empirique, pas plus qu'elle ne pouvait se confondre avec l'objet industriel qui n'en est qu'un sous-produit technique. La science est un travail ayant pour but de produire des énonces vrais. C'est un tel travail qui faisait cruellement défaut sur le terrain, dans le territoire domine, Jamais cette lacune ne serait apparue comme lacune a un observateur empiriste qui aurait méconnu l'originalité, le rôle absolument central de la théorie, que celle-ci s'appuie ou non sur un dispositif expérimental, dans le procès d'ensemble de la production des connaissances. «La colonie manquait de laboratoires comme elle manquait d'usines»: je dois un peu à ma lecture de Husserl et a une certaine familiarité avec les théories rationalistes et constructivistes de la science, d'avoir pu faire un constat si simple et à la limite, si banal.

Une fois reconnu ce vide théorique, équivalent scientifique du vide industriel, et que la recherche coloniale était régie, à l'origine, par ce même «pacte colonial» qui structurait l'économie, on pouvait constater l'évolution intervenue entre-temps, et l'apprécier à sa juste valeur. La encore, je restais sceptique. Samir Amin avait montré de façon convaincante, sur l'exemple de la Cote d'Ivoire, la possibilité d'une «croissance sans développement». Je me suis demande dans quelle mesure la multiplication récente des universités, des instituts, centres et autres infrastructures de recherche, ne relevait pas du même phénomène. En ce domaine aussi, il y avait croissance sans développement. Je me suis attache à relever quelques indices qui ne trompent pas, quelques signes de l'extraversion et de la dépendance scientifique. D'un article a l'autre, le nombre de ces indices pouvait varier. La conclusion, cependant, restait la même: nous avons besoin, en Afrique, de mettre en place un projet scientifique autonome, inséparable d'un nouveau projet de société.

La décolonisation n'a pas mis fin, en effet, a cette division internationale du travail scientifique qui semblait réserver aux métropoles industrielles le monopole de la théorie et de l'invention, tandis que les colonies devaient rester, d'une part, d'immenses réservoirs de faits et d'informations brutes, et d'autre part, des champs d'application, parmi d'autres, des résultats de l'invention métropolitaine. Le système est simplement devenu plus raffiné. L'ex-colonie n'exporte plus des faits absolument bruts. Elle peut désormais les soumettre à un commencement d'élaboration théorique qui facilite la tâche du laboratoire métropolitain. Mais les équipements utilisés sont toujours fabriqués au centre: la documentation, la littérature scientifique de référence reste massivement concentrée au centre: les institutions de recherche périphériques ne sont, bien souvent, que des annexes d'institutions-mères situées au centre; enfin et surtout, quelle que soit la performance des chercheurs périphériques et de leurs institutions, les travaux visent à répondre à des questions qui intéressent au premier chef les institutions-mères ou les industries qui les financent. Aujourd'hui comme hier, «la demande théorique vient d'ailleurs, tout connue la demande économique. Demande théorique: système des questions qui déterminent et orientent la collecte des faits, tradition théorique dans laquelle surgit a un moment donne, sous l'effet de facteurs multiples et complexes, ce système de questions» (Hountondji, 1978: 4).

J'insistais particulièrement sur cette forme de dépendance: la dépendance au niveau de la problématique. La science pratiquée dans les ex-colonies «reste dépendante, jusque dans sa problématique, jusque dans les questions qu'elle se pose, des préoccupations scientifiques et, partant, des besoins économiques et technologiques de l'Europe». De cette aliénation la recherche agronomique offrait une belle illustration. Dans la plupart des pays africains, ce secteur de la recherche, un de ceux qui mobilisent les plus gros moyens financiers de l'Etat et des sources privés, reste massivement orienté vers l'amélioration des cultures d'exportation (huiles et oléagineux, cocotier, coton, etc.), au détriment des cultures vivrières dont se nourrit la majorité de la population. La recherche est donc ici directement au service d'une économie de traite. Un effort de reconversion a sans doute été engagé depuis les indépendances. Dans aucun des pays concernés, cependant, cet effort n'est parvenu, à ce jour, à renverser la tendance.

L'exemple me paraissait révélateur: l'extraversion théorique «trouve ... sa raison dernière dans l'extraversion économique». Mieux: il nous renseigne sur «l'origine économique des questions scientifiques les plus complexes, la genèse matérielle des problématiques théoriques (...). Même les disciplines les plus «abstraites: (...) n'échapperont pas a cette question. Toute problématique scientifique, tout système de questions théoriques renvoie, directement ou indirectement, a des conditions de possibilité théoriques et extra-théoriques et finit toujours par révéler, pour peu qu'on l'interroge, ses liens complexes avec la politique» *(ibid.: 7).*

Je devais à ma fréquentation de l'œuvre de Bachelard et à une certaine familiarité avec celle d'Althusser, cette idée qu'une théorie se définit davantage par sa *problématique,* que par les réponses qu'elle propose.[54] Or je constatais qu'en Afrique, on ne faisait aucun effort pour formuler des questions nouvelles et originales. Répondre aux questions des autres, tel semblait être notre destin. Nous étions nous-mêmes devenus les plus farouches défenseurs de cette idée. Nos gouvernements professaient ouvertement, en matière de politique scientifique, un utilitarisme étroit qui mettait en garde les chercheurs africains contre l'attrait des disciplines fondamentales et les orientait au contraire vers les sciences appliquées. Il fallait réagir, il est vrai, contre la tentation de la facilite qui poussait régulièrement vers les facultés de droit et de sciences économiques et vers les facultés de lettres, une proportion démesurée de jeunes bacheliers. Mais nos systèmes éducatifs étaient mal partis, de toutes façons. Au lieu de prendre le mal à la racine en imaginant d'autres systèmes, nous acceptions le *statu quo* et tentions seulement de l'aménager, Nous formulions nos critiques et, le cas échéant, nos reformes dans des termes qui montraient clairement que nous avions nous-mêmes, sans le savoir, intériorise une division internationale du travail qui nous dispensait, tout simplement, de penser. La grande affaire, croyions-nous, était le développement; et pour y parvenir, il suffisait d'appliquer les inventions des autres. Où nous a donc conduits, en quarante ans d'indépendance, ce pragmatisme rampant, cette politique à courte vue ?

Les progrès enregistres me paraissaient très limites. On assiste en effet à un développement exceptionnel des sciences descriptives, qui n'ont d'autre fonction que d'améliorer cette collecte des données, a. laquelle le continent

---

54 J'avais lu en terminale à Porto-Novo. *La philosophie du non* et *Le nouvel esprit scientifique.* L'un des deux ouvrages se trouvait, je crois, a la bibliothèque du lycée. L'autre m'avait probablement été prête par mon professeur, Helene Mannottin. Je ne sais quelles éditions j'avais lues. Je ne trouve dans mes affaires que la 4eme édition de *La philosophie du non,* qui date de 1966. Quant au *Nouvel esprit scientifique,* il en était déjà, en 1978, à sa 14eme édition (Bachelard. 1966, 1978).

parait voue, et qui se situent en amont de la recherche théorique. On voit se développer par ailleurs, en aval, toute une série de sciences appliquées. Entre ces deux pôles, par contre, la recherche théorique est, sinon absente, du moins de date récente et toujours, a. ce jour, embryonnaire. Mieux: c'est encore cette recherche théorique qui montre le plus clairement ce qu'est notre activité scientifique aujourd'hui: un appendice lointain de la science occidentale.

Au total je relevais, dans la pratique scientifique africaine, quatre faiblesses essentielles qui l'empêchent de se mettre véritablement au service des peuples africains: la dépendance financière vis-à-vis de l'étranger, la dépendance institutionnelle vis-à-vis de laboratoires et de centres de recherche du Nord, la primauté des échanges scientifiques verticaux Sud *I* Nord sur les échanges horizontaux Sud *I* Sud, entrainant l'extraversion même des publications scientifiques locales, enfin, du fait de cette extraversion et de la dépendance institutionnelle, la subordination intellectuelle aux questions et aux attentes du public savant d'Occident.

Concluant cet article de 1978, j'en appelais a. une «révolution scientifique». Il fallait d'abord reconnaitre, par-delà la fixation obsessionnelle sur les recherches appliquées ou descriptives, l'unité de la science en tant que projet collectif, et la nécessite pour l'Afrique de s'engager de façon responsable dans cette aventure historique. Ce qu'il nous faut, c'est une «appropriation radicale de la théorie (.), un effort méthodique pour nous doter des moyens matériels et humains d'une recherche autonome, maitresse de ses problèmes et de ses thèmes».

Variation Sur La «Distance»

a) L'ambivalence d'un mot

La compagnie Air France offrait alors a. ses passagers en vol, un magazine illustre qui s'appelait *Distance*. Je venais d'arriver en Europe pour un séjour de recherche d'au moins un an. J'avais 38 ans, et supportais assez mal d'être sépare de ma famille 'pour si longtemps. Densys de Saivre, qui voulait faire un numéro thématique de *Recherche pédagogie et culture* sous le titre: «Vers un nouvel ordre éducatif?», m'a demandé un article. Je n'ai rien trouvé de mieux que de théoriser mes frustrations du moment. J'ai intitule mon article: «Distances» (H., 1980).

J'utilisais ce mot dans un double sens. La distance, c'était d'abord l'éloignement géographique, l'écart OU s'organise notre dépendance scientifique, économique et politique. Mais c'était aussi, de façon plus positive, le fait de prendre du recul, le résultat d'une distanciation, d'une mise en perspective théorique, nécessaire pour constituer l'objet scientifique comme tel. A la fois contre-valeur et valeur, la distance, dans le premier sens, est subie comme une contrainte; dans le second sens, au contraire, elle est une conquête de l'esprit.

Les deux sens étaient, amés yeux, lies par une «logique subtile»: l'acceptation passive de la distance dans le premier sens, l'acceptation de la peripherisation comme une fatalité ou comme un fait quasiment naturel, ne peuvent produire, dans le domaine de la recherche, qu'un vague discours empirique et descriptif «évacuant de la théorie, le théorique proprement dit». Inversement, pour vaincre la dépendance, il faut commencer par la voir; et pour la voir, il faut déjà s'exercer, à un niveau plus modeste, à poser les bonnes questions en interrogeant des choses qui, apparemment, vont de soi, et en refusant toute limitation arbitraire de l'horizon.

b) Une science lointaine

Donc, la théorie est ailleurs, d'abord au sens de l'éloignement physique. Les meilleures universités, les laboratoires les mieux équipes, les revues scientifiques qui font autorité, les plus grandes bibliothèques, les maisons industrialisés, Conséquence: le chercheur africain do à se déplacer pour aller chercher ailleurs le feu sacre - les outils matériels et intellectuels du savoir. J'insistais tout particulièrement sur cette contrainte physique, qui me paraissait aussi inconsommable que la *hylè* husserlienne, l'obligation de faire le tour d'un arbre pour en voir tous les cotes, le nécessaire étalement temporel d'une perception sensible. Plus qu'un privilège ou un agrément, je voyais dans cette forme de tourisme culturel une des servitudes propres à la recherche périphérique, et inconnues du chercheur métropolitain.

Là encore, je montrais comment un détour par l'histoire pouvait éclairer la situation actuelle; comment le «pacte colonial» régissait, au départ, aussi bien la vie scientifique que la vie économique; pourquoi il fallait considérer comme fait premier le pillage des matières premières destinées à alimenter les usines de la métropole; comment la collecte de nouveaux faits et de nouvelles données scientifiques, conduite sur le même modelé a pu contribuer à enrichir les sciences existantes, voire à en créer de nouvelles - telles la géographie, l'agriculture et la médecine «tropicales», l'anthropologie et ses dérives, etc. De même que l'intégration au marché capitaliste mondial avait eu pour effet de détruire les équilibres institues par l'économie de subsistance, sans pour autant induire à la périphérie un développement industriel autocentré, de même je suggérais que l'intégration à la recherche scientifique mondiale avait eu pour effet d'arrêter le développement des systèmes de connaissance préexistants, tout en spécialisant la périphérie dans des rôles subalternes par rapport au procès d'ensemble de la production des connaissances.

Je notais, bien entendu, les changements intervenus depuis la décolonisation. Ils me paraissaient toujours purement quantitatifs, et impuissants à mettre fin, fondamentalement, à l'extraversion.

c) Des informateurs savants

Je restais fascine par ce phénomène extraordinaire: l'intériorisation de la dépendance, la tendance à accepter et à faire nôtres, en Afrique même, les raisonnements fallacieux qui tendent à justifier le système ou à le faire paraître inéluctable, de même que les mécanismes qui tendent à le perpétuer. L'un de ces mécanismes est l'acceptation par le chercheur africain lui-même, de cette division du travail qui voudrait le spécialiser exclusivement dans l'étude des réalités locales au détriment de celles des autres pays et régions, et au détriment de la théorie. Sans doute est-il légitime, dans n'importe quelle discipline, de s'employer à connaitre l'environnement naturel et social, pour mieux le maitriser. L'excès dans cette direction, toutefois, l'enfermement dans le particulier, ne peut avoir pour effet que d'interdire une réelle connaissance du particulier comme particulier. Le détour par la théorie est indispensable: «En science comme en amour, la précipitation peut être fatale: il faut savoir attendre, et préparer les voies».

J'observais d'ailleurs que cette africanisation tous azimuts du discours scientifique était plus sensible dans les sciences sociales et humaines que dans les sciences exactes. Je trouvais cependant bien naïve l'attitude inverse d'un certain nombre de mathématiciens, de physiciens, de chimistes et d'autres praticiens africains des «sciences dures», qui estiment simplement que leurs disciplines sont universelles, et qu'ils n'ont pas à se préoccuper de leur rapport à l'environnement africain. L'universalisme abstrait n'est guère meilleur que le particularisme forcené, car il évacue une question essentielle, celle des voies et moyens de l'inculturation, de l'appropriation collective de l'universel, à la fois comme résultat et comme projet.

Il faut donc savoir prendre le large et décoller de l'immédiat. Mais ce doit être pour y revenir finalement, mieux arme pour le situer et le connaitre. L'historien africain doit pouvoir s'intéresser autant aux conditions de l'industrialisation du Japon au XIXe siècle, qu'aux conquêtes militaires de Samory Toure, ou aux circonstances de la traite nègrière et de l'invasion coloniale. Mais sil étudie le Japon, ce sera aussi pour se donner un modelé possible parmi d'autres et mieux connaitre, par contraste, l'histoire de sa propre société.

La théorie est donc ailleurs en un second sens: loin de cet empirisme primaire, de cette fascination de l'immédiat, de cet enfermement qui alimentent le ronron habituel. J'allais plus loin. L'exigence d'une spécialisation «africaine», si elle était acceptée sans critique par les chercheurs africains, les condamnerait à rester, au pire, les auxiliaires des africanistes et autres tropicalistes occidentaux, et au mieux, des informateurs savants au service d'une accumulation du savoir au centre du système :

> «Nos connaissances nous sont volées, extorquées, intégrées, sitôt produites, à un circuit mondial des connaissances gère et dirige depuis les grandes capitales des pays industrialisés. Aussi loin que nous allions dans cette voie, elle ne nous conduira jamais à un développement scientifique et technologique autonome, quels que soient les avantages secondaires que nous puissions tirer, indirectement, de cette activité aliénée».

Il se trouve qu'en fait, tout nous incite à poursuivre dans cette voie. Je notais au passage la complaisance coupable de certains jurys de thèse qui. dans les grandes universités métropolitaines, s'amusaient à décerner le titre de docteur, parfois avec la mention «Très bien» ou la mention «Très honorable», pour des thèses franchement médiocres, étant persuadés que les récipiendaires ne feraient pas carrière dans le pays même, mais iraient tout au plus, après cette soutenance, «sévir dans quelque université de brousse et œuvrer consciencieusement à la reproduction du système».

L'impossible déconnexion

a) Un échange inégal

Par rapport à ces deux articles, ni la conférence de mai 1982 à Mayence devant les recteurs allemands, ni l'article rédige pour l'UNESCO en prélude à la conférence mondiale des ministres de la culture, tenue la même année à Mexico (H., 1982, 1984), n'apportent rien de vraiment nouveau. Par contre, en m'invitant à une «réunion d'experts» organisée à son siège à Paris du 5 au 7 octobre 1983 sur «L'échange des connaissances pour un développement endogène: étude des conditions de coopération Nord-Sud et Sud-Sud», l'UNESCO m'a donné l'occasion d'esquisser une réflexion, restée inédite à ce jour, sur «L'échange des connaissances comme échange inégal». Appliquant au domaine du savoir les concepts forges par Arghiri Emmanuel dans l'analyse des échanges commerciaux (Emmanuel, 1979), je suggérais que le problème du transfert des connaissances était mal pose, et qu'au delà du transfert Nord/Sud, ou la communauté internationale voyait un remède possible au sous-développement, l'on devait commencer par reconnaitre l'existence d'un transfert massif des connaissances Sud/Nord, sous forme non seulement de données et d'informations brutes, mais de systèmes structures a des degrés divers, et l'apport considérable des pays aujourd'hui sous-développés à la construction des savoirs occidentaux (Emmanuel, 1979).

b) La dépendance linguistique

Je revenais sur cette question l'année suivante, dans un texte intitulé «Les langues, la science, le développement», qui servait d'introduction a une série d'études préparées pour l'UNESCO par un groupe de collègues africains sur le thème: «Langues africaines et échange des connaissances». Cette série d'études est aussi restée malheureusement, inédite à ce jour.[55] Je saisissais

---

55 Ces études comprenaient, outre mon introduction, un texte de Wiredu, «Articulating modern thought in African languages: some theoretical considerations», un autre de Bachir Diagne intitule «Note sur la question: faire des mathématiques en wolof», une contribution du linguiste béninois Marc-Laurent Hazoume sur «La numération en gun, en gen et en baatonu», une du mathématicien béninois Cyprien

l'occasion pour apprécier le poids énorme de l'héritage ethnocentriste derrière le discours occidental sur les langues, depuis le *Cratyle* de Platon jusqu'à l'aube du XX siècle en passant par la *Grammaire de Port-Royal* au XVIIe, le discours sur le bon sauvage et l'invention, au XVIII siècle, d'un évolutionnisme linguistique antérieur à l'évolutionnisme biologique de Lamarck et Darwin, les travaux de Wilhelm von Humboldt au XIX siècle et d'autres moins connus, tels ceux d'August Schleicher redécouverts et commentes par Patrick Tort, les bavardages de Lévy-Bruhl sur les langues et les systèmes de numération en usage dans les «sociétés inferieures». Je prenais acte, avec Louis-Jean Calvet, de cette volonté de «glottophagie» qui a marqué d'un bout à l'autre la politique linguistique des puissances coloniales et en particulier de la France. Je pouvais ainsi apprécier, par contraste, le courage intellectuel et le degré d'imagination qu'il avait fallu à Cheikh Anta Diop pour oser affirmer en 1954, dans un contexte idéologique aussi pollué, la possibilité et la nécessite de développer les langues africaines en tant que véhicules de la pensée scientifique la plus élaborée.

Ce qui m'intéressait le plus, en écrivant cette introduction, était de montrer comment le discours impérialiste sur la langue avait aussi fini par être intériorisé par les colonises, comment notre pratique langagière, en Afrique, était aussi extravertie, aussi soumise à des modelés extérieurs que notre pratique scientifique, comment cette situation appelait aujourd'hui une double rupture, une politique imaginative et courageuse, nécessaire pour promouvoir enfin, dans le domaine scientifique et culturel comme dans le domaine économique, un développement autocentré. Je partageais fortement 'avis de Maurice Houis, pour qui «de moment n'est plus de se faire l'avocat des langues africaines, mais de penser, jusqu'aux exigences les plus techniques, tout un projet...», Je ne pensais pas, moi non plus, qu'il fallût s'attarder à réfuter la montagne de préjugés accumulée au cours des siècles contre les langues africaines, ni perdre du temps à démontrer la nécessite de revaloriser ces langues. Il fallait faire comme Cheikh Anta Diop et se mettre au travail ici, maintenant (Calvet, 1974; Diop, 1954; Houis, 1971; Humboldt, 1974; Tort, 1980).

Gnanvo intitulée «Plaidoyer pour la decimalisation», une étude du logicien kenyan Victor Ocaya sur la logique en acholi, un récit de G. Mmari, alors vice-recteur d'une université en Tanzanie, tirant les leçons de l'expérience tanzanienne d'utilisation du kiswahili connue véhicule de l'enseignement mathématique et scientifique

c) **Sous-développement et culture**

Le texte le plus complet que j'aie écrit sur la question reste probablement l'étude sur «La dépendance scientifique et le problème de la déconnexion». L'atelier réuni par Samir Amin du 1er au 4 décembre 1986 à Dakar regroupait autour de lui 5 ou 6 personnes sous l'égide de son association, le Forum du Tiers Monde, et de l'Université des Nations Unies. Le thème: la dimension culturelle du développement. Lui-même venait de publier *La déconnexion: pour sortir du système mondial* (Amin, 1986). Je n'ai pas voulu laisser échapper cette occasion unique de discuter de mes préoccupations et de la manière dont j'utilisais, pour les exprimer, des outils conceptuels qu'il avait forgés. Jouant cartes sur tables, j'ai donc commence par dire comment j'étais passé de la philosophie à un intérêt de plus en plus marque pour l'économie, comment, à partir d'une critique de l'extraversion culturelle, j'avais rencontré un autre concept d'extraversion forgé dans le cadre de la théorie du sous-développement.

Je citais en outre longuement le témoignage d'un «rescape»: ainsi m'apparaissait en effet ce biologiste français qui avait fait une partie de ses études à l'Université de Dakar et pouvait quelques années plus tard, lucidement, honnêtement, dire à quel point avait pu être désastreux «un bon enseignement», dispense a 60% par des Africains qui étaient ailleurs «de bons professeurs, de bons pédagogues», un «enseignement "bien fait"» qui, malgré toutes ses qualités, «ne conduisait qu'a un sentiment de dépendance vis-à-vis des lieux Oïl se fait vraiment la science». Jacques de Certaines ne s'attendait certainement pas, en écrivant ces lignes, à voir son témoignage ainsi dissèque, invoque et exploite par un lecteur attentif, à l'appui de ses propres hypothèses sur l'extraversion scientifique.

L'étude reprend ensuite des choses déjà dites sur le «pacte colonial» en matière scientifique, avec une insistance particulière sur la nécessite de ce recul, de cette mise en perspective théorique, nécessaire pour situer à leur juste place les particularités d'un contexte:

> «Oublier l'Afrique pour la mettre en meilleure perspective, se des impliquer mentalement, se détacher à des fins stratégiques, prendre le large, (...) viser d'abord à l'universel, est un moyen plus sur de comprendre les particularités du contexte africain, que l'utilitarisme à courte vue qui enferme d'emblée le chercheur dans un ghetto

scientifique, sous prétexte que seules l'intéressent ces particularités. En matière de recherche, la ligne droite n'est jamais le plus court chemin, et rien de durable n'est possible sans le détour de la théorie».

Le diagnostic de l'activité scientifique actuelle en Afrique reste aussi, fondamentalement, le même. Sept signes, sept indices visibles sont formellement énumères du caractère aliène de cette activité, au lieu de quatre dans l'article de 1978, mais la faiblesse essentielle demeure le faible développement du moment théorique et, plus grave encore, l'intériorisation et la défense idéologique, par les Africains eux-mêmes, de la division internationale du travail scientifique.

d) La force des paradigmes

En constatant cette intériorisation, en observant les ravages d'«une idéologie platement technocratique, utilitaire et pragmatiste qui croit pouvoir, sans dommage, faire l'économie de la théorie», «la misère intellectuelle, l'empirisme à ras de sol imposes par le colonisateur», mais que l'ex-colonise avait lui-même fini par prendre en charge, je reconnaissais du même coup «la prégnance des modelés». J'avais médite, quelques années plus tôt, *La structure des révolutions scientifiques* de Thomas Kuhn, un peu pour préparer un expose que mon collègue marocain Mohamed Allal Sinaceur, alors directeur de la division de philosophie de l'UNESCO, m'avait demandé sur «Les paradigmes scientifiques: problèmes d'une formation optimale». Présente au cours d'une «réunion d'experts» organisée à Katmandou, au Népal, du 10 au 14 décembre 1979 sur le thème: «Examen philosophique des conditions du développement endogène de la science et de la technique», l'expose était reste inédit. Je pouvais donc en reprendre quelques thèmes dans le texte de Dakar (Kuhn, 1972).

La prégnance des modelés, cette intériorisation par le chercheur des normes coloniales qui régissent à ce jour la division internationale du travail scientifique, institue en Afrique ce que Kuhn appellerait «la science normale», fondée sur l'acceptation de paradigmes, de modelés théoriques et méthodologiques qui font l'unanimité au sein de la communauté scientifique. L'image de la science qui ressort de la description de Kuhn me paraissait différente à la fois de la vision empiriste défendue par Bacon et de la vision dialectique, passablement romantique, de Bachelard, qui présente le chercheur comme un éternel insatisfait, et la science moderne comme une rupture sans cesse renouvelée avec les conceptions anciennes, une «philosophie du non» à l'œuvre dans un processus incessant de ré-travail des concepts, de mise à distance et d'enveloppement critique des doctrines anciennes par les nouvelles. En fait, les analyses de Bachelard conviennent davantage à la science en état de crise, la science «extraordinaire», comme l'appelle Kuhn, qu'à la recherche ordinaire qui est beaucoup moins volontariste, beaucoup plus routinière et conservatrice.

Je concluais pour ma part que les chercheurs du Tiers-Monde ne pouvaient plus aujourd'hui se soumettre aux paradigmes sans plus, se contenter de pratiquer la «science normale» sans plus, parce que cette normalité est leur crise. Pour en finir avec l'extraversion, rompre avec une périphérisation qui draine constamment vers le centre du système les résultats de leurs travaux et prive leurs propres sociétés d'avoir prise sur ces travaux, ils doivent «faire» dans l'extraordinaire, entretenir dans chaque discipline un rapport critique aux paradigmes et poser des problèmes nouveaux qui soient, directement ou indirectement, liés aux préoccupations de leurs sociétés. Au fond, sans être plus bachelardien qu'adepte de Kuhn, je trouvais que la description de l'épistémologue américain rendait seulement compte du caractère routinier du travail quotidien du chercheur au Centre, et de ce conformisme scientifique indispensable, dans les pays industrialisés, à tout progrès réel; mais que ce même conformisme, transpose dans le Tiers monde, devenait une catastrophe. Le chercheur périphérique devait être plus critique, plus exigeant, plus radical. Au lieu de ces opérations de «nettoyage» en quoi consiste, au Centre, la «science normale» et qui visent, pour l'essentiel, à conformer le fait aux paradigmes, le chercheur périphérique doit remonter aux paradigmes eux-mêmes, les interroger et au besoin les mettre en cause.

e) Sortir du système?

Au-delà, cependant, du chercheur individuel, ce que j'appelais de mes vœux, c'était une révolution scientifique qui put inaugurer «des pratiques théoriques autonomes en liaison avec un effort global de nos sociétés pour maitriser leur destin». Samir Amin avait montré qu'en toute rigueur, la seule issue pour le Tiers Monde, et singulièrement pour l'Afrique, était de sortir du marché capitaliste mondial: de «déconnecter». Mais à peine avait-il énoncé cette proposition qu'il en indiquait lui-même la difficulté et les limites: il est impossible de sortir du système.[56] La déconnexion, si l'on accepte ce mot d'ordre, ne saurait être synonyme d'autarcie ni de repliement sur soi. L'interpréter de manière aussi simpliste ou aussi littérale ne peut conduire qu'à une fuite dans l'imaginaire, comme on l'observe par exemple dans le fondamentalisme islamique. Ne pouvant tout à fait sortir du marché mondial, il reste possible, cependant, d'en subordonner les exigences à celles du marché intérieur et aux impératifs d'une construction économique autocentrée répondant, en priorité, aux besoins en consommation des populations locales.

Comment donc traduire, au niveau de l'activité scientifique, cette exigence de «déconnexion», dont on vient de voir qu'elle ne peut être que relative? J'avais été frappe par un texte curieux d'Arghiri Emmanuel, *Technologie appropriée ou technologie sous-développée?*, publie quelques années plus tôt avec une discussion entre Celso Furtado. Hartmut Eisenhans et l'auteur (Emmanuel, 1982). J'étais parfaitement d'accord avec le plaidoyer d'Emmanuel contre une idéologie anti-technicienne qui, sous couleur de préserver le Tiers Monde contre les ravages d'une technologie de pointe destructrice des valeurs locales, voudrait que celui-ci se satisfasse d'une technologie sur mesure. Un peu comme si on disait: Tiers-monde, reste à ta place; pays sous-développés, restez où vous êtes! J'étais moi-même choque par cette forme de paternalisme politiquement indéfendable. Je n'en étais pas moins surpris de voir comment, à partir de ces prémisses, l'auteur en arrivait à faire, sans nuances, l'éloge des firmes multinationales vectrices, à ses yeux, de ces technologies de pointe, et comment il passait sous silence, en la circonstance, le rôle de ces multinationales dans le développement de ce qu'il avait lui-même appelé «l'échange inégal». Je trouvais parfaitement justifiée la réaction de Celso Furtado qui trouvait cette approche bien naïve et montrait qu'on ne pouvait évacuer si facilement le problème théorique et politique de la dépendance. La vraie préoccupation des économistes du Tiers Monde, du moins des plus lucides d'entre eux, concerne le «dépaquetage» de la technologie importée et son intégration à la culture d'accueil, Une technologie appropriée suppose, en amont, la maîtrise des connaissances

---

56 Ce qui m'a amené, à Dakar, à proposer cette plaisanterie de mauvais gout: plutôt que l'acte de déconnecter, la déconnexion serait plus simplement L'acte ... *(sit venia verbo!)* de «deconner»!

théoriques et pratiques qui sont à l'origine des produits importés, maîtrise qui seule peut conférer, à terme, la capacité d'inventer soi-même de nouvelles techniques.

Sortir du système, c'était donc d'abord, définir une politique scientifique. Trop souvent, les nouveaux pouvoirs africains se contentent de gérer, tant bien que mal, les institutions de recherche laissées en place par le colonisateur, et qui ne sont que les filiales locales d'organismes métropolitains: Institut français d'Afrique noire (IFAN), Office de la recherche scientifique et technique outre-mer (ORSTOM), Institut de recherche agronomique tropicale (IRAT), Institut de recherche sur les huiles et oléagineux (IRHO), Institut de recherche sur le coton et les textiles exotiques (IRCT), Institut français du café, du cacao et autres plantes stimulantes (IFCC), etc. Trop souvent l'on se contente de changer le statut juridique, le fonctionnement administratif, le mode de gestion et, bien entendu, le personnel de direction de ces filiales, sans modifier en profondeur le contenu et l'orientation des programmes de recherche, la finalité même des institutions et leur rôle objectif dans le procès mondial de production des connaissances.

Or, c'est précisément ce rôle qu'il faudrait changer. Ames yeux, la première urgence était d'ébranler cette division des taches qui nous condamnait, en Afrique, à importer indéfiniment les résultats d'une recherche effectuée ailleurs. Nous devions nous-mêmes développer la recherche fondamentale, promouvoir l'invention sous toutes ses formes et mettre en place un «système de la recherche »[57] autonome et complet.

L'appropriation Du Sa Voir

a) Viser haut et loin

A ce point précis s'imposait tout naturellement un thème nouveau, celui de l'appropriation: «Nous devons viser haut et loin, tacher de nous approprier, à terme, tout l'héritage scientifique disponible dans le monde, (...) le développer nous-mêmes de manière sélective et indépendante, en fonction de nos besoins réels et de nos projets». J'observais au passage que ce trésor

---

[57] L'expression, on le sait, est de Jean-Jacques Salomon, dont on lira avec intérêt, entre autres ouvrages, *Science et politique* (Salomon, 1970).

scientifique et technologique aujourd'hui contrôle par le Nord s'était en fait constitue, au fil des siècles, avec la participation de tous les peuples. D'autre part, ce vaste mouvement d'appropriation devait s'accompagner «d'une réappropriation méthodique et critique, d'un effort d'actualisation de ce qu'il est convenu d'appeler les savoirs traditionnels». La encore nous pouvions nous appuyer en partie sur l'héritage théorique de l'Occident, qui a entrepris, depuis plusieurs décennies, d'inventorier nos corpus de connaissances précoloniaux, à travers ces spécialisations de l'ethnologie que sont les ethnosciences. Qu'un tel inventaire se soit toujours inscrit, en fait, dans un horizon idéologique inacceptable pour nous, voilà qui est évident. Cette circonstance ne nous dispense pas, cependant, de dresser pour nous-mêmes aujourd'hui un bilan critique des ethnosciences. Elle nous dispense encore moins d'interroger nous-mêmes directement, de manière méthodique, critique et responsable, au-delà de ce bilan des ethno-sciences, les corpus de connaissances eux-mêmes pour les tester, les contrôler, les valider quand c'est possible, et les intégrer à la recherche vivante.

Je regrette un peu que cette étude n'ait jamais été publiée. Je devais cependant peu après revenir sur la question dans une communication présentée, toujours à Dakar, en janvier 1988, au cours d'un colloque organisé par un vieil ami et complice, alors doyen de la Faculté des lettres et sciences humaines. *Genève-Afrique* a accepté de publier ce texte que j'avais intitule «L'appropriation collective du savoir: taches nouvelles pour une politique scientifique». J'y reprenais l'analyse de la dépendance scientifique en distinguant cette fois neuf (9) indices de J'extraversion au lieu de quatre ou sept et en proposant *a contrario,* neuf taches (H.. 1988b).

b) A vêles yeux des autres?

Un des grands constats aux entretiens de Cerisy-la-Salle, en présence de Georges Balandier, concernait le développement, depuis plusieurs années, d'une ethnologie du proche par opposition à l'ethnologie du lointain, et cette tendance remarquable de l'anthropologie contemporaine à s'ouvrir de nouveaux terrains au cœur même des pays industrialisés. La question, des lors, était d'apprécier les conséquences, les implications théoriques et méthodologiques de ce «rapatriement» de la recherche anthropologique. J'étais préoccupe, pour ma part, par une autre question, formellement proche de la première, mais au fond, totalement différente: que se passe-t-il lorsque l'anthropologie est prise en charge par les sociétés «exotiques: elles-mêmes, lorsque des Africains, par exemple, entreprennent d'étudier leur propre société ou leur propre culture en appliquant les canons et paradigmes de l'anthropologie?

Il fallait, pour répondre à cette question, commencer par reconnaitre le rôle de l'informateur illettré ou semi-lettré, comme auxiliaire obligé de l'anthropologue métropolitain à l'époque coloniale; rappeler comment on était passe progressivement de l'informateur analphabète a un informateur de plus en plus instruit a un stade ou tout Africain instruit était en fait devenu pour l'administrateur colonial, le missionnaire et l'anthropologue, un informateur virtuel. Il fallait rappeler comment certains instituteurs de l'époque, charges par l'administration de rédiger des «coutumiers», outils indispensables pour les tribunaux, en étaient venus à se passionner eux-mêmes pour leur sujet et à produire des œuvres d'un grand intérêt, qui se laissent encore lire de nos jours.[58] L'anthropologue africain d'aujourd'hui m'apparaissait, dans le meilleur des cas, comme l'héritier direct de ces hauts cadres de l'époque. Il aime son travail et se hisse parfois à un niveau de compétence qui n'a rien à envier à celui des meilleurs parmi ses pairs occidentaux. Cela ne change rien, cependant, au fait qu'il trouve encore hors d'Afrique son lectorat le plus nombreux et le plus sûr et qu'il est oblige d'écrire en priorité pour ce lectorat, dont il do à prendre en compte les attentes et les exigences.

De cette extraversion de fait découlent au moins quatre conséquences: premièrement, la prise en charge par l'anthropologue africain de cette quête de l'exotique qui est au fondement de l'ethnographie occidentale, la tendance, par conséquent, à se regarder lui-même avec les yeux des autres et à valoriser avant tout sa propre différence culturelle; deuxièmement, une orientation massivement empirique, qui se contente de produire des comptes rendus d'enquête sans aucun commencement de théorisation - en quoi la plupart ne font qu'assumer, sans le savoir, le rôle qui leur est imparti par le système avec, en plus, une tendance regrettable à marginaliser ou à sous-estimer ceux d'entre eux qui tentent, malgré les difficultés, de naviguer à contre-courant; troisièmement, un effet de balançoire qui fait passer, souvent sans transition,

---

58 Je citais comme exemples deux auteurs béninois, Paul Hazoume et Louis Hunkanrin (Hazoume, 1956. Hunkanrin, 1975). Mais il en existe plusieurs autres, bien entendu.

de cet «empirisme indigent» a une «débauche spéculative» qui consiste, aux lieu et place d'une théorie véritable, à projeter *derrière* les faits un système spéculatif arbitraire, un discours d'une cohérence imaginaire qui n'explique rien du tout, mais qu'on attribue de façon hâtive a l'ensemble de la société ;[59] enfin quatrièmement, la tendance de l'université, tant en Afrique que dans les métropoles industrielles, a perpétuer ce modelé de pratique scientifique, créant ainsi les conditions optimales d'une reproduction de la médiocrité, En conclusion, j'indiquais l'urgence d'une sociologie de la science dans les pays de la périphérie, préalable à la définition et à la mise en place d'une politique scientifique alternative.

L'article s'arrêtait là, mais il aurait pu continuer et montrer, par contraste avec la situation actuelle, ce que peut signifier aujourd'hui, en Afrique, une prise en charge responsable du savoir anthropologique. Je n'allais cependant pas si loin. Une fois montrée la nécessite de dégager des alternatives, je formulais le vœu de pouvoir un jour revenir sur ce problème essentiel, «si Dieu veut et donne force». Les «pistes» indiquées dans l'article de *Genève-Afrique* n'étaient en effet que des pistes. Il fallait encore, en les suivant, poursuivre la réflexion.

La Réappropriation

a) D'un continent à l'autre

La sixième assemblée générale du CODESRIA réunie à Dakar fin 1988 m'a donné l'occasion de revenir sur ces questions avec une communication intitulée: «Recherche et extraversion: éléments pour une sociologie de la science dans les pays de la périphérie», publie dans *Africa développement,* et quelques années plus tard en anglais, dans un ouvrage collectif dirigé par V.Y. Mudimbe (H., 1988e, 1992).

Je me suis délecte peu après, de *L'écrivain public et l'ordinateur* de Jean-Jacques Salomon et André Lebeau, que le premier m'avait dédicace à Paris (Salomon et Lebeau, 1988). Je restais tout de memo perplexe face à l'idée

---

59 Au lieu de «débauche spéculative», l'éditeur de l'article a préfère lire «ébauche spéculative». Ma critique visait en fait, comme l'indiquait clairement la suite, le développement spectaculaire de l'ethnophilosophie, ou je voyais a la fois la forme extrême du culte de la différence et un antidote imaginaire a L'indigence théorique.

qu'en matière de politique scientifique, on pouvait mettre la charrue devant les bœufs et faire l'économie de la recherche fondamentale. Les auteurs, pourtant, étaient eux-mêmes les premiers à mettre en garde contre «d'illusion du raccourci». Peut-être aurait-il fallu simplement, tout en reconnaissant la nécessite de la recherche fondamentale comme première condition d'un procès de recherche autocentré, distinguer plusieurs niveaux ou approches possibles du fondamental, admettre que celui-ci peut se situer à mille lieues de cette «recherche libre» à laquelle s'accrochent tant d'intellectuels, et peut se trouver déjà, dans le cas d'une recherche technologique de base, très proche de la recherche appliquée. Ces embarras m'ont inspiré une autre communication. Versée au dossier d'une conférence organisée à Porto-Novo, au Benin, en septembre 1989 par le Conseil de l'Europe, en liaison avec l'Association mondiale de prospective sociale, cette communication avait pour titre: «La recherche périphérique entre l'utile et l'agréable». C'est encore, malheureusement, un de ces textes dont je regrette qu'ils n'aient pas été publics.

Le mois suivant, je répondais à une invitation de Kwame Anthony Appiah à l'Université Cornell à Ithaca, aux Etats-Unis. Appiah avait suivi de près tout le débat sur l'ethnophilosophie, et venait de remettre à l'éditeur le manuscrit de son beau livre, *In my father's house* (Appiah, 1992). Ma conférence sur «la dépendance scientifique dans l'Afrique d'aujourd'hui», bégayée au Centre d'études africaines et afro-américaines, ne faisait au fond que reprendre en anglais, à l'adresse de ce nouveau public, mes analyses sur l'extraversion. Seul détail intéressant: je citais cette fois treize indices de la dépendance et non plus quatre, sept ou neuf.

J'avais en outre été invite au congrès annuel de «African Studies Association» prévu pour ce mois de novembre 1989 à Atlanta. Je devais prendre la parole au cours d'une table ronde sur le livre de Mudimbe, *The Invention of Africa,* qui venait de paraître et devait d'ailleurs recevoir le prix Herskovits a ce même congres. Je choisis, cette fois, de m'exprimer en français devant un auditoire ou une forte majorité, en fait, le comprenait. De l'allocution que j'ai alors improvisée, plusieurs personnes ont retenu, et me rappellent encore volontiers, a l'occasion, une exclamation que j'avais voulue élogieuse, mais qui pouvait en effet prêter à équivoque: «Valentin a tout lu! Il a *tout* lu!». J'avais du trahir, sans m'en rendre compte, un sentiment que je n'avais exprimé qu'a l'auteur lui-même: je regrettais qu'il eut choisi une certaine forme d'apolitisme, de désengagement vis-à-vis de l'Afrique, et que sa vaste érudition ne fut pas davantage au service de quelques idée-force (Mudimbe, 1988).

Après Atlanta, ou peu avant, j'ai eu plaisir à répondre à une invitation d'Abiola Irele pour un bref séjour à l'Université de l'Etat d'Ohio à Columbus. J'y ai redonne la même conférence qu'a Ithaca. Le texte devait être publie peu après, sur décision d'Irele et de son ami, le regrette Richard Bjornson, alors rédacteur en chef de *Research in African Literatures* (H., I 990a).

b) Promenade dans l'arène politique

Toute cette période était marquée, au Benin, par une grande effervescence politique. J'avais cru pouvoir terminer au premier semestre 1989 au plus tard, le manuscrit d'un ouvrage collectif sur *Les savoirs endogènes,* issu d'un séminaire de sociologie de la science que j'avais organisé en 1987 - 1988 a l'intention des étudiants de maitrise en philosophie et en sociologie-anthropologie, Malgré le concours généreux d'une équipe d'étudiants intelligents et travailleurs dirigée par Maxime Dahoun, qui avait soigneusement transcrit les bandes et quand il le fallait, réécrit les textes, harcelé poliment les auteurs qui n'avaient pas tenu promesse et assure la liaison entre les-uns et les-autres, je devais encore moi-même relire et corriger le texte, écrire au besoin de brèves présentations ou des paragraphes de liaison, vérifier la cohérence du volume et rédiger une introduction, avant de transmettre le résultat pour publication au CODESRIA de Dakar, qui nous avait accordé son soutien. Mon implication dans d'autres activités, notamment dans le développement du mouvement démocratique qui battait alors son plein au Benin, ne m'en a pas laissé le temps. Puis ce furent la conférence nationale de février 1990, mon passage au gouvernement, juste après, comme ministre de l'éducation nationale sous la transition, ensuite comme ministre de la culture et de la communication, enfin comme charge de mission du président de la république, les couleuvres avalées les-unes après les-autres, la coupe presque vidée jusqu'à la lie, dans le fol espoir que ma présence finirait par servir, jusqu'au jour OU, comprenant enfin à quoi je servais réellement - une sorte de caution intellectuelle et morale a très bon compte - j' ai enfin écrit ma démission le 28 octobre 1994.

J'avais cru pouvoir, tout en étant au gouvernement, dégager suffisamment de temps pour le travail intellectuel. Il est vrai qu'à force d'entêtement et de nuits blanches, a force, aussi, de rester sourd aux injonctions qui me faisaient obligation d'assister à quantité de réunions ou je n'étais pas directement concerne, j'ai réussi à écrire, sur les cinq ans, une dizaine d'articles brefs, incisifs, avec très peu de références bibliographiques (je n'avais pas le temps de les chercher), sans compter quelque vingt-cinq éditoriaux ou commentaires publics dans un bimensuel que je dirigeais, *L'opinion*. Mais j'aurais voulu faire plus, et plus vite. J'aurais surtout voulu pouvoir m'atteler à des travaux de longue haleine, nécessitant davantage de souffle, donc davantage de disponibilité, que ces articles-lao La publication des *Savoirs endogènes* en a été retardée de quatre ans: je n'ai pu remettre le manuscrit définitif qu'en 1993, et le livre n'a paru qu'en 1994.

c) La «science sauvage»

J'attendais déjà cette publication quand je suis passe en 1993, à Paris, à l'Ecole des hautes études en sciences sociales ou Marc Auge, alors président de l'Ecole, m'avait invité. Yves Hersant lisait un jour, dans son bureau, la petite collection d'entretiens radiophoniques sur France-Culture animes, puis très intelligemment transcrits et réécrits par Ruth Scheps, *La science sauvage: des savoirs populaires aux ethnosciences* qui venait de paraitre. Je relevai les références. N'ayant pu trouver le livre en librairie avant de reprendre l'avion le jour même ou le lendemain, j'ai dit attendre, pour l'acquérir, un prochain voyage. Je n'ai pu résister à l'envie de le commenter. Le CODESRIA m'en a donné l'occasion en m'invitant à une conférence organisée à Dakar du 29 novembre au 1er décembre 1993 a l'occasion de son vingtième anniversaire, sur le thème: «Sciences sociales dans l'Afrique postindépendance: passe, présent et futur». Mon texte a été ensuite public dans un quotidien local, *La nation* du 24 décembre 1993, puis dans le *Bulletin du Codes ria* début 1994 à Dakar sous le titre: «La "science sauvage": mode d'emploi». Il faisait d'une pierre deux coups: commentant le livre de Ruth Scheps, il annonçait en même temps le nôtre.

Je relevais d'abord une difficulté manifeste dans la manière même dont ces entretiens étaient conduits: la difficulté à rester dans le sujet et a traiter uniquement de la «science sauvage», comprise comme l'ensemble des savoirs spontanés antérieurs ou sous-jacents aux constructions théoriques de la science dite moderne - au sens ou Levi Strauss parle de la «pensée sauvage» - sans déborder sur d'autres aspects de la vie culturelle; la difficulté, aussi à traiter le sujet de manière consistante, en isolant effectivement des *corpus de connaissances* substantiels. Ames yeux, cette double difficulté, cet écart entre la promesse du livre et son résultat réel, renvoyait a une difficulté essentielle, inhérente au fonctionnement même des civilisations de l'oralité: j'admettais que dans ces sociétés, le savoir ne saurait être aussi autonome, ni la connaissance des choses aussi distincte de la «connaissance» mythico-religieuse, que dans les civilisations de l'écrit.

Je relevais surtout entre la perspective de ces entretiens et celle des *Savoirs endogènes* une différence de perspective capitale: la différence entre une approche spéculative qui est celle des ethnosciences et une approche qui serait en dernière analyse pratique et militante, la nôtre.

d) Mythe et savoir

Sous le titre: «De marginaliser», l'introduction du livre commence par un rappel des analyses ci-dessus sur «la logique de l'extraversion», la force de ce système ou l'accumulation du savoir est presque entièrement gérée et contrôlée par le Nord, et ou les produits de l'effort intellectuel périphérique sont aspires, sitôt connus, happes de manière irrésistible vers des structures d'emmagasinage, de stockage, de traitement et de redistribution qui échappent totalement à nos sociétés, la grande question posée par ce constat était donc de savoir comment, par quels voies et moyens l'on pouvait briser cette logique de l'extraversion et transformer les rapports actuels de production scientifique, technologique et intellectuelle a l'échelle mondiale.

Mais quel rapport avec les savoirs dits traditionnels? C'était tout simple: par leur statut réel dans le paysage intellectuel de l'Afrique actuelle, ces savoirs révèlent, plus surement encore que la science officielle, la peripherisation qui frappe, depuis des siècles, tous les secteurs de notre vie économique et culturelle. Désormais marginalises, dévalorises, relègues a une place subalterne par rapport à une recherche de laboratoire déjà périphérique par rapport à la recherche au centre du système, les savoirs ancestraux se trouvent ainsi à la périphérie de la périphérie, a la marge de la marge.

De ce point de vue, la grande question est de savoir comment de marginaliser aujourd'hui les savoirs «traditionnels», comment les désenclaver pour les intégrer au mouvement de la recherche vivante, par quelles méthodologies on pourrait les tester, les contrôler et, selon les cas, les invalider ou au contraire les valider, partiellement ou totalement, en séparant la graine de l'ivraie, en distinguant le rationnel du mythique. La question est celle-ci: comment réactiver et actualiser, aujourd'hui, ce qu'il y a de juste, ce qu'il y a de fécond dans ces savoirs réels ou prétendus? Comment se les réapproprier de façon critique? Comment dépasser la coexistence muette d'un discours scientifique institutionnel et d'un discours dit traditionnel, en organisant entre l'un et l'autre une confrontation sereine et en tachant de refaire, par-delà a la déchirure actuelle, l'unité du savoir?

A cette cascade de questions, mes collègues et moi ne prétendions évidemment pas répondre. Mais encore fallait-il qu'elles fussent posées. J'étais frappe, pour ma part, par deux faits: d'une part, l'étrange amnésie qui rejette dans l'oubli des technologies efficaces, historiquement et anthropologiquement attestés, qui ont eu leurs heures de gloire et tendant aujourd'hui à disparaitre de la mémoire collective, d'autre part l'étroite imbrication du mythique et du rationnel dans les savoirs et pratiques dits traditionnels.

Alexis Adande, archéologue de son état, rappelait dans sa belle contribution sur «La métallurgie "traditionnelle" du fer en Afrique occidentale», un slogan qui avait fait le tour de l'Afrique française au cours de la campagne préalable au referendum de Gaulle en 1958: «Nous ne sommes pas capables de fabriquer une aiguille et nous prétendons aller à l'indépendance!» Il montre comment ce slogan reflète une idée totalement fausse du niveau technologique atteint par les peuples d'Afrique noire plusieurs siècles avant la traite négrière et la colonisation. Il rappelle comment s'est développée depuis le premier millénaire avant Jésus-Christ, sur des sites dont beaucoup sont aujourd'hui parfaitement connus, non seulement une métallurgie secondaire consistant à transformer le métal en ustensiles divers (ce que font les forgerons), mais une métallurgie primaire des plus prospères, consistant à extraire le métal du minerai. La région de la culture nok et celle d'Ile-Ife, ville sainte des peuples yoruba au Nigeria, la région de l'Air au nord du Niger, de Daboya au nord du Ghana, le pays Bassar au nord-Togo, le pays Waama au nord-Benin, et bien d'autres sites, dont certains sont restes actifs jusqu' à la fin de l'époque coloniale au XXe siècle, sont les témoins de ce savoir-faire perdu, marginalise, refoule, rendu progressivement inactif au profit de la métallurgie des anciennes métropoles coloniales, dont on importait alors et dont on continue aujourd'hui d'importer massivement les produits. Dans le même ordre d'idées, l'historien Goudjinou P. Metinhoue montrait, dans sa contribution sur «L'étude des techniques et des savoir-faire: questions de méthode», comment une technologie alimentaire comme la fabrication du yin de palme distilé, a été activement combattue, sous des prétextes fallacieux, par l'administration coloniale. La pharmacopée «traditionnelle» parait avoir eu plus de chance. Simone de Souza rend compte de son enquête auprès des tradi-praticiens et autres «guérisseurs», dans sa contribution intitulée «Fruits, graines et ingrédients divers de la pharmacopée béninoise» (Adande, 1994; Metinhoue, 1994; de Souza, 1994).

Les savoirs existent. Parfois ils sont d'une efficacité pratique indiscutable, comme nous venons de le voir. D'autres fois, l'efficacité est plus douteuse, ou du moins les expériences qui l'attestent sont moins communes, plus rares, plus personnelles. Gualbert R. Ahyi, psychiatre, Henry-Valere Kiniffo, chirurgien, Gbenoukpo DahLokonon, anthropologue, croient pouvoir témoigner de telles expériences dans leurs contributions intitulées respectivement: «Modelés traditionnels de la santé et de la maladie mentales au Benin», «Corps étrangers dans l'organisme humain: témoignage d'un chirurgien et essai d'interprétation», et «Les faiseurs de pluie: parole des ancêtres», Cependant, la contribution d'Abel Afouda sur «Les faiseurs de pluie: point de vue d'un hydrologue», celle de Comlan Th. Adjido, neuro-psychiatre, sur «La médecine psychosomatique dans ses rapports avec la sorcellerie», les nombreuses questions de l'auditoire achèvent de montrer, s'il en était encore besoin, que ce qui apparait aux uns comme une preuve irréfutable peut ne pas convaincre les autres (Ahyi, 1994; Kiniffo, 1994; Dah-Lokonon, 1994; Afouda, 1994; Adjido, 1994).

Ce n'est pas tout. En dehors du savoir-faire pratique, nous avons voulu, mes collègues et moi, examiner les structures de pensée et les formes de transmission du savoir dans l'Afrique précoloniale. La contribution de Toussaint Tchitchi sur «Numérations traditionnelles et arithmétique moderne», la réflexion de Victor Houndonougbo, «Processus stochastique du Fa: une approche mathématique de la géomancie des côtes du Benin», de Jean-Dominique Penel, «Réflexion épistémologique sur les noms d'animaux chez les Hausa», le plaidoyer de François C. Dossou pour l'oralité dans son texte sur «Ecriture et oralité dans la transmission du savoir», l'étude de Bienvenu Akoha sur les «Systèmes graphiques dans l'Afrique précoloniale», ouvrent à cet égard, quelques pistes essentielles.

e) Pari pour la rationalité

Revenons à la question: quel rapport entre la critique de l'extraversion intellectuelle et l'intérêt pour les savoirs dits traditionnels? La réponse est simple. Pour mettre fin à l'extraversion, il faut commencer par s'assumer pleinement, de manière lucide et responsable. La conquête de l'autonomie scientifique, la mise en place d'un système de recherche autocentré, passe par la réappropriation intelligente, c'est-à-dire méthodique et critique, des savoirs et savoir-faire propres, autant que par l'appropriation de tout le savoir utile disponible dans le monde.

De ce point de vue, il y a quelque chose d'incomplet, voire de mutilant dans l'attitude du médecin qui, face à l'échec de ses prescriptions, ne trouve rien de mieux que d'inviter son patient ou sa patiente a «retourner au village», c'est-à-dire a s'en remettre au «guérisseur traditionnel», ou dans celle du physicien qui, une fois sorti de son laboratoire, va recourir aux services des spécialistes de la «météo locale» pour s'assurer que telle fête, telle cérémonie qui lui tient à cœur ne sera pas perturbée par une pluie inopportune, sans chercher le moins du monde à comprendre les raisons du succès, occasionnel ou régulier, du tradi-praticien et du faiseur de pluie, le mécanisme et le fonctionnement, la portée et les limites de leur art. Mon hypothèse, c'était qu'il fallait en finir avec «ces compartimentations étanches dans la pensée et l'action, cette sorte de déchirure, cette schizophrénie qui ne dit pas son nom (...), aller au-delà de la coexistence muette des discours, (...) pouvoir, d'un mode de pensée a l'autre, d'un univers logique a l'autre, opérer non un saut (...) mais un passage, un trajet conscient, intelligible dont les étapes soient clairement identifiables».

Je faisais donc consciemment un «pari pour la rationalité». Un tel pari appelle la mise en place, dans - chaque discipline ou groupe de disciplines, de méthodologies nouvelles permettant de tester les savoirs pour les évaluer et, si possible, les valider et les intégrer. Peut-être appelle-t-il aussi, plus généralement, la construction d'un rationalisme élargi qui pernette d'intégrer des catégories de faits jusque-là exclues, par le discours scientifique dominant, de l'éventail des faits possibles. Ce n'était là qu'une suggestion, une hypothèse-limite, mais j'étais prêt, somme toute, à aller jusque-là, pour penser l'unité du savoir humain.

On pouvait s'y attendre: ces préoccupations nouvelles ont été perçues par plus d'un comme un recul par rapport aux positions universalistes exprimées à travers la critique de l'ethnophilosophie. Souleymane Bachir Diagne, en qui je me félicite d'avoir eu un des meilleurs lecteurs possibles,[60] réagit dans un article intitulé «Lecture de "La science sauvage: mode d'emploi"». Charles Bowao reprend et développe cette critique dans un autre numéro du *Bulletin du CODESRIA*. Bachir Diagne s'interroge sur la possibilité de tester les savoirs endogènes en séparant, comme je le propose, le mythique du rationnel, et pour ainsi dire, la bonne graine de l'ivraie, dans un contexte où, comme chacun sait, «une configuration du savoir - et pas seulement dans les sociétés dites traditionnelles - se donne toujours comme un ensemble organisé (...) de questions pennies, de thèses, de procédures, de techniques, d'affirmations, de résultats acceptés ... , où il serait artificiel d'isoler le scientifique du religieux ou du mythique», dans un contexte, en un mot, où le savoir renvoie à un paradigme global et en est inséparable. Deuxième question: pourquoi cette de marginalisation des savoirs endogènes serait-elle la condition nécessaire pour briser la logique de l'extraversion et mettre en place un véritable système de la recherche, quand on sait comment ont précède, dans l'histoire récente, les «pays qui ont su se donner une place non négligeable dans la production et le développement des sciences et des techniques» ? (Diagne S. B., 1994; Bowao, 1995).

Je dirai simplement, en réponse à la première question, que si elle a le mérite d'attirer l'attention sur une difficulté réelle, cette difficulté ne supprime pas le devoir de cohérence, l'obligation de refaire l'unité de notre pensée, d'intégrer les paradigmes concurrents ou, pire encore, simplement juxtaposes, qui gouvernent si souvent nos démarches et nos pratiques. Cela suppose une déconstruction préalable et une recomposition de ces paradigmes, une lecture qui en révèle le fonctionnement interne au-delà de leur prétention à l'indivisibilité, au-delà de la logique du «tout ou rien» qu'ils tentent d'imposer.

La deuxième question appelle une réponse plus complexe. Qui, nous gagnerions à examiner de près l'expérience des «nouveaux pays industriels», de ces «dragons» d'Asie si étonnants. Qui, nous gagnerions à savoir comment ces pays ont effectué leur «intégration au système international de la recherche» et - j'ajouterais - au système international tout court. Mais pour

---

[60] J'étais arrivé en retard, connue cela arrive hélas, quelquefois, a la conférence du CODESRIA a Dakar, quelques heures après la séance ouïe devais intervenir. S. B. Diagne a eu l'amabilité de présenter mon texte.

que cette enquête soit utile, nous devons la mener à partir de nos préoccupations et de nos exigences. Nous devons poser à ces expériences, qui ont tout l'air d'être, en effet, des expériences réussies, les bonnes questions. Celles-ci doivent porter, entre autres, non seulement sur le destin économique et technologique des pays et les «recettes» qui les y ont conduits, mais encore sur leur destin culturel, leur personnalité collective, leur degré d'autonomie et de souveraineté, les rapports sociaux qui; prévalent en leur sein, et tous autres paramètres qui concourent déterminer la *qualité* de cette réussite. Aussi bien ne -s'agit-il pas simplement d'intégrer le système mondial: nous y sommes déjà depuis des siècles, et notre marginalisation actuelle n'est qu'un avatar de cette longue histoire. Il s'agit de tout autre chose: de reprendre l'initiative sur tous les plans, de conquérir ou de reconquérir, dans les conditions du monde actuel, l'autonomie perdue, de faire en sorte que les périphéries deviennent leur propre centre et participent, de façon active et responsable, à la construction de l'avenir commun.

Si l'on partage cet idéal, l'on reconnaitra aisément la nécessite, dans le domaine du savoir et du savoir-faire, de ce double mouvement indispensable à la construction d'une Afrique autocentrée et intellectuellement souveraine: un mouvement d'appropriation critique de l'héritage scientifique et technologique internationalement disponible, et dans le même temps un effort de réappropriation, non moins critique et responsable, des savoirs et du savoir-faire endogènes. En fait les deux mouvements sont de même nature, car ce savoir accumule au Nord et dont nous devons aujourd'hui nous emparer a été produit, au cours des siècles, avec notre concours et le concours de tous les peuples du monde. Se l'approprier, c'est donc encore se réapproprier un bien perdu, prendre en charge un héritage commun, un patrimoine longtemps méconnu et néglige, afin de contribuer, de façon plus consciente et plus méthodique, a le promouvoir et a le développer.

La rationalité n'est donc pas donnée d'avance. Elle est encore à construire. Elle n'est pas derrière nous, mais devant nous. Aucune culture n'y est prédestinée, aucune non plus n'en est, de toute ermite, écartée. De lit l'immense responsabilité des générations actuelles: celle de contribuer ensemble de manière réfléchie, dans un esprit de solidarité et de partage, a l'édifice commun. Pour que soient partout extirpes sur la planète Terre, les germes d'irrationalité, et progressivement éliminées l'ignorance et la misère.

Envoi

Tout n'est pas encore dit, mais le reste attendra. J'ai tenté, dans les pages qui précèdent, de faire le point de mon itinéraire intellectuel. J'ai évoqué les circonstances de la genèse et du développement d'une problématique qui, pour avoir été diversement comprise, méritait bien qu'on en précise les contours. J'ai interrogé ma mémoire en la faisant contrôler, à l'occasion, par quelques-unes des personnes associées aux différentes étapes de cette aventure. J'ai joué cartes sur table et dissimule le moins possible.

La première partie fixe d'abord quelques repères. En brossant à grands traits mon cursus scolaire et universitaire depuis le lycée de Porto-Novo jusqu'à la rue d'Ulm en passant par le lycée Henri IV à Paris, elle laisse dans l'ombre ce que je dois aux maitres de mon enfance, ces instituteurs et institutrices intelligents, exigeants, affectueux, dévoues, qui m'ont donné très rot le gout de l'effort et du travail bien fait. Je cite au passage Edith Foadey, trop tôt disparue, Flavien Campbell dit «Le sourire» et son épouse Jeanne Campbell que j'ai revus ensemble récemment, terriblement rajeunis. Et avant tous ces maitres, ceux qui m'ont enseigne l'humilité et l'Esperance, la dignité dans le dénuement: le premier de mes instituteurs, Paul Hountondji, pasteur de l'église protestante, qui ne rêvait que d'ouvrir des écoles partout où il passait, et a eu parfois maille à partir avec ses supérieurs, les missionnaires britanniques ou français;[61] la première de mes éducatrices, Marguerite Dovoedo, elle-même fille de pasteur, d'une sévérité qui n'avait d'égale que son immense tendresse.

La première partie montre aussi comment j'ai été introduit à Husserl et plus généralement, aux «philosophies de la conscience» par opposition à ce que Cavaillès appelle les «philosophies du concept». Elle montre en somme l'origine d'un parti-pris dont elle présente au passage quelques-unes des raisons, sans jamais prétendre, toutefois, que ces raisons doivent s'imposer à tous. S'il arrivait malgré tout que ce récit introduise le lecteur a Husserl en lui donnant envie de le lire à son tour, ce ne serait qu'un accident heureux, non un but consciemment recherché.

J'aurais probablement éprouvé, même sans cette familiarisation avec

---

[61] On lira avec intérêt son *Autobiographie,* publiée à titre posthume par la famille et la présidence de l'église protestante méthodiste (Hountondji. 1983).

Husserl, la même déception face aux impasses théoriques auxquelles conduisait la littérature ethno philosophique. D'avoir été cependant nourri à cette exigence de rigueur méthodique, à cet idéal de scientificité qui n'a rien à voir, comme je l'ai montré, avec une quelconque idéologie scientiste, d'avoir été attentif, plus qu'à autre chose, à l'histoire, à l'impact et aux effets de cet idéal chez les plus grands classiques, lors même qu'ils s'opposaient farouchement entre eux sur ses implications et sur la manière de le mettre en œuvre, me prédisposait fortement à une grande défiance envers les affirmations massives et incontrôlées des décrypteurs de l'amé africaine.

La deuxième partie s'attache donc à montrer le sens, les raisons, les enjeux d'une critique de l'ethnophilosophie. Fonde sur un préjuge unanimiste et sur une lecture réductrice des cultures africaines, ce type de discours se développe entièrement dans le dos des peuples concernes. L'exclusion n'est pas ici accidentelle, mais essentielle. Quand l'ethnophilosophie est prise en charge par l'intellectuel africain lui-même, alors l'exclusion des populations entraine l'extraversion de celui qui se veut leur porte-parole, et l'obligation pour lui de chercher ailleurs, dans les pays nordiques, son publie et son lectorat. On aura vu comment cette critique s'enracine dans un combat politique pour l'indépendance et les libertés démocratiques, et dans une grande ambition pour l'Afrique. On aura vu, de même, quels en sont les enjeux théoriques réels, par-delà les procès d'intention auxquels elle à si souvent, hélas, donne lieu.

La troisième partie donne d'abord la mesure de ce débat pollue. Puis, étendant à l'ethnoscience et plus généralement, aux pratiques scientifiques aujourd'hui dominantes en Afrique, les leçons de la critique de l'ethnophilosophie, elle montre le lien entre l'extraversion culturelle et l'extraversion économique, où réside l'essence de ce qu'on appelle, très improprement, le sous-développement. En même temps elle montre ce qu'il y a de fondamentalement juste dans l'exigence d'enracinement, et comment il est possible d'y faire droit sans tomber dans les excès du relativisme culturel, mais en s'efforçant au contraire de prendre en charge et de porter à sa plus grande fécondité théorique et pratique l'exigence d'universalité, présente dans toutes les cultures. Enfin elle montre, pour finir, quelles formes peuvent prendre, concrètement, cette prise en charge de l'universel. Refusant la juxtaposition muette de l'ancien et du nouveau, l'écartèlement pathologique entre le moderne et ce qu'on appelle, d'un terme très approximatif, le traditionnel, elle montre la nécessité d'intégrer l'héritage «traditionnel» au mouvement de la recherche vivante, de procéder à une réappropriation critique des savoirs et du savoir-faire endogènes. Elle souligne, dans le même temps, l'urgence d'une appropriation critique de tout l'héritage scientifique et technologique international, appropriation où il faut voir, au fond, une manière de se réapproprier un trésor dont on oublie trop souvent qu'il est, en dernière analyse, un patrimoine commun de l'humanité.

Je n'ai évoqué que de manière très allusive ma brève incursion dans les allées du pouvoir. Il faudra bien, prochainement, revenir sur cette expérience, tirer la leçon de cette «promenade dans l'arène politique», comme je l'ai appelée ci-dessus. J'ai consigne au fur et à mesure quelques-unes de mes observations, dans divers articles publies pendant la période, Je ne suis donc pas reste silencieux, ou pas tout à fait. Il faudra cependant, avec le recul et au-delà de l'obligation de réserve à laquelle j'étais alors soumis, poser à nouveaux frais l'immense problème du passage à l'action et des modalités d'inscription dans le réel, des valeurs auxquelles on croit.

Je suis entre en politique un peu par accident. J'avais des convictions, bien sûr, des exigences très claires, des positions nettes et tranchées. Cela ne suffit pas pour faire un homme politique. Je ne me contentais pas, comme beaucoup, de garder pour moi mes colères et mes révoltes: je n'étais plus à l'étranger ! J'étais incapable, a plus forte raison, de dire le contraire de ce que je pensais, comme il était de mise en ces temps de tyrannie, de délation et d'opportunisme ronflant. C'est presque un miracle que je n'aie jamais été arrête.

Cela a failli arriver, parait-il, en 1985. Des étudiants sont venus me dire: votre nom figure sur une liste de 14 enseignants distribuée dans tous les commissariats de police. De grâce, cachez vos tracts et toute autre littérature subversive, si vous en avez chez vous - des fois qu'il y aurait une perquisition. Du coup, j'ai attendu la prochaine assemblée générale du syndicat national de l'enseignement supérieur (SNES) - une de ces réunions ou l'on était sûr qu'il y aurait forcément quelques «mouchards» - pour déclarer que j'avais plein de tracts chez moi, et que la détention d'un tract n'était pas en soi un délit, sauf sous les régimes abjects de dictature et d'ignorance. On m'a collé la paix. Nous avions encore cette chance au Benin: le pouvoir n'allait pas vraiment jusqu'au bout. C'était dur, certes, et plusieurs ont payé de leur vie leur volonté de résistance, des centaines d'autres ont été arrêtés, tortures, malmenés, Mais il arrivait encore que le pouvoir hésite à frapper, et se demande ce qui serait pour lui le plus avantageux, ou le plus économique.

Dans d'autres pays de la sous-région, la répression était plus bête.

Je ne m'attarderai pas sur les luttes au sein du mouvement syndical, les circonstances dans lesquelles le bureau du SNES s'est vu contraint, par sa base, de convoquer en aout 1989 un congrès extraordinaire qui devait, après de longues discussions, et dans un climat général de peur, décider de désaffilier le SNES de la centrale syndicale unique, donnant ainsi le signal d'une cascade de désaffiliations; le rôle joue par chacun, la manière dont certains parmi les plus timorés, qui s'étaient refuses par exemple à signer telle pétition du 27 avril 1989, ont tôt fait, après le triomphe du mouvement, de se faire passer pour les champions de la cause, l'incidence d'une conjoncture internationale favorable, et en particulier de l'effondrement de l'URSS symbolise par la chute du mur de Berlin (novembre 1989), les préparatifs de la conférence nationale des forces vives, ce grand forum de la société civile qui devait contre toute attente, en février 1990, permettre la transition pacifique d'une dictature militaire, ornée des oripeaux du marxisme-léninisme, vers un régime de démocratie pluraliste; ma participation à cette conférence nationale comme représentant des laïcs des églises protestantes.

Peu de gens se souviennent, par exemple, que Mgr Isidore de Souza, président de la conférence, avait été élu à ce poste à l'unanimité moins huit (8) abstentions. Peu de gens se sont interrogés sur la signification de ces abstentions. Je pourrais en parler, puisque les huit abstentions, dans ce vote à main levée, venaient des quatre délègues des églises protestantes et des quatre de la communauté musulmane, représentant respectivement la hiérarchie, les lares, les jeunes et les femmes. J'étais assis juste à cote de l'imam, un homme intelligent, cultive, ouvert. De temps à autre, une concertation rap ide avait lieu entre les deux délégations. Je pensais, pour ma part, qu'un certain type de débat politique nous mettrait forcement, par moments, devant des alternatives moralement équivalentes, qu'aucun absolu religieux ne nous permettrait de trancher. Les communautés religieuses avaient, dans ces conditions, l'obligation d'observer une bienveillante neutralité, leur vocation réelle étant de rappeler les politiques au respect des grands principes non négociables de l'éthique universelle: tu ne tueras point, tu ne détourneras point les deniers publics, etc. - ce qui, soit dit en passant, condamnait sans appel, amés yeux, un régime qui avait fait de ces crimes et délits la pierre angulaire de son système.

La suite de la conférence aura cependant montre le rôle éminemment positif joue par l'archevêque, Nous devons en partie à l'humilité, à la patience, à la capacité de négociation de cet «homme de Diem) ainsi qu'aux relents d'humanité et de foi religieuse du dictateur marxiste-léniniste, nous devons à la tolérance et au sens du compromis des-uns et des-autres, et pas seulement aux contraintes objectives de la conjoncture, le succès inespéré de la conférence nationale. Cet heureux dénouement n'invalide pas *a posteriori* nos positions sur la nécessaire neutralité politique des religions. Tout au plus montre-t-il comment, en ces circonstances exceptionnelles, la volonté de neutralité a pu secréter quelque chose comme une politique fondamentale, une politique non politicienne - ce que j'ai appelé quelque part la grande, par opposition à la petite politique; comment l'éthique peut faire irruption dans le champ politique et, au moins temporairement, s'imposer aux positions partisanes. Il nous faut développer une réflexion approfondie sur ces questions afin de tirer la leçon d'un succès qui, à des degrés divers, aura surpris à peu près tout le monde.

Je ne m'attendais pas à me retrouver, au lendemain de cette conférence, membre du gouvernement de transition alors institue. Je m'attendais encore moins à me retrouver, suite à un remaniement ministériel, a la tête d'un département de la culture et de la communication auquel j'étais très peu prépare, après m'être consciencieusement employé, seize mois durant, à remettre en chantier le département de l'éducation nationale. Il faudra un jour ou l'autre faire le point de cette expérience, apprécier le passage d'une «éthique de conviction» à une «éthique de responsabilité», pour reprendre ces belles expressions de Max Weber chères à mon maitre Paul Ricoeur. Il faudra dire comment sont les hommes (... et les femmes!), pourquoi la moralisation de la vie publique est si difficile, comment ceux qui la réclament le plus bruyamment sont parfois, à la limite, ceux qui la souhaitent le moins, les champions toutes catégories en matière de corruption. Il faudra dire le cynisme, l'hypocrisie, le mensonge ordinaires qui font la trame quotidienne de la politique politicienne et, plutôt que de s'en scandaliser en jouant les belles amés, prendre acte de ce que ces «qualités» sont, en l'état actuel des choses, une condition obligée de longévité politique; mais en même temps se demander sérieusement s'il n'est pas possible de réinventer la politique et si oui, comment, à quelles conditions, en jouant sur quels paramètres.

Au-delà de ces préoccupations d'éthique élémentaire, il faudra s'interroger sur le destin, les possibilités et les contraintes d'un petit pays comme le Benin, sur ce que peut signifier la souveraineté nationale, dans un contexte géopolitique oil tout nous pousse à nous jeter pieds et poings liés dans les bras de la grande finance internationale. Il faudra se demander si nous n'avons vraiment plus d'avenir, ou plus d'autre avenir que celui-là, si nous avons le droit d'abdiquer, et sinon, comment résister, quelles actions politiques, économiques, sociales appelle aujourd'hui, s'il veut être cohérent, le refus de l'hégémonie.

Comment renforcer la société civile? Comment enraciner la démocratie dans la vie de tous les jours? Comment venir à bout des lenteurs, des lourdeurs, de l'inefficacité de nos appareils bureaucratiques? Comment reformer l'Etat? Comment briser l'insolence des pouvoirs, l'arrogance des administrations et des monopoles ? Comment faire en sorte que l'homme ordinaire, que la femme ordinaire jouissent effectivement des libertés que leur reconnaissent, en théorie, les constitutions en vigueur, et exercent leur droit à l'initiative et au contrôle? Comment vaincre la peur de façon durable, et assurer qu'en ce petit coin du globe, à défaut d'espaces plus larges, le temps des dictatures et de l'arbitraire soit définitivement révolu?

Comment faire en sorte que le petit producteur paysan, le petit artisan de sexe masculin ou féminin, puisse vivre décemment des fruits de son travail, reprendre progressivement confiance en lui-même et regarder l'avenir avec sérénité au lieu de se sentir écrase, comme aujourd'hui, par la difficulté de survivre et l'angoisse des lendemains incertains? Comment minimiser le rôle des intermédiaires, de ces commerçants et commerçants dont les profits, raisonnables ou exorbitants scion les cas, sont toujours, en définitive, plus importants et mieux assures que ceux des producteurs eux-mêmes? Comment mettre en place un système économique qui, à contre-courant des mécanismes actuels, privilégie le producteur par rapport au courtier et donne au premier toute l'information utile, tout le savoir et tout le savoir-faire nécessaire pour commercialiser lui-même son produit, en se rapprochant le plus près possible du consommateur final? Comment faire en sorte que nos universités cessent d'être ce qu'elles sont aujourd'hui: de vastes usines à fabriquer des chômeurs? Comment redéfinir les finalités de nos systèmes éducatifs en fonction de nouveaux projets de société cohérents et viables?

Dans un autre registre, comment mettre fin à l'extraversion? Comment construire un marché intérieur viable et autosuffisant, une économie autocentrée, moins dépendante des marches extérieurs? *Où* en sont aujourd'hui les processus d'intégration sous régionale et régionale? Pourquoi nos institutions inter-gouvernementales marchent-elles si mal? Quels sont, au-delà du volontarisme de façade de nos Etats, les processus d'intégration à la base, et comment les promouvoir?

Comment construire, à travers les frontières, une opinion publique cohérente, une société civile sous régionale et régionale, capable de faire pression, d'un pays à l'autre, sur les appareils d'Etat? Le grand rêve de Nkrumah, la vision d'une Afrique unie et forte, est-il condamne à n'être qu'un rêve, ou peut-il encore inspirer un programme d'action rigoureux, cohérent, progressif? A défaut de pouvoir «déconnecter», comme le voulait Samir Amin, est-il possible au moins de développer, en dehors du Centre actuel du système mondial, d'autres espaces de décision autonomes et responsables? Comment construire, au-delà de la mondialisation actuelle qui n'est qu'un autre nom de l'expansion du grand capital occidental un monde polycentrique et multipolaire?

Je n'ai pas arrêté de me poser ces questions. Ni mon passage au gouvernement, ni ma collaboration plus directe avec le chef de l'Etat comme membre de son cabinet, ne m'ont vraiment aidé à y répondre. Par contre ils m'ont fait prendre la mesure des pesanteurs qu'il faudrait soulever pour pouvoir, non pas forcement les résoudre, mais au moins les poser et les inscrire dans un agenda politique clair.'

J'ai appris très tôt certains termes techniques, certaines abréviations savantes volontiers utilisées par les spécialistes, Je m'amusais moi aussi, en Conseil des ministres, ales mettre à toutes les sauces: par exemple le TOFE, pour dire «tableau des opérations financières de l'Etat». Cela me donna à un petit air sérieux et respectable, dans ce microcosme ou l'on ne parlait que macro-économie, ajustement structurel, «gap» financier, etc. Il fallait connaitre ces choses sans s'y laisser enfermer. Je m'y employais de mon mieux. Mais je crois que j'ai battu tous les records de somnolence pendant la période, au cours de ces réunions interminables ou se prenaient des décisions sans doute importantes, mais dont les enjeux restaient, malgré tout, limités.

Je ne me pardonne pas d'être resté si loin de ma mère, alors qu'elle me réclamait depuis son lit de malade à Porto-Novo. J'étais à Saint Domingue pour un colloque en novembre 1992, l'année du cinquième centenaire ... de quelle découverte? De la découverte étrange, par les autochtones d'Amérique, d'un groupe d'aventuriers venus d'un autre continent, sous la conduite d'un certain Christophe Colomb. Le thème du colloque: «Les peuples d'Amérique, cinq cents ans après», C'était une de ces fugues qui apportaient un peu d'air frais au milieu de mes contraintes d'homme public. La fugue était financée, cette fois, par la Fondation pour le progrès de l'homme et comme d'habitude, ne coutait rien au budget de l'Etat. Je reste cependant en contact téléphonique avec mon cabinet. C'est ainsi que j'apprends, au détour d'un compte-rendu sur les affaires en cours, que ma mère avait été admise à l'hôpital suite à une crise d'hypertension, mais allait déjà mieux. Comme d'habitude, j'ai banalisé.

Dès mon retour, toutefois, je vais à l'hôpital de Porto-Novo. Une demi-heure d'intense conversation, entrecoupée de longs silences. J'avais peur de la fatiguer. Elle avait, comme d'habitude, plein de projets. Tel cousin devait se marier, elle avait choisi le tissu et avait hâte de pouvoir à nouveau s'en occuper. Il y avait un deuxième projet important, que j'oublie. «Maman, je t'ai toujours dit que tu en faisais trop. Tu vois, tu es fatiguée. Tu as besoin de repos. Tu t'occuperas de ces choses plus tard. Oublie pour quelque temps ces affaires de famille». Je rencontre le médecin, je discute avec ma sœur et son mari lis avaient été magnifiques, et le sont restés jusqu'au bout.

J'avais été cheque d'entendre, dans le journal parle de 13 heures sur les ondes de la radiodiffusion nationale, un «Appel aux peuples noirs» lance par le chef de l'Etat pour une cause qui me paraissait assez dérisoire: le financement de «Ouidah 92, premier festival international des cultures vodun». J'avais aussitôt demande une audience. Je suis reçu le lendemain. Je n'offre pas ma démission, non: on se croyait tous à la veille d'un remaniement. Je choisis plutôt de supplier: à l'occasion de ce remaniement, de grâce, oubliez-moi le temps au Président une copie de ma communication à Saint-Domingue. Je lui annonce mon intention de la publier. Trois jours après, elle parait sous un titre provocateur: «Le ministre de la culture déclare: non, les cultures du Benin ne sont pas des cultures vodun!»

Ma mère sort de l'hôpital, On la croit en voie de guérison. On l'installe chez ma sœur. Je pars tranquille, cette fois pour une mission officielle en Inde, De Bangalore, j'appelle Porto-Novo: on me dit qu'elle va mieux. A mon retour, cependant, je m'attarde à Cotonou. Je prépare l'accueil de Wole Soyinka. Abiola Idèle m'avait fourni un bon prétexte pour inviter le prix Nobel de littérature, en demandant à organiser à Cotonou la cérémonie de remise du Prix Noma[62]. Wole accepte d'être l'invite d'honneur, et le chef de l'Etat, de présider en personne la cérémonie. J'avais mon idée: en marge du Prix Noma, j'entendais promouvoir avec Wole Soyinka, le projet contre lequel s'acharnaient les inventeurs de «Ouidah 92»: la «route de l'esclave»,

---

62 Prix japonais qui couronnent tous les ans un ouvrage publient en Afrique

projet lance par le père Aristide en Haïti peu avant sa destitution en 1991. Le Benin, qui avait impressionne à Port-au-Prince, se devait de prendre le relais. Wole marche. Je me contente de téléphoner à Porto-Novo tous les soirs. L'état de la malade est stationnaire, mais on me rassure. Cela m'arrangeait d'y croire. Quelle naïveté!

Enfin un vendredi, j'annonce ma visite pour le lendemain. L'hôte venait de partir, les autres invites devaient partir samedi. J'irais donc à Porto-Novo. Manque de chance, des occupations imprévues m'amènent à téléphoner une heure avant pour décommander le rendez-vous. Ma mère est contrariée. Elle veut me parler au téléphone, le till n'est pas assez long. Elle veut descendre du lit et se rapprocher. Les cousines l'en dissuadent et de toutes façons, son état l'en empêche. Une maigre consolation malgré tout, dix minutes après: on m'aperçoit sur le petit écran, à cote d'un Monsieur d'une élégance sobre et raffinée. Le Monsieur parlait. C'était Wole. Ma mère se retourne, bénit l'enfant prodigue. Un quart d'heure plus tard, on me téléphone: maman est dans le coma. Du coup, les occupations que je croyais importantes s'évanouissent. Je me rends à Porto-Novo cette nuit. Je cours partout. La malade est à l'hôpital. Je surprends, pour la première fois de ma vie, les pleurs de ma grand-mère, Abigaël Dovoedo. Elle en avait vu d'autres, et savait à quoi s'en tenir. J'insiste avec l'accord des miens, pour un transfert au Centre national hospitalier universitaire (CNHU) de Cotonou, censé mieux équipé. Quelques jours plus tard, c'est chose faite. Au total, douze jours de soins intensifs, et d'une attente interminable.

Maman ne s'est pas réveillée, Je ne saurai jamais ce qu'elle avait à me dire. Ou plutôt, si! Je le sais, je l'ai toujours sue Mais encore! Ses dernières instructions, ses recommandations, ses *ultime verba?* Je l'aurai privée d'une présence qui était son droit, et qu'elle réclamait.' Je ne lui ai même pas dit que je lui écrivais un poème. Et que je l'aime. Mais elle devait s'en douter: elle devinait tout. Je ne te savais pas mortelle, maman: pardonne-moi!

Bibliographie

ABIMBOLA, Wande, 1975, *Sixteen great poems of Ifa*, Niamey, Unesco/Celhto

ABIMBOLA, Wande, 1976, *Ifa: an exposition of Ifa literary corpus*, Ibadan, Oxford University Press.

ABRAHAM, William, 1962, *The mind of Africa*, Chicago/Londres, University of Chicago Press / Weidenfeld and Nicolson.

ADANDE. Alexis B. A. 1994, «La métallurgique "traditionnelle" du fer en Afrique occidentale», in Paulin J. HOUNTONDJI (dir. pub.), *Les savoirs endogènes: pistes pour une recherche*, Dakar, Codesria: 57 - 75.

ADJIDO, Comlan Th., 1994, «La médecine psychosomatique dans ses rapports avec la sorcellerie», in Paulin J. HOUNTONDJI (dir. pub.), *Les savoirs endogènes: pistes pour une recherche:* 243 - 254.

AFOUDA, Abel, 1994, «Les faiseurs de pluie: point de vue d'un hydrologue», in P. HOUNTONDJI (dir. pub.), *Les savoirs endogènes: pistes pour une recherche:* 97 - 105.

AHYI, Gualbert R., 1994, «Modelés traditionnelles de la santé et de la maladie mentales au Benin», in Paulin J. HOUNTONDJI (dir. pub.), *Les savoirs endogènes: pistes pour une recherche:* 201 - 226.

AKOHA. Albert Bienvenu, 1994, «Systèmes graphiques de l'Afrique précoloniale». In Paulin J. HOUNTONDJI (dir. pub.), *Les savoirs endogènes: pistes pour une recherche:* 283 - 312.

ALTHUSSER. Louis. 1965, *Pour Marx*, Paris, Maspero.

ALTHUSSER, Louis. 1968, *Limine et la philosophie*, Paris, Maspero.

ALTHUSSER, Louis, 1973, *Réponse à John Lewis*, Paris. Maspero.

ALTHUSSER. Louis, I974a, *Eléments d'autocritique,* Paris, Hachette.

ALTHUSSER, Louis, 1974b. *Philosophie et philosophie spontanée des savants* (/967), Paris, Maspero.

ALTHUSSER. Louis. 1976. *Positions.* Paris. Editions sociales.

ALTHUSSER. Louis. Jacques RANCIERE. Pierre MACHEREY. 1966, *Lire le Capital,* I. Paris. Maspero.

ALTHUSSER. Louis. Etienne BALIBAR. Roger EST ABLET. 1966, *Lire le Capital, Il,* Paris. Maspero.

AMIN, Samir, 1968. *Le développement du capitalisme en Cote d'Ivoire,* Paris. Minuit.

AMIN. Samir. 1970. *L'accumulation à l'échelle mondiale,* Paris, Anthropos.

AMIN. Samir. 1971. *L'Afrique de l'Ouest bloquée.* Paris. Minuit.

AMIN, Samir. 1986. *La déconnexion. Pour sortir du système mondial,* Paris. La Découverte.

AMO, Antonius Guilielmus. 1734. *Dissertatio inauguralis de humanae mentis apaqeia seu sensionis ac facultatis sentiendi in mente humana absentia et earum in corpore nostro organico ac vivo praesentia,* Wittenberg. (Thèse soutenue en avril 1734 sous la présidence de Martin GotthelfL6scher. Voir AMO AFER. 1968a: 12-34. 1968b: 63-80).

AMO, Antonius Guilielmus, 1738. *Tractâtes de arte sobre et accurate philosophandi,* Halle-Magdeburg, 209 pp. [Voir AMO AFER. 1968a: 60- 275. 1968b: 90-25].

AMO AFER. Anton. Guil., aus Axim in Ghana, 1968a, *Dokumente/ Autographe / Belege,* Halle (Saale), Martin-Luther-UniversWit Halle-Wittenberg, XX + 306 pp.

AMO AFER, Anton. Guil. 1968b, *Translation of his works.* Halle (Saale),

Martin Luther University. Halle-Wittenberg. 254 pp.

APPIAH, Kwame Anthony. 1992, *In my father's house: Africa in the philosophy of cui lure.* Oxford/New-York/etc. Oxford University Press. XIII + 225 pp.

ARISTOTE. 1964. *La métaphysique.* 2 vol. trad. Tricot. Paris. Vrin. LVIII + 878 pp.

AUGÉ. Marc. 1975. *Théorie des pouvoirs et idéologie: étude de cas en Cote d'Ivoire,* coll. «Savoir». Paris. Hermann. 440 pp.

AUGÉ. Marc. 1977. *Pouvoirs de vie, pouvoir de mort,* Paris. Flammarion. 216 pp.

AUGÉ, Marc, 1979, *Symbole, fonction, histoire: les interrogations de l'anthropologie;* Paris. Hachette.

AYER, Alfred Jules, 1936. *Language, truth and logic;* deuxième Edition révisée (1946), 18e tirage, Londres, Victor Gollancz, 1970, 160 pp.

AZOMBO-MENDA, S. & M. ENOBO KOSSO, 1978, *Les philosophes africains par les textes.* Paris. Nathan.

AZOMBO-MENDA, S. & P. MEYONGO, 1981, *Précis de philosophie pour L'Afrique,* Paris, Nathan.

BACHELARD. Suzanne, 1957. *La logique de Husserl.* Paris, PUF.

BAHRO, Rudolf. 1979. *L'alternative,* Paris, Stock. 434 pp.

BALANDIER, Georges, 1957, *Afrique ambiguë,* Paris, Pion.

BALDWIN, James. 1963, *Personne ne sait mon nom,* Paris, Gallimard, 252 pp.

BARRAU, Jacques, 1993, «Savoirs naturalistes et naissance de l'ethnoscience», in *La science sauvage* (introduction de Ruth Scheps), Paris, Seuil: 15-27

BAYNAC, Jacques, 1975, *La terreur sous Lénine,* Paris, Sagittaire.

BELADI, Laszlo, Imre MARTON, Ferenc MISZLIVETZ, Tamas SZENTES. 1978, *Fejlodes - Tanulmanyok,* Budapest, Université Karl Marx, xiii + 477 pp.

BENOT, Yves. 1972, *Idéologies des indépendances africaines,* Paris, Maspero, 538 pp.

BENOT, Yves. 1975, *Indépendances africaines: idéologie et réalités,* 2 vol., Paris. Maspero.

BENOT, Yves. 1979, «La philosophie en Afrique ou l'émergence de l'individu», *Revue Tiers-monde,* XX. 77: 187-198.

BITEK, Okot p', 1964, «"Bantu philosophy". A review of Fr. Tempels's book». *Transition*, 13.

BOELART, Edmond-Eloi, 1946, «La philosophie bantoue selon le R. P. Placide Tempels», *Aequatoria* (Coquilhatville), 9: 81-90. Repris dans A. J. SMET. *Philosophie africaine.*

BOWAO, Charles, 1995, «Desethnologiser: réouverture du débat Hountondji – Diagne», *Bulletin du CODESRIA.* 1: 15-19.

CALAME-GRIAULE, Geneviève (dir. publ.), 1977, *Langage et cultures africaines. Essais d'ethnolinguistique.* Paris. Maspero.

CALVET. Louis-Jean. 1974. *Linguistique et colonialisme: petit traite de glottophagie,* Paris.

CAVAILLES, Jean. 1938. *Méthode axiomatique et formalisme,* Paris, Hermann.

CAVAILLES. Jean. 1947, *Sur la logique et la théorie de la science,* Paris, PUF [2eme édit., 1960, XII + 79 pp.].

CESAIRE. Aime, 1950, *Discours sur le colonialisme,* Paris, Réclame, [Repris par

Présence africaine en 1955).

CESAIRE, Aimé, 1956, *Lettre à Maurice Thorez;* Paris. Présence africaine.

CHARBONNIER. Georges. 1961, *Entretiens avec Claude Lévi-Strauss,* coil. 10118, Paris. UGE. 188 pp.

COHN-BENDIT. 1968, *Le gauchisme, remède à la maladie sénile du communisme.* Paris. Seuil, 271 pp.

COMTE. Auguste. 1822, «Plan des travaux scientifiques nécessaires pour réorganiser la société», in *Système industriel.* [Repris dans Auguste].

COMTE. 1978, *Du pouvoir spirituel.* coll. Pluriel, Paris. Livre de poche].

COMTE. Auguste. 1830-1842. *Cours de philosophie positive,* 6 vol., Paris.

COMTE. Auguste. 1851-1854. *Système de politique positive,* Paris.

de CRAEMER. Willy, 1977, *The Jamaa and the Church : a Bantu catholic movement in Zaire.* Oxford. Clarendon Press.

CRAHAY. Franz. 1965, «Le décollage conceptuel: conditions d'une philosophie bantoue», *Diogène,* 52: 61-84.

DAH-LOKONON, Gbenoukpo Bodehou, 1994. «Les faiseurs de pluie: parole des ancêtres», in P. HOUNTONDJI (dir. pub.), *Les savoirs endogènes: pistes pour une recherche:* 77-96.

DAMAS, Léon Gontran, 1966, *Pigments. Névralgies,* Paris. Présence africaine.

DERRIDA, Jacques, 1962, «Introduction», in HUSSERL, *L'origine de la géométrie,* Paris, PUF.

DERRIDA, Jacques, 1967a, *La voix et le phénomène,* Paris, PUF.

DERRIDA, Jacques, 1967b, *L'écriture et la différence,* Paris. Seuil, 439 pp.

DERRIDA, Jacques. 1994. *Le problème de la genèse dans la philosophe de Husserl,* Paris. PUF.

DESANTI, Jean *T.,* 1963. *Phénoménologie et praxis,* Paris. Editions sociales. 149 pp.

DESANTI, Jean Toussaint. 1975. *La philosophie silencieuse ou critique des philosophies de la science.* Paris. Seuil, 285 pp.

DESCARTES, René. 1641. *Méditations de prima philosophia.* Paris [Trad. Fr. Paris. 1647).

DESCARTES, René, 1644. *Principia philosophiae,* Amsterdam. [Trad. franç. Paris. 1647).

DESCARTES, René, 1953a *Méditations, objections et réponses,* in DESCARTES. *(Euvres et lettres,* coIl. Pléiade, Paris, Gallimard: 253-547.

DESCARTES, René, 1953b, *Principes de la philosophie,* in *œuvres et lettres,* bibliothèque de la Pléiade, Paris, Gallimard: 549-690.

DIAGNE, Mamousse, 1976, «Paulin J. Hountondji ou la 'psychanalyse' de la conscience ethno philosophique», *Psychopathologie africaine,* XII, 3: 443-449.

DIAGNE, Pathé, 1981, *L'euro philosophie face à la pensée du négro-africain,* suivi de *Problématique néo-pharaonique et épistémologie du réel,* Dakar. éditions Sankore.

DIAGNE, Souleymane Bachir, 1978, *Le faux dialogue de l'ethnophilosophie* [mémoire de Diplôme d'Etudes Approfondies, Université de Paris. Inédit].

DIAGNE, Souleymane Bachir, 1989, *Boole, l'oiseau de nuit en plein jour,* Paris, Berlin, 264 pp.

DIAGNE, Souleymane Bachir, 1994, «Lecture de 'La science sauvage: mode d'emploi'». Bulletin du CODESRIA, I: 10-11.

DIENG, Amady Aly, 1978, *Hegel, Marx, Engels et les problèmes de l'Afrique noire.* Dakar, Sankore, 159 pp.

DIENG, Amady Aly, 1983, *Contribution à l'étude des problèmes philosophiques en Afrique noire,* Paris, Nubia.

DIOP, Alioune, 1949, «Niam M'Paya, ou de la fin que dévorent les moyens», préface a Placide Tempels, *La philosophie hnntoue,* Paris, Présence africaine, 1949.

DIOP, Cheikh Anta, 1954, *Nations negres et culture,* Paris, Présence africaine.

DIOP, Cheikh Anta, 1970a, «Une prise de conscience historique africaine», in Torben LUNDBAEK (dir. Publ.), *Humanisme africain - culture scandinave: un dialogue.* Copenhague, DANIDA: 145-149.

DIOP, Cheikh Anta, 1970b, «Awakening of African historical consciousness». In Torben LUNDBAEK (dir. publ.), *African humanism - Scandinavian culture: a dialogue.* Copenhage, DANIDA : 140 - 144.

DIOP, Cheikh Anta, 1980. «Existe-t-il une philosophie africaine?», in C. Sumner (dir. Publ.), *African philosophy/La philosophie africaine,* Addis-Abeba: 24-37.

DIOP. CheikhAnta. 1981. *Civilisation ou barbarie,* Paris. Présence africaine, 477 pp.

DOSSOU, François, 1985. «Littérature et philosophie dans les programmes de l'enseignement secondaire». Inédit.

DOSSOU. François C., 1994. «Ecriture et oralité dans la transmission du savoir, in P. HOUNTONDJI (dir, publ.), *Les savoirs endogènes: pistes pour une recherche.* Dakar. Codesria: 257-282.

EBOUSSI-BOULAGA, Fabien. 1968, «Le Bantou problématique». *Présence africaine,* 66: 4-40.

EMMANUEL Arghiri, 1979, *L'échange inégal. Essai sur les antagonismes dans les rapports internationaux,* Paris, Maspero.

FABIAN. Johannes, 1966, «Dream and charisma: theories of dream in the Jamaa movement (Congo)», *Anthropos.* 61: 544-560.

FABIAN. Johannes, 1971, *Jamaa: a charismatic movement in Katanga.* Evanston, Northwestern University Press.

FANON. Frantz, 1952, *Peau noire. masques blancs,* Paris, Seuil, 239 pp.

FANON. Frantz, 1961, *Les damnes de la terre.* préface de Jean-Paul SARTRE. Paris. Maspcro. 243 pp.

FITCH. Bob & Mary OPPENHEIMER, 1966, *Ghana: end of an illusion,* New-York/Londres. Monthly Review Press. XII + 130 pp.

FOUCAULT. Michel, 1961, *Folie et déraison: histoire de la folie a l'âge classique,* Paris. Pion.

FOURNIER. M , 1971, «Réflexions théoriques et méthodologiques à propos de l'ethnoscience», *Revue Françoise de sociologie,* XII: 459-482.

FRANK. André Gunder, 1970, *Le développement du sous-développement: l'Amérique latine,* Paris. F. Maspero.

GOODY. Jack, 1977, *The domestication of the savage mind,* Cambridge. 1977.

GRIAULE, Marcel, 1948, *Dieu d'eau. Entretiens avec Ogotemmeli,* Paris, Chene.

HALLEN, Barry and J. O. SODIPO, 1986, *Knowledge, belief and witchcraft. Analytic experiments in African philosophy.* London. Ethnographica. vi + 138 pp.

HAVET. Jacques (dir, publ.), 1978, *Tendances principales de la recherche dans les sciences sociales et humaines. partie 2: Sciences anthropologiques et historiques, esthétique et sciences de l'art, science juridique, philosophie,* préface de Amadou-Mahtar M'Bow, t. 1 et 2, L + 1645 pp.

HEIDEGGER. Martin, 1957, *Qu'est-ce que la philosophie?* Paris, Gallimard. 54 pp.

HOFFMANN. Gerd-Rudiger, 1985a, «Humanismus und Tradition –Themen der gegenwartigcn burgerliehen Philosophie im subsaharischen Afrika». *Deutsche Zeitschrift for Philosophie,* XXXIII. 1985/2: 97-104.

HOFFMANN. Gerd-Rudiger, 1985b, «Philosophie im subsaharischen Afrika». *Jahrbuch Asien, Afrika, Lateinamerika) Bilanz und Chronik des Jahres 1984.*

HOFFMANN. Gerd-Rudiger, 1988, «Wie und warum im subsaharischen Afrika Philosophie entstand», in Moritz. Rustau und Hoffmann (dir, publ.), *Wie und warutn entstand Philosophic in verschiedenen Regionen der Erde?,* Berlin. Dietz. 1988: 194-226.

HORTON, Robin, 1982, «Tradition and modernity revisited», in Martin HOLLIS and Steven LUKES (dir. pub.), Rationality and relativism, Londres/Cambridge, Mass., Blackwell/MIT Press: 201-260.

HORTON, Robin and Ruth FINNEGAN (dir. pub.), 1973, *Modes of thought,* Londres.

HORTON. Robin. Gerald BERTHOUD, Bruno LATOUR, Edgar ASCHER., Paulin HOUNTONDJI. Jacques GRINEVALD. Pierre-Yves JACOPIN, Corinne CHAPONNIERE. Aline HELG, Laurent MONNIER. 1990, *La pensée métisse: croyances africaines et rationalité occidentale en questions.* Paris/Genève, P.U.F./cahiers de J'IUED.

HOUIS, Maurice, 1971, *Anthropologie linguistique de l'Afrique noire,* Paris, PUF, 232 pp.

HOUNDONOUGBO, Victor, 1994, «Processus stochastique du Fii: une approche mathématique de la géomancie des côtes du Benin», in P.

HOUNTONDJI (dir. pub.), *Les savoirs endogènes: pistes pour une recherche:* 139 -157.

HOUNTONDJI. Paul, 1983, *Autobiographie,* Cotonou, Renaissance, 48 pp.

HOUNTONDJI. Paulin J., 1965, *La notion de ύλη (hylè) dans la philosophie de Husserl* [mémoire de DES, Paris, Sorbonne, 160 p. dactylographiées, Inédit].

HOUNTONDJI, Paulin J., 1967, «Charabia et mauvaise conscience: psychologie du langage chez les intellectuels colonises», *Présence africaine* (Paris). 61: 11-31.

HOUNTONDJI, Paulin J., I 970a, *L'idée de science dans les «Prolégomènes» et la première «Recherche logique» de Husserl* [Thèse pour le doctorat de troisième cycle, Paris X - Nanterre, 187 p. polycopiées. Inédit].

HOUNTONDJI. Paulin J. 1970b, «Un philosophe africain dans l'Allemagne du XVIII" siècle: Antoine-Guillaume Amo», *Les études philosophiques* (Paris), I: 25-46.

HOUNTONDJI. Paulin J., 1970c, «Sagesse africaine et philosophie moderne», in Torben Lundbaek (dir. publ.), *Humanisme africain-culture scandinave: un dialogue,* Copenhague, DANIDA: 187-197.

HOUNTONDJI, Paulin J., 1970d, «Remarques sur la philosophie africaine contemporaine», *Diogène* (Paris), 71: 120-140.

HOUNTONDJI, Paulin J., 1971, «Le problème actuel de la philosophie africaine», in Raymond Klibansky (ed.), *Contemporary philosophy: a survey - La philosophie contemporaine: chroniques,* vol. IV, Florence, La Nuova Italia: 613-621.

HOUNTONDJI, Paulin J., 1972, «Le mythe de la philosophie spontanée», *Cahiers philosophiques africains* (Lubumbashi), I: 107-142.

HOUNTONDJI. Paulin J., 1973a, *Libertés,* Cotonou. Renaissance, 71 p.

HOUNTONDJI, Paulin J., 1973b, «La philosophie et ses révolutions», *Cahiers philosophiques africains* (Lubumbashi), 3-4: 27-40.

HOUNTONDJI. Paulin J., 1974a, «African philosophy, myth and reality», *Thought and practice* (Nairobi), I. 2: 1-16.

HOUNTONDJI, Paulin J., 1974b, «Histoire d'un mythe», *Présence africaine* (Paris). 91: 3-13.

HOUNTONDJI. Paulin J., 1975, «De Lénine a Descartes: le personnage du fou et l'argument du rêve», *Annales du DELLSH* (Cotonou, Université du Dahomey), 1: 142-153.

HOUNTONDJI, Paulin J., 1976, *Sur la «philosophie africaine». Critique de l'ethnophilosophie,* Paris, Maspero, 260 p. Repris par les éditions Clé, Yaoundé. 1980.

HOUNTONDJI, Paulin J., 1977, «Sens du mot "philosophie" dans l'expression "philosophie africaine?"», *Le Koré* (Abidjan), 5-6-7-8. Repris dans Claude Sumner (ed.), *African philosophy - La philosophie africaine,* Addis-Abeba, 1980: 81-92.

HOUNTONDJI, Paulin J., 1978a, «Recherche théorique africaine et contrat de solidarité», *Travail et société* (Genève), III, 3-4: 353-364.

HOUNTONDJI, Paulin J., 1978b, «Egy mitosz története» [Histoire d'un mythe], in Marton (dir. publ.), *Fejlodes - Tanulmanyok 3. Elmeleti harcok es harci elmeletek: 341-352.*

HOUNTONDJI, Paulin J., 1978c, A nkrumahizmus vegees Nkrumah (a la) «szuletese» [La fin du nkrumalsme et la (re)naissance de Nkrumah], in Marton (dir. Publ.), *Fejlodes - Tanulmanyok 3. Elmeleti harcok es harci elméletek* : 353-371.

HOUNTONDJI, Paulin J., 1980a, «Distances», *Recherche, pédagogie et culture* (Paris). 49 : 27-33.

HOUNTONDJI. Paulin J., 1980b, «L'ombre de Lévy-Bruhl et le problème de la philosophie en Afrique» [Communication *a* l'Institut d'Afrique de l'Académie des sciences de l'URSS, Moscou, novembre 1980. Inédite].

HOUNTONDJI, Paulin J., 1981a, «Que peut la philosophie?», *Présence africaine,* 119: 47-71

HOUNTONDJI Paulin J., 1981b, «Mire kepes a filozofia?», traduction Sipos Janos. *Magyar filosofiai szemle* (Budapest), 111-130.

HOUNTONDJI, Paulin J., 1982a, «Occidentalisme. élitisme: réponse *a* deux critiques», *Recherche. pédagogie et culture* (Paris), 56: 58-67.

HOUNTONDJI Paulin J., 1982b, «Langues africaines et philosophie: l'hypothèse relativiste», *Les études philosophiques* (Paris), 4: 393-406.

HOUNTONDJI, Paulin J., 1983a, *African philosophy. Myth and Reality,* Trad. Henri Evans et Jonathan Rée, introd. d'Abiola Irele, Londres/Bloomington, Hutchinson/Indiana University Press [Ouvrage couronné par le prix Herskovitz, African Studies Association, Los Angeles, 1984].

HOUNTONDJI Paulin J., 1983b, *O «africkoi filozofije »: kritika etnofilozofije,* Trad. Daniel Bucan, Zagreb, Skolska Knjiga, 191 p.

HOUNTONDJI Paulin J., 1984a, «Aspects and problems of philosophy in Africa», in *Teaching and research in philosophy: Africa,* Paris, UNESCO: 11-29.

HOUNTONDJI Paulin J., 1984b, «Convergences», *ibid.* : 271-284.

HOUNTONDJI, Paulin J., 1984c, «La culture scientifique dans les pays de la périphérie», in *Culture pour tous et pour tous les temps,* Paris, UNESCO: 65-78.

HOUNTONDJI, Paulin J., 1985, «Pièges de la différence», *Diogène* (Paris), 131: 51-61.

HOUNTONDJI Paulin J., 1986a, «Pièges de la différence» in Venant CAUCHY (cd.), *Philosophie et culture: actes du XVIIIe Congrès mondial de philosophie, Montréal 1983. Philosophy and culture: proceedings of the XVIIth World Congress of Philosophy*, Montréal, Ed. du Beffroi/ed. Montmorency: 389-396. [Reprise de 1985].

HOUNTONDJI Paulin J., 1986b, «Oil "African philosophy"», *Prometeo: revista latinoamericana de filosofia*, Il, 5: 18-33. [Trad. espagnole de 1983c, par Fernando Leal].

HOUNTONDJI, Paulin J., 1987a, *Philosophical research in Africa: a bibliographie survey - Bilan de la recherche philosophique africaine : répertoire alphabétique. Première partie: 1900-1985*, vol. 1: A-M, Cotonou, Conseil Interafricain de Philosophie, XXXI + 339 p. [En collaboration].

HOUNTONDJI Paulin J., 1987b, «Le particulier et l'universel», *Bulletin de la Société Françoise de philosophie* (Paris). LXXXI, 4: 145-189.

HOUNTONDJI. Paulin J., 1987c, «On the "universality" of science and technology». in Burkart LUTZ (dir. pub.), *Technik und sozialer Wandel. Verhandlungen des 23. deutschen Soziologentages in Hamburg 1986*. Frankfort/New York. Campus: 382-389.

HOUNTONDJI, Paulin J.,1988a, *Philosophical research in Africa: a bibliographic survey - Bilan de la recherche philosophique africaine. Répertoire alphabétique, 1ère partie: 1900-1985*, vol. 2: N-Z, Cotonou, Conseil Interafricain de philosophie, 341-608 p. [En collaboration].

HOUNTONDJI, Paulin J., 1988b, «L'appropriation collective du savoir: tâches nouvelles pour une politique scientifique», *Genève-Afrique* (Genève), XXVI, I: 49-66.

HOUNTONDJI. Paulin J., 1988c, «La vie quotidienne en Afrique noire: éléments pour une critique». In Albert Ekue & Edmond Jouve (dir. publ.), *Albert Tevoedjre, compagnon d'aventure*, Paris, Berger-Levrault: 301-318. [Trad. angl., 1992d).

HOUNTONDJI. Paulin J., 1988d, «Situation de l'anthropologue africain : notre critique sur une forme d'extraversion scientifique», *Revue de l'Institut de sociologie,* 3-4: *Les nouveaux enjeux de l'anthropologie) autour de Georges Balandier,* sous la direction de Gabriel Gosselin. Bruxelles: 99-108. [Repris en 1993c].

HOUNTONDJI Paulin J., 1988e, «Recherche et extraversion: éléments pour une sociologie de la science dans les pays de la périphérie», in *Afrique et développement/Africa development,* XV, 3/4, *Africa in the 1980s. State and social sciences: Proceedings of the sixth general Assembly of CODESRIA,* Dakar, CODESRIA: 149-158.

HOUNTONDJI. Paulin J., 1989a, «L'effet Tempels», in André Jacob (dir. publ.), *Encyclopédie philosophique universelle. 1- L'univers philosophique,* Paris, PDF: 1472-1480.

HOUNTONDJI, Paulin J., 1989b, «L'espérance têtue: la vie quotidienne dans un pays de la périphérie», *L'évènement européen* (Paris), 8: 119-138.

HOUNTONDJI, Paulin J., 1990a, «Scientific dependence in Africa today», *Research in African literatures* (Bloomington), 21. 3: 5-15.

HOUNTONDJI, Paulin J., 1990b, «Pour une sociologie des représentations collectives», in Horton *et al. La pensée métisse: croyances africaines et rationalité occidentale en questions,* Paris/Genève, PUF/Cahiers de l'IUED: 187-192.

HOUNTONDJI Paulin J., 1992, «Recapturing», in V. Y. MUDIMBE (ed.), *The surreptitious speech. «Presence africaine» and the politics of otherness: 19-17 –* 1987, Chicago, The University of Chicago Press: 238 - 248

HOUNTONDJI, Paulin J., 1993, *Afrikanische Philosophie, Mythos und Realitat,* Trad. Gerd-Rudiger Hoffmann, Christian Neugebauer et Franz Wimmer, Berlin, Dietz Verlag, 240 p.

HOUNTONDJI Paulin J., 1994a, *Les savoirs endogènes: pistes pour une recherche,* Dakar, CODESRIA, 345 p. (En collaboration).

HOUNTONDJI Paulin J., 1994b, «La "science sauvage": mode d'emploi», *Bulletin du CODESRIA* (Dakar), I.

HOUNTONDJI, Paulin J., 1994c, «Demarginaliser», in Paulin 1. Hountondji (dir. publ.), *Les savoirs endogènes: pistes pour une recherche,* Dakar, Codesria: 1-34.

HOUNTONDJI, Paulin J., 1994d, «La science dans les pays pauvres», *La nation* (Cotonou), 1141: I, 2, 10.

HOUNTONDJI. Paulin J., 1995a, «Philosophie et démocratie en Afrique: défis et interrogations» [Communication a un colloque de l 'UNESCO sur «Philosophie et démocratie dans le monde», sous la direction de Roger Pol Droit. Inedite].

HOUNTONDJI Paulin J., 1995b, «Producing knowledge in Africa today», *African studies review* (Atlanta), 38, 3: 1-10.

HOUNTONDJI, Paulin J., 1996, «Preface to the second edition», in Paulin J. Hountondji, *African philosophy, myth and reality,* second edition, Bloomington and Indianapolis, Indiana University Press: vii-xxviii.

HOWLEIT, Jacques, 1974, «La philosophie africaine en question», *Présence africaine,* 91: 14-25.

HUMBOLDT, Wilhelm von, 1974, *Introduction a l'œuvre sur le kavi et autres essais.* Paris, Seuil.

HUME. David. 1739. *A treatise of human nature* [public sous anonymat].

HUME, David. 1748, *Enquiry into the human understanding,* Londres.

HUME, David, 1946, *Traite de la nature humaine,* trad., préface et notes de André LEROY, t. I & 2, Paris, Aubier, 766 pp.

HUSSERL. Edmund. 1900-1901, *Logische Untersuchungen,* Halle.

HUSSERL. Edmund, 1911, «Philosophic als strenge Wissenschaft», *Logos, 1*.

HUSSERL, Edmund, 1913a, *Logische Untersuchungen. t. I*. 2eme edition remaniée, Halle.

HUSSERL, Edmund, 1913b, *Logische Untersuchungen. t.* 11, 2eme edition remaniée, Halle, (comprend les rech. 1 a 5].

HUSSERL, Edmund, 19 1 Je, *Ideen zu einer reinen Phanomenologie und phanomenologischen Philosophie*, I, in *Jahrbuch for Philosophie und phanomenologische Forschung, 1*.

HUSSERL, Edmund, 1921, *Logische Untersuchungen. t.* 11. 2, 2ème édition remaniée. Halle, [Rech. 6].

HUSSERL, Edmund, 1928, *Vorlesungen zur Phanomenologie des inneren Zeitbewusstseins,* herausgegeben von Martin HEIDEGGER, in *Jahrbuch for Philosophie un phanomenologische Forschung,* IX.

HUSSERL. Edmund, 1929a, *Formale und transzendentale Logik,* in *Jahrbuchfur Philosophie und phdnomenologische Forschung,* X.

HUSSERL. Edmund. 1929b, *Formale und transzendentale Logik,* Halle, Niemeyer [même texte que le précèdent].

HUSSERL, Edmund. 1939, «Die Frage nach den Ursprung der Geometrie als international historisches Problem», *Revue internationale de philosophie,* 2: 203-223 [manuscrit de 1936 transcrit par Eugen Fink].

HUSSERL, Edmund, 1950, *Idées directrices pour une phénoménologie,* trad. introd. et commentaire de Paul Ricoeur, Paris, Gallimard. [Trad., de Husserl, 1913c).

HUSSERL, Edmund, 1954, *La philosophie comme science rigoureuse,* trad. Quentin Lauer. Paris, PUP. [Trad. de HUSSERL. 1911].

HUSSERL, Edmund. 1954, *Die Krisis der europaischen Wissenschaften und die transzendentale Phanomenologie,* La Haye, Husserliana, t. 6. [Reedite en 1962).

HUSSERL, Edmund. 1957, *Logique formelle et logique transcendantale,* trad. Suzanne Bachelard. Paris, PUP. [Trad. de HUSSERL, 1929, réédité sans changement en 1965].

HUSSERL, Edmund, 1959, *Recherches logiques, t. I: Prolégomènes à la logique pure,* trad. Hubert Elie, Paris, PUP. [Trad. de HUSSERL, 1913a).

HUSSERL. Edmund, 1961, *Recherches logiques, t.* 2: *Recherches pour la phénoménologie et la théorie de la connaissance,* l" partie (Reich. 1 & 2), trad. Hubert Elie, avec la collaboration de L. Kelkel et R. Scherer, Paris, PUP. 284 pp. [Trad. partielle de HUSSERL, 1913b].

HUSSERL, Edmund, 1962a, *Recherches logiques, t.* 2: *Recherches pour la phénoménologie et la théorie de la connaissance,* 2e partie (Reich. 3, 4, 5), trad. Hubert Elie, avec la collaboration de L. Kelkel et R. Scherer, Paris. PUP. 378 pp. [Trad. partielle de HUSSERL. 1913b).

HUSSERL, Edmund, 1962b, *L'origine de la géométrie,* introduction de Jacques Derrida, Paris, PUF. [Trad. de HUSSERL, 1939].

HUSSERL, Edmund, 1963, *Recherches logiques, t.3: Eléments d'une élucidation phénoménologique de la connaissance* (Reich. 6), trad. Hubert Elie avec la collaboration de L. Kelkel et R. Scherer, Paris, PUP, 308 pp. [Trad. de HUSSERL. 1921).

HUSSERL, Edmund, 1964, *Leçons pour une phénoménologie de la conscience intime du temps,* trad. Henri Dussort, Paris, PUP [Trad. de HUSSERL. 1928].

HUSSERL. Edmund, 1965, *Logique formelle et logique transcendantale,* trad. Suzanne Bachelard, Paris, PUP. [Réédition de HUSSERL, 1957, sans changement].

HUSSERL, Edmund. 1976a, «La crise de l'humanité européenne et la philosophie» [conférence prononcée à Vienne en 19351, in E.

HUSSERL. *La crise des sciences européennes et la phénoménologie transcendantale,* Paris. Gallimard, 1976.

HUSSERL. Edmund, 1976b, *La crise des sciences européennes et la phénoménologie transcendantale,* trad. et préface de Gérard Granel, Paris. Gallimard, IX + 589 pp. [Trad. de HUSSERL. 1954).

HYMES. Dell H. (dir. pub.), 1964, *Language in culture and society. A reader in linguistics and anthropology.* New York. Harper and Row.

IKOKU. Samuel, 1971, *Le Ghana de Nkrumah,* traduction Yves Bénot, Paris. Maspero.

IRELE. Abiola. 1981, *The African experience in literature and ideology,* London/Ibadan/Nairobi, Heinemann, 216 pp.

IRELE. Abiola, 1983, « Introduction », in Paulin J. HOUNTONDJI, *African philosophy, myth and reality,* Londres / Bloomington, Hutchinson / Indiana University Press: 7-30. [Repris dans la deuxième édition, 1996, même pagination).

KAGAME, Alexis, 1956, *La philosophie bantu-rwandaise de l'être,* Bruxelles, Académie royale des sciences coloniales.

KAGAME. Alexis, 1971, «L'ethno-philosophie des Bantu», in Raymond Klibansky (dir. publi.), *La philosophie contemporaine: Chroniques,* t. IV, Florence. La Nuova Italia: 589-612.

KAGAME, Alexis, 1976, *La philosophie bantu comparée,* Paris. Présence africaine.

KAGAME, Alexis, 1980, «Le problème de l'homme en philosophie bantu». In Claude Sumner (dir. publ.), *African philosophy - La philosophie africaine,* Addis-Abeba: 105-112.

KANE, Abdoulaye, 1987, *Les systèmes de numération parlée des groupe. L'ouest-atlantique et mande: contribution à la recherche sur les fondements et l'histoire de la pensée logique et mathématique en Afrique de l'ouest,* [Thèse de doctorat d'Etat, Lille III, 2 vol., 913 pp.).

KINIFFO, Henry-Valère T., 1994, «Corps étrangers dans l'organisme humain: témoignage d'un chirurgien et essai d'interprétation», in P. HOUNTONDJI (dir. pub.), *Les savoirs endogènes: pistes pour une recherche:* 227 - 242.

KISSI, M. A., 1970, «African wisdom and modern philosophy», in LUNDBAEK (ed.), *African humanism, Scandinavian culture: a dialogue,* Copenhague, Danida.

KI-ZERBO, Joseph (dir. publ.), 1992, *La natte des autres: pour un développement endogène en Afrique,* Dakar, Codesria, IX + 494 pp.

KI-ZERBO. Joseph & Vjekoslav MIKECIN, 1983, «0 filozofiji i marksizmu u Africi», in Paulin J. HOUNTONDJI. *0 «africkoj filosofiji»,* Zagreb. 1983: V-XX.

KRANIAUSKAS. John, 1987, «*Filosofia africana: mito y realidad* de Paulin J. Hountondji», *Prometeo: revista latino-americana de jilosojia,* III, 10: 117-120.

KORSCH. Karl, Paul MATTICK, Anton PANNEKOEK, Otto RUHLE et Helmut WAGNER, 1973, *La contre-révolution bureaucratique,* Paris. U.G.E. coll. 10118. 1973.

KUHN. Thomas, 1972, *La structure des révolutions scientifiques,* Paris. Flammarion [Original: *The structure of scientific revolutions.* Chicago. The University of Chicago Press. 1962].

LAGARDE André & Laurent MICHARD. avec la collab. de Raoul AUDIBERT. Henri LEMAITRE. Thérèse VAN DER ELST. 1962. *XXe siècle,* coll. Textes et littérature. Paris. Bordas. 640 pp.

LALEYE, Issiaka Prosper, 1970, *La conception de la personne dans la pensée traditionnelle yoruba: approche phénoménologique,* préface de Philippe Laburthe-Tolra, Berne, Herbert Lang et Cie, 250 pp.

LECOURT, Dominique, 1976, *Lyssenko: histoire réelle d'une «science prolétarienne»*, avant-propos de Louis Althusser. Paris, Maspero, 257 pp.

LENINE, 1973: *Matérialisme et empiriocriticisme: notes critiques sur une philosophie réactionnaire* Paris, Editions sociales [Original: Moscou, 1908].

LEVI-STRAUSS, Claude, 1955, *Tristes tropiques,* Paris. Pion, 490 pp.

LEVI-STRAUSS. Claude, 1958, *Anthropologie structurale,* Paris, Pion, 452 pp.

LEVI-STRAUSS, Claude, 1962, *La pensée sauvage,* Paris, Pion, 395 pp.

LEVI-STRAUSS. Claude, 1967, *Race et histoire,* Paris. Gonthier, 133 pp. [1ère édition. Paris. UNESCO, 1952].

LEVI-STRAUSS, Claude, 1969, *le totémisme aujourd'hui,* Paris, PUF, 155 pp. [1ère édition. *Ibidem,* 1962].

LEVY-LEBLOND et JAUBERT, 1975, *(Auto) critique de la science,* Paris, Seuil.

LINHART, Robert, 1976, *Lénine, les paysans, Taylor,* Paris, Seuil 1976.

LOCKE, John, 1690, *An essay concerning human understanding,* Londres.

LUNDBAEK, Torben (dir. publ.), 1970a, *African humanism - Scandinavian culture. A dialogue,* Copenhague, Danida.

LUNDBAEK, Torben (dir. publ.), 1970b, *Humanisme africain - Culture scandinave. Un dialogue,* Copen hague, Danida.

LYOTARD, Jean-François, 1973, *Dérivé à partir de Marx et Freud,* Paris, Union Générale d'Editions.

MARTON, Imre (dir. publ.), 1978, *Fejlodes - Tanulmanyok 3. Elemeleti harcok es harci elmeletek,* Budapest, Université Karl Marx, XIII + 477 pp.

MARX, Karl, 1976, «Thèse sur Feuerbach», in Karl MARX, Friedrich ENGELS, *L'idéologie allemande,* Paris, Editions sociales: 1-4.

MASOLO, D. A., 1994, *African philosophy in search of identity,* Bloomington and Indianapolis, Indiana university Press, 301 pp.

MEINER, Johannes Theodosius, 1734, *Disputatio philosophica continens ideam distinctam eorum quae competunt vel menti vel cor pori nostro vivo et organico,* Wittenberg, 16 pp. [Thèse soutenue le 27 mai 1734 sous la présidence d'Amo. Voir AMO AFER, 1968a: 36-50 et I 968b: 81-90).

MERLEAU-PONTY, Maurice, 1945, *Phénoménologie de la perception,* Paris, Gallimard.

METINHOUE, Goudjinou P., 1994, «L'étude des techniques et des savoir-faire "traditionnels": questions de méthode», in P. HOUNTONDJI (dir. pub.), *Les savoirs endogènes: pistes pour une recherche:* 37 -56

MORITZ, Ralf, Hitra RUEST AU & Berd-Rudiger HOFFMANN (dir. publ.), 1988, *Wie und warum entstand Philosophie in verschiedenen Regionen der Erde?,* Berlin, Dietz, 267 pp.

MOSLEY, Albert G., 1995, *African philosophy: selected readings,* Englewood Cliffs, Prentice Hall, X + 438 pp.

MUDIMBE, V. Y., 1973, *L'autre face du royaume. Une introduction à la critique des langages en folies,* Lausanne, L'âge d'homme, 154 pp.

MUDIMBE. V. Y., 1982, « Panorama de la pensée africaine contemporaine de langue française », *Recherche, pédagogie et culture,* 56: 15-29.

MUDIMBE, V. Y., 1988, *The invention of Africa,* Bloomington, Indiana University Press.

MUGLlONI, Jacques, 1988, «L'actualité d'Auguste Comte» in COLLECTIF, *Auguste Comte, qui êtes-vous?,* Lyon, La manufacture: 181-210.

MUGLlONI, Jacques, 1993, *L'école ou le loisir de penser,* Paris, CNDP, 270 pp.

MURDOCK. Peter, 1950, *Outline cultural materials.* New Haven. Human relations area files.

N'DAW. Alassane, 1966, «Peut-on parler d'une pensée africaine?». *Présence africaine,* 58: 32-46.

N'DAW, Alassane, 1981, « Prolégomènes a une lecture philosophique de la pensée négro-africaine », in Alwin DIEMER ed., *Philosophy in the présent situation of Africa.* Wiesbaden, Franz Steiner.

N'DAW. Alassane, 1983, *La pensée africaine,* préface de Léopold Sedar-Senghor, Dakar, N.E.A. 284 pp.

N'DA W, Alassane, 1985, «Identité et pluralisme culturels en Afrique», in Alwin DIEMER & P. HODNTONDJI. eds, *Africa and the problem of its identity - L 'Afrique et le problème de son identité,* Francfort/Berne/New-York. Peter Lang: 149-153.

N'DIA YE. Aloyse-Raymond, 1970, *L'ordre dans la philosophie de Malebranche* [Thèse de 3e cycle. Paris-Sorbonne: 278 pp.).

N'DIAYE Aloyse-Raymond, 1982, «La nature des idées et la nature de l'homme chez Malebranche», *Revue sénégalaise de philosophie,* 1: 11-31.

N'DIAYE. Aloyse-Raymond, 1983b, «La méthode des *Méditations métaphysiques* d'après les réponses de Descartes aux objections». *Revue sénégalaise de philosophie. 3.*

N'DIAYE. Aloyse-Raymond, 1983c, *Arnauld et la philosophie* [Thèse de doctorat d'Etat. Université de Rennes Il].

N'DIAYE. Aloyse-Raymond, 1987, «En Afrique noire», in André ROBINET (dir. publ.), *Doctrines et concepts: cinquante ans de philosophie de langue française,* 1937-1987, Paris, Vrin: 77-87.

NEUGEBAUER, Christian, 1987, «Die Ethnophilosophie in der Philosophiediskussion Afrikas». *Zast*, 1: 47-71.

NEUGEBAUER, Christian, (dir. publ.), 1991a, *Philosophie, Idelogie und Gesellschaft in Afrika: Wien* 1989, Frankfurt am Main, Peter Lang, 212 pp.

NEUGEBAUER, Christian, 1991b, «Aristoteles, Tempels und Hegel im afrikanischen Diskurs- ein philosophiehistorischer Bericht zur afrikanischen Philosophic», in Neugebauer (dir. publ.), 1991a: 61-94.

NIAMKEY, Koffi, 1974, *Essai sur l'articulation logique de la pensée akan nzima* [Thèse de Jeme cycle, Université de Paris V).

NIAMKEY, Koffi, 1977, «Les modes d'existence matérielle de la philosophique et la question de la philosophique africaine», *Korê. Revue ivoirienne de philosophie et de culture,* 5-6-7-8.

NIAMKEY, Koffi, 1980, «L'impense de Towa et de Hountondji» in Claude SUMNER ed. *African philosophy - La philosophie africaine,* Addis-Abeba: 165-188.

NIAMKEY. Koffi et Abdou TOURE, 1980, «Controverses sur l'existence d'une philosophique africaine», in Claude SUMNER, ed. *African philosophy - La philosophie africaine,* Addis-Abeba: 189-214.

NIETZSCHE. Friedrich Wilhelm, 1958, *Ainsi parl ait Zarathoustra.* Trad. Marthe Robert. Paris, U.G.E.

NKOMBE, Oleko & A. J. SMET, 1978. «Panorama de la philosophique africaine contemporains in *Alelanges de philosophie africaine,* coll. «Recherché philosophiques africaines», Kinshasa: 263-282.

NKRUMAH. Kwame, S.d. [circa 1945), *Mind and thought in primitive society. A study in ethno-philosophy with special reference to the Akan peoples of the Gold Coast, West Africa* [répertoire aux Archives nationals du Ghana, Accra. sous la cote P. 129/63-64J.

NKRUMAH. Kwame, 1964a, *Consciencism. Philosophy and ideology for decolonization and development, with particular reference to the African revolution,* Londres, Heinemann.

NKRUMAH. Kwame, I 964b, *Le consciencisme. Philosophie et idéologie pour la décolonisation et le développement avec une référence particulière à la révolution africaine.* Paris, Payot [Trad., de NKRUMAH. I 964a).

NKRUMAH, Kwame, 1965, *Neo-colonialism, the last stage of imperialism,* Londres, Nelson.

NKRUMAH. Kwame, 1968, *Handbook of revolutionary warfare,* Londres, Panay Books.

NKRUMAH. Kwame, 1970a, *Consciencism. Philosophy and ideology for decolonization and development,* Londres, Panaf Books. [Nouvelle edition remaniee].

NKRUMAH, Kwame, 1970b, *Class struggle in Africa,* Londres, Panaf Books.

NKRUMAH, Kwame, 1972, *La lutte des classes en Afrique,* Paris, Présence africaine.

ODERA. Henry Oruka, 1972, «Mythologies as African philosophy», *East Africa Journal,* IX, 10.

ODERA. Henry Oruka, 1974, «Mythologies et philosophie africaine: une confusion», *Conséquence: Revue du CIAP,* I [Trad. de ODERA, 1972).

OWOMOYELA, Oyekan, 1987, «Africa and the imperative of philosophy: a sceptical consideration», *African studies review, 301.*

PARTI COMMUNISTE DU DAHOMEY (P.C.D.), 1979, *Introduction aux réalités économiques et sociales au Dahomey.* Paris, Nouveau bureau d'édition.

PENEL, J. D., 1994, «Réflexion épistémologique sur les noms d'animaux chez les Hausa» in P. HOUNTONDJI (dir. pub.), *Les savoirs endogènes:*

pistes pour une recherche: 159 - 176.

PLATON, 1950. *Œuvres complètes,* t. I, trad. et notes par Léon Robin, avec la collaboration de M.-J. Moreau, Bibliothèque de la Pléiade, Paris, Gallimard.

POSSOZ, Emile, 1943, *Eléments de droit coutumier nègre,* Elisabethville (=Lubumbashi). Lovania.

PRICE, Derek de Solla, 1963, *Little science, big science,* New-York. Columbia University Press.

RANCIERE, Jacques, 1974, *La leçon d'Althusser,* Paris, coll. Idées, Gallimard, 277 pp.

REVEL, Nicole, 1990, *Fleurs de paroles: histoire nature lie Palawan. 1- Les dons de Nagsalad,* Paris, Peeters-SELAF, coll. «Ethnosciences».

RICOEUR. Paul, 1949, «Husserl et le sens de l'histoire», *Revue de métaphysique et de morale,* juillet-octobre.

RICOEUR, Paul, 1950, «Introduction» a HUSSERL, *Idées directrices pour une phénoménologie,* Paris, Gallimard.

RICOEUR. Paul, 1951, «Analyse et problèmes dans Ideen II», in COLLECTIF, *Phénoménologie, existence,* Paris, A. Colin.

RICOEUR, Paul, 1978, «La philosophique», in Jacques HA VET, *Tendances principales de la recherche dans les sciences sociales et humaines,* 2e partie, t. 2, Paris/La Haye, Mouton/Unesco: 1125-1622.

RIVIERE, Claude, 1979, «Les destins associes de la philosophie et des sciences sociales en Afrique», *Ethnophilosophie* (Le Havre), XXXIV, 1: 89-105.

ROMAINS, Jules, 1904, *L 'âme des hommes,* Paris. ROMAINS, Jules, 1908, *La vie unanime,* Paris, Gallimard. ROMAINS, Jules, 1910, *Un être en marche,*

Paris, Gallimard. ROMAINS, Jules, 1911, *Mort de quelqu'un,* Paris, Gallimard.

ROMAINS, Jules, 1932-1946, *Les hommes de bonne volonté,* 27 vol., Paris, Flammarion.

RORTY, Richard, 1979, *Philosophy and the mirror of nature,* Princeton. Princeton University Press.

S.A.C., 1969, «Base théorique de travail de la Commission interafricaine de philosophique», *Bulletin de liaison de la Commission interafricaine de philosophique, 3.*

SAIVRE, Denyse de (dir. publ.), 1982, «Table ronde», in *Recherche, pédagogie et culture.* IX, 56: 3-14.

SALOMON, Jean-Jacques. 1970, *Science et politique,* Paris, Seuil.

SALOMON, Jean-Jacques et André LEBEAU, 1988, *L'écrivain public et l'ordinateur,* Paris. Hachette.

SARTRE, Jean-Paul, 1936, «La transcendance de l'Ego, Esquisse d'une description phénoménologique», *Recherches philosophiques.*

SARTRE, Jean-Paul, 1946, *L'existentialisme est un humanisme,* Paris, Nagel, 142 pp.

SARTRE, Jean-Paul, 1965, *La transcendance de / 'Ego,* Paris, Vrin, 134 pp. [Réédition de SARTRE, 1936].

SCHEPS, Ruth (introd. de), 1993, *La science sauvage: des savoirs populaires aux ethnosciences,* Paris, Seuil, coli. Points, 214 pp.

SENGHOR, Léopold Sedar, 1954, «Laye Camara et Lamine Diakhate ou l'art n'est pas d'un parti», *Condition humaine,* 29 juillet. Repris dans Senghor, 1964: 155-158.

SENGHOR, Léopold Sedar, 1964, *Liberté J: négritude et humanisme,* Paris, Seuil, 445 pp.

SEREQUEBERHAN. Tsenay, 1991. *African philosophy: the essential readings.* Paragon issues in philosophy. New-York. Paragon house, xxii + 250 pp.

SMET, A. J., 1972, «Bibliographie de la pensée africaine / Bibliography of African thought», *Cahiers philosophiques africains / African philosophical journal* (Lubumbashi), 2: 39-96.

SMET, A. J., 1975, *Philosophie africaine: textes choisis I, II et bibliographie sélective,* 2 vol., Kinshasa. Presses universitaires du Zaïre. viii + 563 pp.

SMET, A. J., I 977a, «Histoire de la philosophique africaine: problèmes et méthode», in *La philosophie africaine,* coll. «Recherches philosophiques africaines», Kinshasa: 47-68.

SMET, A. J., 1977b, «In memoriam: le père Placide Tempels», *Documentation et information africaines,* 17 oct. 1977: 959-961.

SMET, A. J., 1977c, «Le père Placide Tempels et son œuvre publiée», *Revue africaine de théologie* (Kinshasa), 1: 77-128.

SMET, A. J., 1977d, «L'œuvre inédite du père Placide Tempels», *Revue africaine de théologie* (Kinshasa), 1: 219-233.

SMET, A. J., 1978a, «Bibliographie sélective de la philosophique africaine. Répertoire chronologique», in *Mélanges de philosophie africaine,* coli. «Recherches philosophiques africaines», Kinshasa: 181-261.

SMET, A. J., 1978b, «Le concept fondamental de l'ontologie bantu. Texte inédit du père Placide Tempels», in *Mélanges de philosophique africaine,* Kinshasa: 149-180.

SMET, A. J., 1981a, «Langues bantu et philosophique dans l'œuvre de Tempels», in *Langage et philosophie,* coll. «Recherches philosophiques africaines», Kinshasa: 13 sq

SMET, A. J., 1981b, «Les débuts de la controverse autour de "La philosophie bantoue" du P. Tempels. Quelques lettres inédites», *Revue africaine de théologie* V, 10: 165-181.

SODIPO, J.O., 1973, «Notes on the concept of cause and chance in Yoruba traditional thought», *Second order,* 2: 12-20.

de SOUSBERGHE, Léon, 1951, «A propos de la philosophique bantoue», *Zaïre,* 5: 821-828.

de SOUZA. Simone, 1994, «Fruits, graines et ingrédients divers de la pharmacopée béninoise», in P. HOUNTONDJI (dir. pub.), *Les savoirs endogènes: pistes pour une recherche:* 179 - 200.

STURTEVANT, W., 1964, «Studies in ethno science», *American anthropologist,* 66, 3: 99-131.

TAIWO. Olufemi, 1993, «Colonialism and its aftermath: the crisis of knowledge production», *Callao* 16, 3: 891-908.

TCHITCHI, Toussaint-Yaovi, 1994, «Numérations traditionnelles et arithmétique moderne». in P. HOUNTONDJI (dir. pub.), *Les savoirs endogènes: pistes pour une recherche:* 109 - 138.

TEMPELS, Placide, 1945, *La philosophique bantoue,* traduit du néerlandais par A. Rubbens. Elisabethville [=Lubumbashi], Lovania.

TEMPELS. Placide, 1948, «Catéchèse bantoue», *Bulletin des missions, 22,* 6: 258-279.

TEMPELS, Placide, 1949a, *La christianisation des philosophies patènes,* supplément au *Trait d'union,* Anvers.

TEMPELS, Placide, 1949b, *La philosophique bantoue,* préface d'Alioune Diop, Paris. Présence africaine.

TEMPELS. Placide 1962, *Notre rencontre,* Léopoldville (= Kinshasa), Centre d'Etudes Pastorales, 207 pp.

TEMPELS, Placide, 1979, *Ecrits polémiques et politiques,* reproduction anastatique par A. J. Smet, Kinshasa, Faculté de théologie catholique, 24 pp.

TEMPELS, Placide, 1982, *Plaidoyer pour la philosophie bantu et quelques autres textes.* préface et traduction par A. J. Smet, Kinshasa, Faculté de théologie catholique, VI + 101 pp. [Polycopié].

TEVOEDJRE, Albert. 1978, *La pauvreté, richesse des peuples,* Paris. Economie et humanisme/Editions ouvrières.

THOMAS, Louis-Vincent, 1959, *Les Diola. Essai d'anlyse fonctionnelle sur une population de basse Casamance,* Dakar. IFAN, 820 p.

TORT, Patrick, 1980. *Evolutionnisme et linguistique,* suivi de August SCHLEICHER. *La théorie de Darwin et la science du langage* et *De l'importance du langage pour l'histoire naturelle de / 'homme,* Paris. ;- Vrin.

TORT, Patrick & Paul DESALMAND, 1978, *Sciences humaines et philosophie en Afrique: la différence culturelle,* TOURE, Abdou, *1980. Le marxisme-léninisme comme idéologie. Critique de trois théoriciens africains: A. A. Dieng, P. Hountondji et M. Towa,* Abidjan, 25 p. [ronéo].

TOWA, Marcien, 1971a, *Léopold Sedor Senghor: négritude ou servitude?,* Yaoundé, Clé,

TOWA. Marcien, 1971b, *Essai sur la problématique philosophique dans l'Afrique actuelle,* Yaoundé, Clé.

TRAN-DUC-THAO, 1951, *Phénoménologie et matérialisme dialectique,* Paris, Minh-Tan, 368 pp.

UNESCO, 1970, *Tendances principales de la recherche dans les sciences sociales et humaines.* Partie I: *Sciences sociales.* préface de René Maheu. Paris/La Haye,

Mouton/Unesco, LIl + 987 pp.

VAN PARYS. Jean, 1980, «Trente textes de philosophique africaine: *Présence africaine,* 1955-1975», in Claude Sumner (dir. publ.), *African philosophy / La philosophie africaine,* Addis-Abeba: 427-461.

WALLERSTEIN. Immanuel. 1974, 1980, 1989, *The modern world system,* New York, Academic Press. 3 vol.

WALLERSTEIN, Immanuel, 1980, *Le système du monde du XVème Siècle à nos jours,* Paris, Flammarion.

WHITMAN, Walt, 1968, *Leaves of Grass,* introd. by Emory Holloway, Londres, Aldine Press, XLIl + 468 pp.

WIMMER, Franz M. (dir. publ.), 1988, *Vier Fragen zur Philosophie in Afrika. Asien und Lateinamerika,* Wien [Vienne], Passagen Verlag.

WIMMER, Franz, 1991, «Was geht uns die Philosophic in Afrika an?», in Christian Neugebauer (dir. publ.), *Philosophic, Ideologie und Gesellschoft in Afrika: Wien* 1989: 139-151.

WlREDU, Kwasi, 1980, *Philosophy and an African culture,* Cambridge, Cambridge University Press, XIV + 239pp.

YAI, Olabiyi Babalola, 1978, «Théorie et pratique en philosophie africaine: misère de la philosophe spéculative (critique de P. Hountondji, M. Towa et autres)», *Présence africaine,* 108: 65-89.

ZINSOU, Emile-Derlin, 1975, *Pour un socialisme humaniste, suivi de Lettre à un jeune dahoméen marxiste-léniniste,* Yverdon, Kessebring.

www.ingramcontent.com/pod-product-compliance
Lightning Source LLC
Chambersburg PA
CBHW050900300426
44111CB00010B/1314